中华文化大博览丛书

壮美风光的

# 三山五岳

周丽霞 编著

中国出版集团 现代出版社

图书在版编目（ＣＩＰ）数据

壮美风光的三山五岳 / 周丽霞编著. -- 北京 ： 现代出版社，2017.8
ISBN 978-7-5143-6482-8

Ⅰ．①壮… Ⅱ．①周… Ⅲ．①山—介绍—中国 Ⅳ．①K928.3

中国版本图书馆CIP数据核字（2017）第224921号

**壮美风光的三山五岳**

作　　者：周丽霞
责任编辑：李　鹏
出版发行：现代出版社
通讯地址：北京市定安门外安华里504号
邮政编码：100011
电　　话：010-64267325 64245264（传真）
网　　址：www.1980xd.com
电子邮箱：xiandai@vip.sina.com
印　　刷：天津兴湘印务有限公司
字　　数：380千字
开　　本：710mm×1000mm　1/16
印　　张：30
版　　次：2018年5月第1版　2018年5月第1次印刷
书　　号：ISBN 978-7-5143-6482-8
定　　价：128.00元

习近平总书记在党的十九大报告中指出："深入挖掘中华优秀传统文化蕴含的思想观念、人文精神、道德规范，结合时代要求继承创新，让中华文化展现出永久魅力和时代风采。"同时习总书记指出："中国特色社会主义文化，源自于中华民族五千多年文明历史所孕育的中华优秀传统文化，熔铸于党领导人民在革命、建设、改革中创造的革命文化和社会主义先进文化，植根于中国特色社会主义伟大实践。"

我国经过改革开放的历程，推进了民族振兴、国家富强、人民幸福的"中国梦"，推进了伟大复兴的历史进程。文化是立国之根，实现"中国梦"也是我国文化实现伟大复兴的过程，并最终体现在文化的发展繁荣。博大精深的中国优秀传统文化是我们在世界文化激荡中站稳脚跟的根基。中华文化源远流长，积淀着中华民族最深层的精神追求，代表着中华民族独特的精神标识，为中华民族生生不息、发展壮大提供了丰厚滋养。我们要认识中华文化的独特创造、价值理念、鲜明特色，增强文化自信和价值自信。

如今，我们正处在改革开放攻坚和经济发展的转型时期，面对世界各国形形色色的文化现象，面对各种眼花缭乱的现代传媒，我们要坚持文化自信，古为今用、洋为中用、推陈出新，有鉴别地加以对待，有扬弃地予以继承，传承和升华中华优秀传统文化，发展中国特色社会主义文化，增强国家文化软实力。

浩浩历史长河，熊熊文明薪火，中华文化源远流长，滚滚黄河、滔滔长江，是最直接的源头，这两大文化浪涛经过千百年冲刷洗礼和不断交流、融合以及沉淀，最终形成了求同存异、兼收并蓄的辉煌灿烂的中华文明，也是世界上唯一绵延不绝的古老文化，并始终充满生机与活力。

中华文化曾是东方文化摇篮，也是推动世界文明不断前行的动力之一。早在五百年前，中华文化的四大发明催生了欧洲文艺复兴运动和地理大发

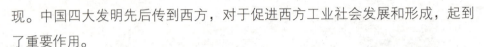

现。中国四大发明先后传到西方，对于促进西方工业社会发展和形成，起到了重要作用。

中华文化的力量，已经深深熔铸到我们的生命力、创造力和凝聚力中，是我们民族的基因。中华民族的精神，业已深深植根于绵延数千年的优秀文化传统之中，是我们的精神家园。

总之，中国文化博大精深，是中华各族人民五千年来创造、传承下来的物质文明和精神文明的总和，其内容包罗万象，浩若星汉，具有很强的文化纵深，蕴含着丰富的宝藏。我们要实现中华文化的伟大复兴，首先要站在传统文化前沿，薪火相传，一脉相承，弘扬和发展五千年来优秀的、光明的、先进的、科学的、文明的和自豪的文化现象，融合古今中外一切文化精华，构建具有中国特色的现代民族文化，向世界和未来展示中华民族的文化力量、文化价值、文化形态与文化风采。

为此，在有关专家指导下，我们收集整理了大量古今资料和最新研究成果，特别编撰了本套大型书系。主要包括巧夺天工的古建杰作、承载历史的文化遗迹、人杰地灵的物华天宝、千年奇观的名胜古迹、天地精华的自然美景、淳朴浓郁的民风习俗、独具特色的语言文字、异彩纷呈的文学艺术、欢乐祥和的歌舞娱乐、生动感人的戏剧表演、辉煌灿烂的科技教育、修身养性的传统保健、至善至美的伦理道德、意蕴深邃的古老哲学、文明悠久的历史形态、群星闪耀的杰出人物等，充分显示了中华民族厚重的文化底蕴和强大的民族凝聚力，具有极强的系统性、广博性和规模性。

本套书系的特点是全景展现，纵横捭阖，内容采取讲故事的方式进行叙述，语言通俗，明白晓畅，图文并茂，形象直观，古风古韵，格调高雅，具有很强的可读性、欣赏性、知识性和延伸性，能够让广大读者全面触摸和感受中国文化的丰富内涵，增强中华儿女民族自尊心和文化自豪感，并能很好地继承和弘扬中国文化，创造具有中国特色的先进民族文化。

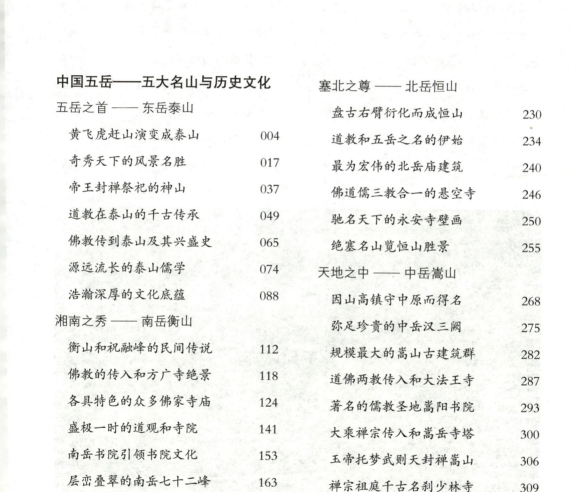

# 中国五岳

## 五大名山与历史文化

# 东岳泰山

泰山绵亘于山东中部泰安，气势磅礴，拔地通天。东西长约200千米，南北宽约50千米，方圆426平方千米，海拔约1500米。泰山古称岱山、岱宗，春秋时改称泰山。

泰山被尊为五岳名山之首，自然景观雄伟奇绝，峻极天下，尤其是南坡，山势陡峻，主峰突兀，山峦叠起，气势非凡。

泰山经过数千年精神文化渗透渲染和人文景观烘托，被历代称为"五岳独尊，天下第一山"，在中国历史文化中享有很高的地位，被誉为中华民族精神文化的缩影。1987年，泰山以自然遗产、文化遗产双重身份进入世界遗产名录。

# 黄飞虎赶山演变成泰山

相传，很久以前，有一座风光秀丽、草木茂盛的无名山。不知在什么时候，有一只万年修炼的白虎悄悄地占据了这座山。

这只白虎一不伤人，二不欺兽，它每日仰卧山间闭目养神，只是在正当午时才径直到河边去饮水。看见白虎出没的人多了，就把这座无名山叫作白虎山。

有一天夜里，电闪雷鸣，大雨倾盆，东海有一条青龙因触犯龙宫

■ 泰山景观

■ 泰山风光

清规，驾着雷雨逃到白虎山对面的山上安了家。这条青龙日隐夜现，鳞光四射，青烟缭绕，惊动了四乡村民，后来人们便叫它青龙山。

青龙、白虎二山遥遥相望，互不服气，对峙不下。白虎山长高一寸，青龙山便长长一尺。天长日久，白虎山高青龙山长。眼看两座山下的人们就要被这两座山封住了，如果人们被隔绝了，那么山里人家就没了生路。

这天，土地神外出查看，发现龙虎相斗，危及百姓，便亲自到天庭禀告玉皇大帝。玉皇大帝闻听后，立即唤来东岳泰山神黄飞虎，让他马上下凡去制止白虎与青龙。

黄飞虎手持赶山鞭，来到汶水边上，他一鞭打断了白虎腿，一鞭抽瞎了青龙眼，镇住了青龙与白虎，并用鞭杆画地为界，留下了一条小溪。

**清规** 是中国禅宗寺院组织的规程和寺众日常行事的章则，也可以说是中世以来禅林创行的僧制。后引申为：1.供人遵循的规范。2.指佛教或道教规定信徒应遵守的规则。3.今亦泛指一般的规章制度。4.指月亮。月满如规，光辉皎洁，故谓。

■ 泰山上的古松

泰山神爱民如子，救了四乡百姓。人们为了感谢泰山神，纷纷捐钱捐物，修盖庙宇，塑像立庙，并在每年正月十五焚香烧纸，朝拜泰山神，称这座庙为泰山庙。后来这座山也被人们称作泰山了。

泰山又名岱山、岱宗、岱岳、东岳、泰岳。远古时始称火山、太山。"大"在甲骨文与金文中均见其形，读音为"太"。且"太山"意为"大山"，在先秦古文中，"大"与"太"通用。后来，明代文人朱谋编撰的解释双音词的训诂书《骈雅训纂·释名称》说：

古人太字多不加点，如大极、大初、大室、大庙、大学之类，后人加点以别大小之大，遂分为二矣。

按古文字的传统读法，"大"亦有"大""太""代" 3音。在春秋战国时，由于同音字的引申和同义字的演变，"太"与"泰"，"代"与"岱"，"岱"与"岳"也互相变通了，这样相继出现了"泰山""岱山""岱宗""岱岳"等专用名称。

"泰山"名称最早见于《诗经》。"泰"意为极大、通畅、安宁。汉代经学家刘向编撰的《五经通义》指出：

　　　　宗，长也，言为群岳之长。易姓而王，致太平，必封泰山，禅梁父，天命以为王……

　　从此，"泰山"名字传扬天下。易经的《易·说卦》里有"履而泰，然后安"的说法。"泰"字就由原来的高大、通畅之意引申为了"大而稳，稳而安"。随即出现"稳如泰山""国泰民安""泰山鸿毛"之说。

　　其实，泰山的形成历史久远，历经了漫长的太古宙至新生代各个地质时代的演变过程。地质断裂活动

金文　是指铸刻在殷周青铜器上的铭文，也叫钟鼎文。因为周以前把铜也叫金，所以铜器上的铭文就叫作"金文"或"吉金文字"。又因为这类铜器以钟鼎上的字数最多，所以过去又叫作"钟鼎文"。

■ 泰山岱顶风光

泰山上的泉水

使它隆起，与广袤的华北大平原形成了强烈对比。

在久远的地质变迁中，泰山南部受断裂影响，上升幅度大，基层在上升风化过程中，异峰突起，陡峭峻拔，露出大片基底杂岩。北部上升幅度小，岭低坡缓，谷宽沟浅，保存有典型的古生代盖层。

泰山地貌分为冲洪积台地、剥蚀堆积丘陵、构造剥蚀低山和侵蚀构造中低山四大类型。在空间形象上，由低而高，造成层峦叠嶂、凌空高耸的巍峨之势，形成了由多种地形群体组合的地貌景观。

泰山上的杂岩已有20多亿年历史，是世界最古老的岩石之一，对研究中国东部元古代地质构造、岩浆活动及板块构造，具有重要的科学价值。

泰山西北麓张夏、崮山、炒米店一带的灰岩和砂页岩发育典型，是北方寒武系地层的标准剖面，是古生物许多种属的命名地或模式标本原产地。后来在山前中溪发现的辉绿玢岩脉圆柱节理，就引起了地质学界的重视。

泰山形成于太古代，因受来自西南和东北两个方向的挤压力，褶皱隆起，经深度变质形成了中国最古老的地层，就是泰山群。后因地壳变动，被多组断裂分割，形成块状山体，后来每年以0.5毫米的速度继续增高。

在泰山南部，太古界岩层上裂隙泉分布很广，从岱顶至山麓，泉溪争流，山高水长，泉水清冽，无色透明，含有人体所需的多种微量元素，是优质的矿泉水，古称"泰山神水"。

在泰山北部，中上寒武系和奥陶系石灰岩岩层向北倾斜，地下水在地形受切割处显露出泉水。从锦绣川向北，泉水汨汨，星罗棋布。

北麓丘陵边缘地带，岩溶水向北潜流，受地层区辉长岩的堵截，纷纷涌露，使古城济南成为"家家泉水，户户杨柳"的泉城。

温带季风性气候使泰山具有明显的垂直变化：山顶年均气温5.3摄氏度，比山麓泰安城低7.5摄氏度；年均降水量1100多毫米，相当于山下的1.5倍；山下四季分明，山上春秋相连。泰山冬季较长，形成雾凇雨凇奇观。夏秋之际，云雨变幻，群峰如黛，林茂泉飞，气象万千。

泰山植被茂密，种类繁多，垂直分布。从山麓拾级而上，可依次见到落叶林、阔叶针叶混交林、针叶林、高山灌木丛，林带界限分明，植物景观各异。

资源丰富的泰山区域，有煤、铁、岩盐、石膏、硫黄、蛇纹石、碧玉等矿藏，泰山板栗、核桃、肥桃、汶香附、鹿角菜、泰山灵芝、白首乌、泰山赤鳞鱼等土特产，驰名中外。

■ 泰山孔庙全景

泰山崖壁上的石刻

　　泰山东部临海，西靠黄河，俯瞰曲阜，凌驾于齐鲁大地，几千年来一直是东方政治、经济、文化的重点区域。在中华民族几千年的文化历史长河中，气势磅礴的泰山，与长城、长江、黄河齐肩。

　　泰山独有的地理位置和气候特点，为岱顶创造了旭日东升、晚霞夕照、泰山佛光、黄河金带奇观，被称为"泰山四大奇观"。

　　旭日东升是最壮观而动人心弦的，是岱顶奇观之一，也是泰山的重要标志。随着旭日发出的第一缕曙光撕破黎明前的黑暗，东方天幕由漆黑而逐渐转为鱼肚白、红色，直至耀眼的金黄，喷射出万道霞光。最后，一轮火球跃出水面，腾空而起。

　　整个过程像一个技艺高超的魔术师，在瞬息间变幻出千万种多姿多彩的画面，令人叹为观止。岱顶观日出历来为人们所向往，也使许多文人墨客为之高歌。

　　晚霞夕照更是泰山一绝。泰山日落之时，气象万千。特别是雨过天晴、天高气爽、夕阳西下的时候，在泰山极顶，仰望西天，朵朵残云如峰似峦，道道金光穿云破雾，直泻人间。

在夕阳映照下，云峰之上镶嵌着一层金灿灿的亮边，闪烁着奇珍异宝般的光辉。正如有诗道：

谁持彩笔染长空，几处深黄几处红。

还有诗赞美：

清泉泻万仞，落日御千峰。

泰山佛光也是岱顶奇观之一。每当云雾弥漫的清晨或傍晚，若站在泰山上顺光而视，就可能看到缥缈的雾幕上，呈现出一个内蓝外红的彩色光环，将整个人影或头影映在里面，恰似佛像头上五彩斑斓的光环，故得名"佛光"或"宝光"。

泰山佛光是一种光的衍射现象，它的出现是有条

**佛像** 是佛陀塑像的简称，由于形象皆以释尊为主体，所以佛像有32相、80种好的理想特征，各尊佛像的形体、容貌和姿仪皆祥和、宁静、端详、庄严。佛像是造像数量最多的一类。包括释迦牟尼佛、强巴佛、无量寿佛等，他们的造像显得亲切、庄严、优美。

■ 泰山石刻

袁枚（1716—1797），清代诗人、散文家。字子才，号简斋，晚年自号仓山居士、随园主人、随园老人。袁枚是乾嘉时期代表诗人之一，与赵翼、蒋士铨合称"乾隆三大家"。代表作品有《小仓山房集》《子不语》《随园诗话》和《祭妹文》等。

件的。据记载，泰山佛光大多出现在6～8月半晴半雾的天气里，而且必须是太阳斜照之时。

黄河金带是泰山又一奇观。当夕阳西下时，举目北眺，在泰山西北，层层峰峦的尽头，可看到黄河像一条金色的带子闪闪发光。河水之光反射到天空，形成蜃景，波光粼粼，黄白相间，如同金银铺就一般，从西南至东北，一直伸向天地交界处。

朵朵残云飘浮在天际，落日的余晖如一道道金光穿过云朵洒满山间。太阳像一个巨大的玉盘，由白变黄，越来越大。天空如缎似锦，待到夕阳沉入云底，霞光变成一片火红，天际、云朵、山峰好像在燃烧，天是红的，山是红的，云是红的，大地也是红的。

举目远眺，黄河像一条飘带，弯弯曲曲从天际飘来，在落日映照下，白色缎带般的黄河泛起红晕，波光翻滚，给人以动的幻觉。

■ 泰山石

　　太阳慢慢靠向黄河，彩带般的黄河像是系在太阳上，在绛紫色的天边飞舞。恰如清代诗人袁枚在《登泰山诗》中所描绘的：

　　　　　　　　一条黄水似衣带，穿破世间通银河。

　　看到黄河金带，人们就会想到泰山美丽的腰玉，还有腰玉由来的传说。

　　在很久以前，泰山东侧的柴草河畔，住着一个名叫刘栓的青年，他从小失去了父母，独自一人，孤苦伶仃，专靠打柴为生。

　　刘栓常到大直沟去砍柴，他经常在沟内桑树下休息。有一天，有一片桑叶飘飘悠悠地落在他手上，他仔细一看，桑叶上还粘着一摊蚕籽儿。刘栓觉得扔掉可惜，就小心地把桑叶揣到怀里，担着柴火回了家。

　　刘栓带回了桑叶，几天后那片桑叶上便爬满了蚕宝宝。从此，刘栓每天都要采回一些鲜嫩的桑叶，精心喂养蚕宝宝。刘栓盼着这些蚕早作茧，好卖了换件衣裳。

■ 泰山腰玉

罗裙 指丝罗
制的裙子，多泛
指妇女衣裙。丝
蚕吐出的像线的
东西，是织绸缎
等的原料。缫丝
织绸是中国人民
的伟大创造，早
在4700多年前就
有了丝织品。罗
是一种较为轻薄
透孔的丝织物，
其外表特点是稀
疏、有空隙，并
有皱感。

有一天，刘栓回到家，见蚕全不见了，只剩下一地鸟屎。忽然，刘栓发现一只白胖胖的大蚕钻在苇席底下，便赶紧把它捧在手里，那蚕不住地摆头，好像难过地诉说刚才的遭遇。刘栓轻轻地把蚕放进筐箩，又铺上厚厚的一层桑叶。

没多久，蚕做了一个雪白雪白的茧，足有鹅蛋大。刘栓捧着茧，舍不得放下，上山砍柴把它揣在怀里，晚上睡觉把它放在枕边，简直寸步不离。

一天夜里，刘栓睡得迷迷糊糊，见那茧忽悠悠地飘了起来，飘到天上，竟然变成了一朵白云。一位身穿白罗裙的姑娘，从云头飘下，笑盈盈地走上前来说："刘栓呀！你为何留着茧不缫丝呢？"

刘栓醒来，赶紧支起锅，添上水，将茧放入水中，只见茧越长越大，一眨眼就长满了锅。他急忙找了几根木棍做了个缫车，抽出丝头，一口气缠了七七四十九个丝团，锅里的茧子仍一点不见小。

从此，刘栓夜晚缫丝，白天换回绸缎，日久天长，丝绸店的掌柜觉得蹊跷：一个穷打柴的，哪来这么多蚕丝呢？

一天晚上，丝绸店掌柜悄悄溜到刘栓窗下，伸头向屋里一瞧，见刘栓正忙着缫丝，屋里堆满了雪白的丝团，可是锅里却只有一只茧子。

掌柜这才知道，原来刘栓有一只宝茧。

丝绸店掌柜想要抢走这个宝茧，等刘栓睡着后，他便去偷宝茧，怕走漏风声，就放火把刘栓的草房点着了。丝绸掌柜带着宝茧就逃，刚跑出草房却怎么也跑不动了。

他低头一看，自己的两腿被无数缕蚕丝牢牢地缠住了，而且越缠越紧。一会儿，丝绸掌柜变成了一只蛹子，一群老鸹飞来，一口口把他啄食了。

乡亲们见刘栓的草房着了火，都提着水桶前来救助。大火扑灭了，人们却不见刘栓的踪影，只见草房上空升起了白茫茫的云团，刘栓正和一位白衣姑娘坐

**草房** 是用黄土和自然生长出来的稻草建造出来的房子。也可以说是用泥和草制成的"土坯"修建出来的房子。土坯的制造过程叫作"打坯"或"脱坯"。一般选择平整向阳而且取土取水方便的地方作坯场，坯土要求有一定的黏性，草则以细长柔软者为好，用时用铡刀切成短段，再修建房屋。

五岳之首

东岳泰山

■泰山云海

■ 泰山风光

在云头，不断地缲丝，他们缲出来的缕缕银丝在天上轻轻飘动，渐渐变成了一条长长的飘带。

这条玉白色的飘带，绕着泰山山腰不断地伸展开来。后来，人们给它起了一个美丽的名字叫"泰山腰玉"。

泰山风景尤以壮丽著称。累叠的山势，厚重的形体，苍松巨石的烘托，云烟岚光的变化，使它在雄浑中兼有明丽，静穆中透着神奇，成为中国山水名胜的集大成者。

**阅读链接**

传说在很早很早以前，有一个叫盘古的人生长在天地之间，天空每日升高一丈，大地每日增厚一丈，盘古也每日长高一丈。如此日复一日，年复一年，他就这样顶天立地生活着。

经过了1.8万年，天极高，地极厚，盘古也长得极高，他呼吸的气化作了风，他呼吸的声音化作了雷鸣，他的眼睛一眨一眨化作了闪电。

后来盘古溘然长逝，刹那间巨人倒地，他的头变成了东岳，腹变成了中岳，左臂变成了南岳，右臂变成了北岳，两脚变成了西岳……

因为盘古开天辟地，造就了世界，后人尊其为人类祖先，而他的头部变成了泰山。所以，泰山就被称为至高无上的"天下第一山"，成了五岳之首。

# 奇秀天下的风景名胜

东威沧海、西镇大河的泰山，有拔地通天之势和擎天捧日之姿。巍峨、雄浑、古老、神奇的风光令世人慨叹。传说汉武帝登临泰山时曾发出肺腑的最强音：

这是一个东方大国的国山啊！高矣！极矣！大矣！壮矣！赫矣！骇矣！惑矣！

泰山玉皇顶

**社首山** 泰山的附属神山，遗址位于泰安城西南隅，与蒿里山相连。古代帝王在泰山封禅时，多于社首山设坛祭祀后土，而在泰山顶设坛祭祀昊天上帝。中国历代帝王封泰山禅社首或蒿里山的，有周成王、汉武帝、唐高宗、唐玄宗、宋真宗等。

汉武帝作为一位名声显赫、功业卓著、不可一世的汉代君王，他八次来泰山，如此动情，如此感慨，虽然情中交织着迷惑不解，但他那强烈的倾情赞叹和崇敬之意，让人如临其境，如观其山，如见其人，如闻其声。

泰山主峰玉皇顶，海拔1500米。风景名胜以泰山主峰为中心，呈放射状分布，由自然景观与人文景观融合而成。

星罗棋布的人文景观，重点从泰安城西南祭地的社首山、蒿里山到祭天的玉皇顶，形成了"地府""人间""天堂"三重空间。

岱庙是泰安城中轴线上的主体建筑，前连通天街，后接盘道，山城一体。由此步步登高，渐入佳境，引导人们由"人间"进入"天庭仙界"。

进入泰山风景区，冠盖华夏的风景名胜连绵不

■ 泰山玉皇顶

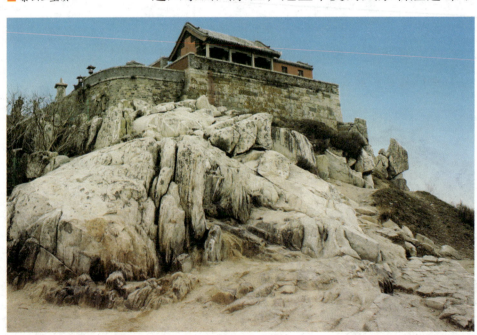

断，这里有山峰156座，崖岭138座，名洞72处，奇石72块，溪谷130条，瀑潭64处，名泉72眼，古树名木万余棵，寺庙58座，古遗址128处，碑碣1239通，摩崖石刻1277处。主要分布在岱阳、岱顶、岱阴及灵岩。

泰山景区分幽、旷、妙、奥、麓五区。山水相映，古刹幽深，绿荫环绕，一步一景，令人目不暇接。

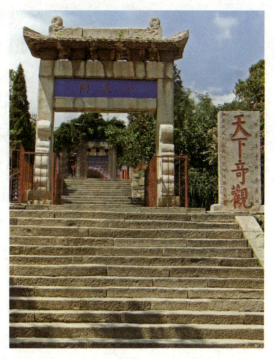

■ 泰山一天门

中路幽区是最负盛名的登山线路，自登山盘路的起点一天门，经中天门至南天门，全长5.5千米，几乎全部为盘路，共有6290级台阶。

沿途风景深幽，峰回路转，古木怪石，鳞次栉比。主要景点包括关帝庙、岱宗坊、一天门、孔子登临处、红门宫、万仙楼、斗母宫、经石峪、壶天阁、中天门、云步桥、五松亭、望人松、对松山、梦仙龛、升仙坊、十八盘等。

关帝庙在一天门坊前路西边，登盘山路处，坐北朝南，原来是祭祀三国时蜀汉名将关羽的。山门外有影壁，门前石狮列峙，古槐蔽荫。

庙东院中有古柏一棵，墙外嵌方碣石碑，题书"汉柏第一"。树干高不足1米，胸径达1.1米，三股枝杈扭曲盘旋而上，似龙飞凤舞。

**影壁** 也称照壁，古称萧墙或屏风墙，是中国传统建筑中用于遮挡视线的墙壁。旧时人们认为自己住宅中，不断有鬼来访。如果是自己祖宗魂魄回家是允许的，如果是孤魂野鬼溜进宅子，就会给家人带来灾祸。如果有影壁，鬼看到自己的影子，就会被吓走。

■ 泰山白鹤泉

岱宗坊位于岱庙北，为明朝嘉靖年间所建，为一处跨道石坊，登山就由这里起始。这个坊建于台基上，四柱三门式，后来清朝雍正年间重修时，光禄大夫丁皂保篆额。坊前有公元1731年《重修泰山上谕碑》和《重修泰山记碑》，东西相峙。

坊东边原有酆都庙，公元1521年前建的，祀酆都大帝，配以冥府十王。坊北边原有三皇庙，祀伏羲、神农、黄帝，配以八蜡神。这里松柏郁郁，奇石林立，溪泉争流。

一天门坊建于明代，从开山第一庙关帝庙拾级而上，至红门宫前，三重石坊，形若阶梯。明代参政龙光题额，公元1714年巡抚李树德重建，两侧有明代人题"天下奇观"及"盘路起工处"大字碑。

中有孔子登临处坊，后为天阶坊，明嘉靖年间巡案山东监察御史高应芳题楹联：

人间灵应无双境；
天下巍岩第一山。

斗母宫位于岱山阳面的登山盘道东侧，筑在盘道旁深壑绝壁之上，深秀幽雅。宫东边临龙泉峰，有龙泉水自西北山峡绕到宫东注入中溪。

壶天阁位于斗母宫北，是一座跨路阁楼式建筑，始建于明代，原名升仙阁，清乾隆十二年拓建后改为壶天阁。

门洞上双柏横生，盘结向上，奇伟壮观。清嘉庆年间诗人崔映辰题联：

壶天日月开灵境；
盘路风云入翠微。

还有清嘉庆年间泰安知府廷璐在阁上题联：

登此山一半已是壶天；
造极顶千重尚多福地。

"泰山最险处，首推十八盘"，从对松山谷底至岱顶南天门的一段盘路，叫摩天云梯，俗称十八盘，全程1000多米，石阶1594级，垂

泰山壶天阁

直高度400米。盘道全用泰山片麻岩修砌。

十八盘为清乾隆末年改建盘道时所开辟，是登泰山盘路中最险要的一段，为泰山的主要标志。这里两山崖壁如削，陡峭的盘山路镶嵌其中，远远望去，高阜之上，双崖夹道，恰似天门云梯。人们说：

泰山之雄伟，尽在十八盘，
泰山之壮美，尽在攀登中！

开山北为龙门，旧有龙门坊，后来被毁了。西岩有清代道光年间工技师魏祥摹刻的狂草"龙门"大字。坊址东为大龙峪，雨季众水归峡，飞泉若泻。

在新盘口北，只见两山陡立，东为飞龙岩，西为翔凤岭，中有一线天，名石壁谷。谷中上有南天门，下有升仙坊，相连十八盘。

泰山有三个十八盘之说。开山至龙门为"慢十八"，再至升仙坊为"不紧不慢又十八"，又至南天门为"紧十八"，共1630余台阶。

紧十八西崖有巨岩悬空，影似佛头侧枕，高鼻秃顶，慈颜微笑，名迎客佛。十八盘岩层陡立，倾角70度至80度，在不足1000米的距离内升高400米。

南天门恰处于谷口，是泰山古建筑充分利用地理环境，以人工之

**狂草** 属于草书最放纵的一种，笔势相连而圆转，字形狂放多变，在今草的基础上将点画连绵书写，形成"一笔书"，在章法上与今草一脉相承。中国狂草的成就，是唐代书法高峰的另一方面的表现。代表人物是张旭和怀素，张旭史称"草圣"。

■ 泰山十八盘

力突出和美化自然的典范，是泰山的重要标志物。

■ 泰山南天门

仰视天门，盘路陡绝，似云梯倒挂。崖石壁谷两侧有"天门长啸""层崖空谷""天门云梯""如登天际"等摩崖石刻，神奇壮观。

西溪旷区是指西溪景区，登泰山西路，自大众桥起有一条盘山公路，可以直达中天门。此外，还有一条登山的盘路，两旁峰峦竞秀、谷深峪长、瀑高潭深、溪流潺潺。

旷区主要的景观有黄溪河、无极庙、元始天尊庙、扇子崖、天胜寨、黑龙潭、长寿桥、白龙池等。

无极庙是泰山上的一个千年古寺，以盛产泉水而著称，这里泉水甘醇清澈，往来络绎不绝的行僧都到这里饮水，泰安当地百姓也纷纷来享用，泉水水量充盈，长年不断。

无极庙由山门、正殿、东西配殿和禅房组成。

**元始天尊** 即盘古，也称"盘古大帝"，又名"玉清元始天尊"。在道教之中地位最尊，也是道教神仙中的第一位尊神。他为主持天界之祖，地位虽然高，但出现却比较晚。是公认的道教鼻祖。为道教最高神灵——三清尊神之首。

■ 泰山岱宗坊

山门楹联写道：

天台岩下藏五百；

须弥顶上隐三千。

**摩崖石刻** 指文字石刻，即利用天然的石壁刻文记事。它是中国古代的一种石刻艺术，指在山崖石壁上所刻的书法、造像或者岩画。它是起源于远古时代的一种记事方式，盛行于北朝时期，直至隋唐以及宋元以后连绵不断。摩崖石刻有着丰富的历史内涵和史料价值。

扇子崖位于泰山西溪西侧，奇峰突兀，高耸峻峭，形如扇面。崖上有明朝官吏杨博题刻的摩崖石刻"仙人掌"。

崖西有铁梯，攀缘登上崖巅，可北眺龙角山，九女寨历历在目，西望傲徕峰尽收眼底。向东俯视，龙潭水库宛若镶嵌在西溪的一颗璀璨明珠，闪闪发光。清代诗人孙宝僮有诗道：

剑峰怒刺天，积铁拔千仞；

俯临鬼谷幽，旁倚丈人峻。

扇子崖主峰屹立在景区中央，明代举人王无欲曾筑室崖头读书，并出资修建了元始天尊殿、太阳庙、吕祖祠等庙宇。这里地势险要，文物古迹颇多，寺庙林立。

黑龙潭东南有石亭，名西溪亭。清光绪年间泰安知府玉构题联：

龙跃九霄，云腾致雨；
潭深千尺，水不扬波。

潭东北百丈崖上是长寿桥，拱桥跨溪，饰以朱红铁栏，与青山绿水相映，犹如长虹卧波。桥两侧有石亭相对，东为云水亭，西为风雷亭。

桥下涧底平缓，溪水潺涓而来，骤然飞落绝涧，似银河倒流，绅带下垂，又名天坤泉。崖边有几条平

**知府** 古代官名。宋至清代地方行政区域"府"的最高长官。唐以建都之地为府，以府尹为行政长官。宋升大郡为府，以朝臣充各府长官，称以某官知某府事，简称知府。明以知府为正式官名，为府的行政长官，管辖所属州县。清沿明制不改。知府又称太守、府尊，亦称黄堂。

■ 泰山黑龙潭

行白纹横贯东西，俗名阴阳界，近代著名爱国将领冯玉祥曾在这里设栏防护。

桥与栏之间，是广阔石坪，光滑似镜，坐在石上，可以听泉观景，赏心悦目。后来，兖州镇守使张培荣，称其夫人为无极真人，在这里建无极庙，由山门、正殿、东西配殿和禅房组成。

长寿桥建在泰山黑龙潭上，一桥飞架东西，似龙潭横生一道浓眉，与游人传情，如山涧跃出一条彩虹，为龙潭增姿加色。桥身朱红，与两岸青山相映成趣。人行其上，鸟瞰龙潭胜景，纵观西溪豁达秀色，简直美不胜收。

传说张培荣怕老婆怕得出了名，尽管在兵士面前威风凛凛，但在老婆面前却是俯首帖耳、百依百顺。有一天，他的老婆听说泰山风景优美，许多人都在那里修炼成仙，她也心血来潮，想修道成仙，立地成

壮美风光的三山五岳

■ 泰山长寿桥

佛，于是就让丈夫到泰山来征地造庙。

张培荣来到泰山，他见黑龙潭附近，青山四围，绿树成荫，翠竹亭亭，银杏参天，清流夹道，步移景换。上有傲徕、芙蓉两峰拔地通天之雄伟，下有龙潭飞瀑细流淙淙之清幽。真乃绝胜佳处，正是修真的好地方。

于是，张培荣决定在这里建庙，尊其夫人为"无极真人"，这座庙便取名"无极庙"。

泰山黑龙潭

庙在溪西，出入下山都要过河涉涧，实在不方便，张培荣又在百丈崖上修了一座长桥，为了取悦夫人，让她成仙，长生不老，便取名为"长寿桥"。

过了十八盘，登上南天门，就进入了泰山妙区，即岱顶。除了深切感受大自然的造化和先人留下的遗迹外，还可真正体会一下"一览众山小"的伟大气魄。

妙区的主要景观有南天门、月观峰、天街、白云洞、摩空阁、玉皇顶、探海石、日观峰、瞻鲁台等。

南天门，又名三天门，位于十八盘尽头，在登山盘道顶端，坐落在飞龙岩和凤翔岭之间的山口上。由下仰视，犹如天上宫阙，是登泰山顶的门户。

经过多次翻修，后来的南天门建筑保持了清代风格，门为城楼式

■ 泰山南天门

建筑，楹联书：

门辟九霄，仰步三天胜迹；
阶崇万级，俯临千嶂奇观。

南天门上覆摩空阁，石栏半围，开阔宽敞，可瞻岱阴诸景。

南天门分上下两层。下层为拱形门洞，条石垒砌，券石起拱，顶铺条石，四周冰盘式出檐。上镶石贴金匾额"南天门"。

摩空阁，两柱五檩五架梁，重梁起架，黄琉璃瓦卷棚，重檐歇山顶。下层檐即在墙壁上部，南向正间开拱形门，两次间各开一窗。门上石匾额"摩空阁"，白地贴金，红墙衬托，与黄琉璃瓦顶相辉映，巍峨壮观。

玉皇顶是泰山主峰之巅，因峰顶有玉皇庙而得

**玉皇大帝** 又称"昊天通明宫玉皇大帝""玄穹高上玉皇大帝"，居住在玉清宫。道教认为玉皇为众神之王，神权最大，除统领天、地、人三界神灵之外，还管理宇宙万物的兴隆衰败、吉凶祸福。俗称天公、老天爷等。是中国最大的神祇，为众神之皇。

名。玉皇庙始建年代无考，于明成化年间重修。主要建筑有玉皇殿、迎旭亭、望河亭、东西配殿等，殿内祀玉皇大帝铜像。神龛上匾额题"柴望遗风"。远古帝王曾于这里燔柴祭天，望祀山川诸神。

殿前有"极顶石"，标志着泰山的最高点。极顶石西北有"古登封台"碑刻，这里是历代帝王登封泰山时的设坛祭天之处。

玉皇顶位于碧霞祠北，为泰山绝顶，古称太平顶，又名天柱峰。玉皇庙位于玉皇顶上，古称太清宫、玉皇观。东亭可望"旭日东升"，西亭可观"黄河金带"。

探海石又叫拱北石，是泰山著名的标志性景观之一，它像一只报晓的雄鸡，气宇轩昂地矗立于泰山之巅，翘首以待，为世人迎来辉煌的黎明。

关于探海石的来历，还有一段美丽的传说呢！

原来，中天门有座二虎庙，二虎庙里供奉着黑虎神，虎为百兽之王，它奉碧霞元君之命整天在山上山下巡逻，哪里有百兽作浪或妖孽兴风，它就到哪里去惩治，保卫着泰山的安宁。

■ 泰山拱北石

有一年春天，春暖花开，游人如织，东海龙宫有个守门的海妖见自家门前冷冷清清，而泰山顶上却热闹非凡，便生了嫉妒之心，偷偷地到泰山顶上施放妖气。

刹那间，山顶那如诗如画的云海，缭绕而至的仙雾，就变得乌烟瘴气，山顶上顿时大乱，海妖见后，却在一旁放声大笑。

黑虎神正在山下巡视，见乌云笼罩着山顶，便知定有妖孽作怪，便提上元君赐给它的镇山之宝擎天神棍直奔山顶，但见那妖孽还在山顶作法，便气不打一处来，狠狠地一棍打去。

那海妖只听身后一阵冷风袭来，知道大事不好，急忙化作一股青烟夺路而逃，山顶便出现了一派仙山琼阁的美景。

但是，黑虎神由于用力过猛，那擎天神棍打在石上，一片火光散后，神棍断为两截，那断掉的一截顿时化作一块巨石，直指东海，怒目而视。从此，那东海妖孽远远看见擎天神棍立在山顶，便再也不敢到泰山作孽了。

泰山之阴为后石坞，此处林木苍郁、花草茂盛，素有奥区之誉。

■ 泰山后石坞

天烛奥区是以后石坞为中心的景区，其特点是峰雄岩壮、怪石嶙峋、古松竞奇、鸟语花香。雄壮奇奥，美不胜收。由妙区泰山极顶去往后山乘索道便可到达。

奥区主要胜景有八仙洞、独足盘、天烛峰、九龙岗、黄花洞、莲花洞、尧观台等。

令人称奇的是大自然的造化，著名的鸳鸯松、卧龙松、

■ 泰山天烛峰

飞龙松、姊妹松等如珍珠镶嵌在多姿多彩的石岩上。

　　天烛峰在九龙岗南崖之上，两座相距不远，隔涧相望，形状近似巨烛的山峰，分别被称为大天烛峰、小天烛峰。

　　天烛峰在泰山的东北麓，有一条蜿蜒曲折的登山路直达岱顶。沿着这条路，可见天烛峰景区的景致。这里，奇石能言，清泉有声，大小天烛朝天立，悬崖巨壁夹谷而行。

　　将军山如大将军披甲，罗汉峰似众罗汉叠立，大自然的神奇造化，令人叹为观止。这里，蓝天高远，大山空旷，松涛阵阵，白云悠悠，是寻古探幽的好去处，只有到这儿来，才能领略到山林野趣的真谛。

　　小天烛峰的一柱状孤峰从谷底霍然拔起，直插云霄，高耸似烛，因峰端遍生的劲松宛若烛焰燃烧，又称"烛焰松"。小天烛峰以东还有一座柱状山峰，比小天烛峰雄浑粗壮一些，是为大天烛峰。

**罗汉**　是阿罗汉的简称，有杀贼、应供、无生的意思，是佛陀得道弟子修证最高的果位。罗汉者皆身心六根清净，无明烦恼已断。已了脱生死，证入涅槃。堪受诸人天尊敬供养。于寿命未尽前，仍住世间，梵行少欲，戒德清净，随缘教化度众。

■ 泰山古松园

尧帝 （前2377—前2259），姓伊祁，名放勋，史称唐尧。他是黄帝后代，为上古五帝之一帝喾的儿子。唐尧即位后，顺应了人类文明的发展，为政勤慎俭朴，定历法，施德政，抗天灾，建国制，选贤能，政绩卓著。

大、小天烛峰附近是泰山欣赏古松的绝佳所在，后石坞的古松园就在这里。还有三池碧水，南为鉴池，传说为泰山女神碧霞元君梳洗映容之处，又名玉女洗头盆。北为凤凰池，东北为饮虎池。

双峰西南方附近天空山下是著名的道教庙宇景观群，是老君庙、元君庙、元君墓、灵异泉、莲花洞、玉女修真处。

大天烛峰下为溪里峪，旧传有魔女坐化于此，又名风魔溪，溪中有天烛瀑。

小天烛峰下有一湾，名洗鹤池，过去常有松鹤歇憩嬉戏之中。

尧观顶在泰山的北天门，有东尧观顶和西尧观顶。传说远古时的尧帝曾来到这里，在东尧观顶看日出，到西尧观顶望日落。

登上尧观顶，极目远眺，顶面是一片紫色的天空，太阳还在沉睡。天际已有红光，空中那淡淡的云朵，被太阳发出的霞光映照着，就像少女撒开的纱巾，轻柔地飘荡在空中，不知落到哪一位有情人的手中了。

当太阳没有出现在地平线的时候，环顾四周，一片银灰色的苍穹，西、南和北方三面的蓝带，整整齐齐地镶嵌在东方以外的大地上。

向东望去，眼前的群山，仍是在脚下的感觉。白色的云朵，绿色的树木，灰色的岩石，红色的霞光，远处的蓝带，以及黎明前灰蒙蒙的天空，真是一幅多彩的画卷。

在夕阳西下时，登上西尧观顶，朝西方望去，层层红云依次浓淡向落日聚集，火红的太阳燃烧了一天，也不减辉煌，泰山一片光明，映衬着落日，显得山川瑰丽明媚，红云余晖耀眼。

岱麓丽区位于大众桥过黑龙潭沿西溪桥到中天门处，这里坦途绿荫，溪深谷幽，于是就有了"登泰山而小天下"和"会当凌绝顶，一

■ 泰山尧观顶

览众山小"的感觉。

这里就是泰山山麓及泰安城区了，到这里无须登山就可感受泰山之美。其主要景观包括双龙池、遥参亭、岱宗坊、王母池、五贤祠、汉明堂、三阳观以及不断开辟的新景观等。

王母池位于环山路东首，古称"群玉庵"，又名"瑶池"，建庙历史久远。三国时曹魏著名文学家曹植有诗句：

东过王母庐，俯观五岳间。

王母池临溪而建，殿庑亭阁，参差坐落在三层台基之上，红墙黑瓦掩映于苍松翠柏之中。前院有王母泉，泉水清澈甘洌；后院为七真殿，殿内泥塑神情各异，栩栩如生。

桃源秀区在泰山的西麓，主要包括桃花峪景区、樱桃园景区。

桃花峪深幽静丽，景色奇秀，有一条索道直通主峰。桃源秀区主要有三岔涧、猛虎沟、彩带溪、后寨门、吴道人庵、谷口等处。

樱桃园位于傲徕峰西侧杜家庄北，东临曲曲深涧，西靠绵绵横

■ 泰山迎客松

岭，北依巍峨拔山。

相传，清朝同治年间，山麓王庄的庄主鲁泮藻携他的孩子，在这里凿岩辟拓，构筑室宇，植樱桃，栽竹荷，修成旷远清幽的避暑山庄。鲁氏自题"樱桃精舍"，俗称"鲁氏别墅"。

清朝光绪年间进士赵尔萃著文记述：

■ 泰山王母池

> 今则田禾茂密，果实缤纷，树可合围，竹可拱把，而池、而鱼、而藕、而芰，鸣禽上下，水木明瑟。来游者莫不欣然艳羡，谓天下以此佳境。

这里的别墅好似农家山村，樱桃遍山，翠竹遍岗，山茶飘香，渠水环流。精舍旧址前有两棵白玉兰树，高12米。东院亭台保留较完整，亭内嵌镶着清代光绪年间泰安学者侯芳苞撰、李泽溶书的《桃源村记》横碣。

亭前边有石砌方池，清代泰安府候补训导李润深书"鉴我池"。

院中油松对生，古柏参天，石几石凳布其间，清静幽雅。

山庄东为深涧，北有乌龙潭。东岩山坳又有山

**王母** 中国传说中的女神。原是掌管灾疫和刑罚的大神，后在流传过程中逐渐女性化与温和化，而成为慈祥的女神。相传，王母住在昆仑仙岛，王母的瑶池蟠桃园里种有蟠桃，人吃了可长生不老。亦称为金母、瑶池金母、瑶池圣母、西王母。

庄，为樱桃树所掩，名叫"樱桃园"。

顺谷而上，峰奇涧深，林茂溪流。奇石欲飞，岩崖欲倾，鸟语不绝，花香沁肺。涧水自拔山老沟而下，穿山越涧，曲行数里，落入池潭，瀑流跌宕，赤鳞鱼在这里繁衍生息着。

泰山风景名胜又是常新的，后来，泰山上相继架设了3条游览索道，6000余级石阶全部整修一新，"不夜山"工程使泰山夜晚平添了许多光彩。

泰山以其雄伟壮丽、庄严伟岸的风姿和博大精深的文化内涵，卓然屹立于世界东方，展示着文明古国的风采。

壮美风光的三山五岳

## 阅读链接

相传在明朝时候，有个叫徐大用的人在泰安城开店，他待人诚实可亲，生意很兴隆。一天，有位姓何的客人携子来到店里，但见他满面愁容，像有心事。

徐大用便说："客官，我看你像有什么难处。"

客官闻听此言，含泪说："掌柜的，实不相瞒，去年老母重病在身，危在旦夕，后来听说泰山圣母能为人消病除灾，便到泰山来许愿。若圣母救老母一命，来年定要舍身相许。回去不久母亲病便好了。现在到了还愿的时候，倘若我舍身还愿，母亲无人管，只好以子代父。我儿年方5岁，聪颖过人，我怎能忍心将儿子推下山去？"

徐大用听后，便答应帮忙。他领着孩子在山上转了一圈回来，就说已将孩子舍下山崖。其实徐大用收养了孩子，并让孩子上学读书，这孩子20岁便金榜题名中了状元。

皇帝下旨那天，徐大用将孩子的父亲请来，把事情的经过都告诉了他。父子相见，两人抱头痛哭。

事后，三人又来到舍身崖，抚今追昔，感叹不已。遂将"舍身崖"改名为"爱身崖"，后人又在崖上刻"哀愚"二字，以示后人。

# 帝王封禅祭祀的神山

　　泰山雄峻高拔，被古人视为"直通帝座"的天堂，成为帝王告祭和百姓崇拜的神山。

　　泰山在五岳中最为有名，在很大程度上与历代帝王的封禅活动有

秦始皇泰山封禅

关。泰山封禅是一项规模盛大的祭祀典礼，隆重的程度超过了历朝历代帝王的登基仪式。

据汉代司马迁的《史记·封禅书》记载：

<blockquote>

每世之隆，则封禅答焉，及衰而息。

</blockquote>

也就是说，帝王要上泰山封禅，一定要有政绩，因为封禅大典是明时盛世的标志，被各个朝代的帝王所瞩目。

泰山封禅是一种祭祀性的礼仪活动。"封"是在泰山上堆土为坛，在坛上祭祀天神，报答上苍的功绩；"禅"是在泰山下扫出一片净土，在净土上祭祀土神，报答后土的功绩。

封建帝王的泰山封禅活动是政治和迷信的混合物。封禅的起源多与当时社会的生产力和人们对自然

**封禅** 是古代帝王在泰山举行的祭祀天神地祇的仪式。其仪式包括"封"和"禅"两部分，所谓"封"就是在泰山之顶聚土筑圆台以祭天帝，增泰山之高以表功归于天；所谓"禅"就是在泰山之下的小山丘上积土筑方坛以祭地祇，增大地之厚以报地之福广恩厚。泰山祭祀起源于远古时代的泰山崇拜。

■ 泰山龙图腾

现象的认识有很大联系，人们对自然界的各种现象不能准确把握，就产生了原始的崇拜。

特别是在面对自然的恐惧状态下，人们对日月山川、风雨雷电更是敬畏有加，于是"祭天告地"也就应运而生了。

人们从最开始的郊野之祭，后来逐渐发展到对名山大川的祭祀。在对名山大川的祭祀中，以泰山封禅最具代表性。

泰山长寿桥

在古代，中国的帝王为了加强统治，都不约而同地宣传"神权天授"的理论。为了使这种理论得以证明，便有了封禅泰山的活动，使泰山祭天的作用得以延续。

封建统治者的这种行为，让泰山在人们心中的神山地位进一步强化了，随后成为每代帝王一生必须做的大事之一。

相传，那还是在公元前26世纪，黄帝营建了明堂以祀上帝，首开了中国古代祭祀建筑的先河。后来，中国历代的统治者，几乎都建造了专用于祭祀皇天上帝的祭坛。

周代有明堂，秦代有四時，汉代有甘泉宫，唐宋皆建有圜丘，元世祖定都北京，筑坛来祭天，元成宗时于大都城东南建成郊坛，合祭天地。

泰山是历代帝王封禅祭奠的圣地。其实，在久远的上古时代，就有很多君王曾经封禅泰山。传说中无怀氏、伏羲氏、神农氏、炎帝、黄帝、颛顼、帝喾、尧、舜、禹、汤、周成王都曾经去泰山封禅，先秦有72位君王祭拜泰山。

随着帝王封禅，全国各地遍建东岳庙、泰山宫、泰山寺庙、东岳祠、奶奶庙、泰山奶奶庙、碧霞祠庙等。泰山渐渐被神化，称"东岳大帝泰山神"。

秦始皇嬴政是秦朝的开国皇帝，他统一六国后，效法传说中上古帝王的封禅活动，于始皇帝二十八年，即公元前219年，率群臣自咸阳东巡郡县，登封泰山。

由汉代司马迁撰写的中国第一部纪传体通史《史记·秦始皇本纪》记载：

二十八年，始皇东行郡县，上邹峄山。立石，与鲁诸生议，刻石颂秦德，议封禅望祭山川之事。乃遂上泰山，立石，封，祠祀。下，风雨暴至，休于树下，因封其树为五大夫。禅梁父。刻所立石……

说秦始皇带着群臣，雄心勃勃地向屹立在东方的泰山进发，由于

泰山碧霞祠

■ 泰山庙

山路难行，他坐着羊拉的车登上了峄山。秦始皇征召鲁国儒生，商议封禅的礼仪。

儒生们说，封禅礼仪很简单，但对泰山要特别尊重，车轮要用蒲草包裹起来。

秦始皇听后觉得很怪异，认为自己受到了捉弄，于是斥退儒生，排开仪仗直登泰山。没有统一的文字，便没有统一的文化，没有统一的文化，便没有统一的国家。

秦始皇登上泰山，他决心要把自己的统一功德流传千古。于是，他决定统一制定标准的文字，并把自己统一全国的赫赫功德，深深地镌刻在象征永恒的泰山石上。由丞相李斯亲笔撰写了中国名山碑刻之祖"立石颂秦皇帝德"，在泰山极顶耸立起来。碑文刻有：

亲巡远黎，登兹泰山，周览东极。

还传说秦始皇登泰山时，风雨暴至，暂避雨于一棵松下，事后封这棵树为"五大夫"爵位，以表彰其护驾之功。

玉牒 中国历代皇族族谱称为玉牒，唐代已有，宋代每10年一修，沿及明清。清代玉牒分满、汉两种文本，分帝系、支系等。清代玉牒后存1070册，是中国唯一完整系统保存的皇族族谱，是世界上最庞大的家谱。清代每10年续修一次，以帝系为统，长幼为序，宗室记于黄册，觉罗记于红册。

秦始皇此举，开启了皇帝封禅泰山的先河。后来，他的儿子秦二世也效仿，封禅泰山，并于秦始皇刻石旁镌刻诏书，后来还残存有10个字。这就是泰山最早的秦刻石。

西汉皇帝汉武帝刘彻，为了显示他的文治武功，于公元前110年下诏东巡泰山。当年的农历三月，汉武帝：

东上泰山，泰山之草木叶未生，乃令人上石立之泰山巅。

之后他东巡海上，四月返回泰山，在梁父山祭拜地主祠。并自定封禅礼制：宣旨命先在泰山下东方建封土，埋玉牒书。

礼毕，武帝只带了具有赫赫战功并英年早逝的大

■ 泰山红门宫

■ 泰山岱庙中的古
老石碑

司马霍去病唯一的儿子哀侯霍嬗一人随从，登上岱顶进行封禅，这次封祀礼仪秘而不宣。

第二天，汉武帝从岱岳北坡下山，在岱东的肃然山举行降禅结束仪式。

典礼完毕，汉武帝在泰山东北选址建设明堂，接受群臣朝拜，颁布诏书，宣称封禅告成，大赦天下，改年号为元封。

公元前109年，汉武帝巡东莱，路过泰山。当时济南方士公玉带，献上相传黄帝时的明堂图，汉武帝令地方官员依照此图，建明堂于汶水之上。汉武帝前后共八次巡幸和封禅泰山。

汉光武帝刘秀是东汉开国皇帝。公元56年，他宣称夜读《河昌会符图》，见有"赤刘之九，会命岱宗"之句，认为这是天意指示他举行封禅，因为汉光武帝是汉高祖九世孙，于是下诏书东封泰山。

汉光武帝当年农历正月从洛阳出发，二月到泰山下。先在山下焚柴祭天，接着乘御辇至山顶，设坛行

**汉光武帝刘秀**（前6—57），东汉王朝开国皇帝，中国历史上著名的政治家、军事家。在位33年。谥号"汉光武皇帝"，庙号汉世祖，葬于原陵。在位期间大兴儒学、推崇气节，开创"光武中兴"的治世，被后世史家推崇为中国历史上"风化最美、儒学最盛"的时代。

封禅礼，结束后挖坑埋玉，并发表封禅之文。

汉光武帝封禅礼毕，群臣高呼万岁。接着，又封禅于梁父山。封禅如意之后，汉光武帝命在泰山刻立碑石，记述自己"至于岱宗，柴望山川"的封禅盛况，并颂扬其开创光复汉室和重现太平之功业。

公元659年，大臣许敬宗上表奏请唐高宗李治封禅，皇后武则天悄悄称赞这是好事，于是得到了唐高宗的允准。武则天上表要求参加封禅中的祭地大典，她称：

封禅旧仪，祭皇地祇，太后昭配，而令公卿行事，礼有未安。至日，妾请帅内外命妇奠献。

壮美风光的三山五岳

唐高宗言听计从，下诏准奏。

公元665年，唐高宗李治和皇后武则天从洛阳出发，到泰山封禅。先到齐州，即后来的济南灵岩寺，之后到达泰山。

唐高宗命令先在山南建筑封祀坛，在山顶建登封坛，在社首山建

泰山柏洞石刻

立降禅坛。

公元666年，在封坛祭祀昊天上帝，第二天在岱顶登封坛发表封禅文告，并在岱麓社首举行封禅仪式，再由武则天主持祭地大典。

这是中国历史上第一次有皇后参与的封禅活动。武则天这一行动，其实为她以后正式登基铺垫了道路。

唐玄宗李隆基是唐代的一位有为的皇帝。玄宗即位初年，励精图治，国力强盛，于是，大臣张说等人先后上疏，请求封禅以告成功。

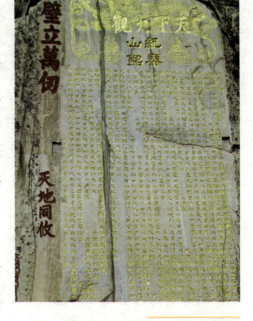
■《纪泰山铭》石刻

唐玄宗允准，就于公元725年，从洛阳抵泰山，举行封禅大典。唐玄宗自南麓登上岱顶，筑坛以祀昊天上帝。结束后，挖坑埋玉，发表封禅之文。并以五色土把祭坛圈起来，将玉帛、牺牲等置于积柴上焚烧，以告上天。

第二天，在社首山举行封禅，并祭祀地神。封禅完后，下诏大赦天下，封泰山神为"天齐王"。

唐玄宗还御制《纪泰山铭》文，于第二年摹刻于岱顶大观峰。铭文宣扬唐朝历代帝王的功绩及其封禅泰山的经过。刻石铭文有：

道在观政，名非从欲；
铭心绝岩，播告群岳。

《纪泰山铭》
位于泰山之巅大观峰。大观峰削崖为碑，布满了历代题刻。亦称《东岳封禅碑》《泰山唐摩崖》，刻于唐开元十四年（726）九月，为唐玄宗李隆基封禅泰山后撰书的铭文。摩崖高1320厘米，宽530厘米。文隶书24行，后存1008字，碑刻体伟幅巨，金光夺目，是十分珍稀瑰丽的国宝。

这里表露了唐玄宗的施政理念。碑文书法遒逸，文辞雅训，为泰山名刻之一。

这次大典，还有一段传奇式的故事呢！传说公元725年，唐朝处在鼎盛时期，玄宗为了宣扬他的国力，挑选各种颜色的马各1000匹，组织了浩浩荡荡的队伍来到泰山，举行封禅大典。

当时，玄宗率领封禅大军，从长安来到汶河之滨，刚过汶河，河水还非常平稳，水波不兴，可到了河中，霎时间却变得白浪滔天，远处尚有一条黑龙翻滚着。

玄宗心里一惊，当即手拿弓箭，向黑龙直射过去。黑龙立刻不见了，河面又恢复了原来的平静，玄宗开始渡汶河。

唐玄宗在河中遇见黑龙，不知是吉是凶，心里老犯嘀咕，便问封禅使张说。张说顺口答道："这黑龙是汶河之神，蛟龙起舞，迎接陛下，自然是吉祥如意。"

玄宗听后，心里乐滋滋的，也就不再言语了。

泰山风光

当玄宗来到中天门，已是中午时分，刚刚还是晴空万里，猛然间又狂风骤起，一时刮得天昏地暗，飞沙走石，裂幕折柱，玄宗心里不禁焦躁起来。

张说急忙上前安慰道："陛下不用着急，风从东来，是海神前来迎驾带起的风，一会儿就过去了。"

玄宗当即设置祭坛，对天祷告。不一会儿，果然风平树直了。

玄宗前行，来到南天门，只见山上云缭雾绕，缥缥缈缈，远处尚有金石丝竹的声音传来。张说忙恭维道："陛下，你听，山神已奏起了迎宾的乐章。"

第二天，大典完毕之后，天上出现了一片五彩云霞，一群白鸽在云霞四周轻快地飞翔。官员们都前来向玄宗道喜，说这是瑞云呈祥，白鸽道喜，一时间玄宗竟飘飘然起来。

玄宗兴致大发，分外高兴，当即封泰山神为天齐王，随行人员也都加官晋爵。玄宗还下令在大观峰下凿出巨大的摩崖石碑，以颂扬自

己的功绩。

碑文《纪泰山铭》用隋唐风行的八分书体凿于石崖之上，字大一尺见方，其书浑厚苍劲，好像鸾凤翔舞于云烟之表，碑铭典雅，劲道婉润。整个石碑布局匀称，结构谨严，气势雄伟，不失为一处名胜。

《纪泰山铭》是1200多年前唐玄宗李隆基亲笔书写的铭文，记载了玄宗神奇的封禅故事和一段鲜为人知的皇家秘史，文辞雅训，隶书遒逸，碑刻体伟幅巨，金光夺目，在泰山的石刻中最为瞩目，是十分珍稀瑰丽的国宝。

后来，人们只要站在泰山极顶最开阔的空地上，仰望《纪泰山铭》刻石时，顿时会觉得自己十分渺小，巍峨磅礴之气扑面而来。

自秦统一以来，先后有12位皇帝亲登泰山封禅或祭祀，举行泰山封禅祭拜大典，而真正在泰山封禅的帝王有秦始皇、汉武帝、汉光武帝、唐高宗、唐玄宗、宋真宗6位。

此外，还有24代帝王派官祭祀72次，历朝还有各种级别参拜，使泰山实为国之首山。

**阅读链接**

传说当唐高宗李治决定泰山封禅后，皇后武则天提出要参加泰山封禅仪典。

在泰山封禅前，武则天写了一篇短文，她提出祭祀天地和祖宗，自然也要祭祀父母，但是，怎么可以用一般男性大臣来进行典礼呢？

这个做法当时是违背世故人情与典章制度的，但经武则天一说，祭祀李治母亲长孙皇后的典礼，就只有由皇后武则天来主持了。武则天趁高宗在泰山封禅时，亲率六官内外的官女，祭祀长孙皇后，以显示她尽孝道。

传说这次封禅所立的双束碑，就是应武则天的提议而制作，后来还能看到碑上有武则天的题记，还有她改制的文字。

# 道教在泰山的千古传承

泰山自古享有"神州"之称，有俗话说"济南府人全，泰安州神全"。在泰山，天、地、人三界，各路神仙俱全。泰山道观遍布全山，炼师羽士不乏其人，善男信女寒暑不绝。

同时，泰山有许多古代神话，自然神、始祖神兼有。如泰山玄

■ 泰山岱庙

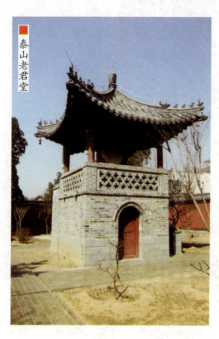

泰山老君堂

女、西王母、夷人祖神伏羲、不屈的战神蚩尤、风神飞廉与穷奇、神射手后羿等。

后来，又增加了道教神祇以及众多民俗神。

道教宫殿有岱庙、王母池、斗母宫、关帝庙、碧霞祠、三官庙、老君堂、地主祠、阎罗祠等。所祀神仙有玉皇大帝、元始天尊、灵宝天尊、太清道德天尊、三清真人、太上老君、西王母、后土、地主、东华帝君等。

无论在时间上还是空间上，泰山道教包容的范围都是深远广大的，这种天人合一的神谱结构，在中外名山中是绝无仅有的。

道教在泰山影响力较大的就是东岳大帝了，人们又称他"泰山神"。泰山神作为泰山的化身，是上天与人间沟通的神圣使者，是历代帝王受命于天治理天下的保护神。

根据古老的阴阳五行学说，泰山位居东方，是太阳升起的地方，也是万物发祥之地，因此泰山神具有主生、主死的重要职能，并由此延伸出几项具体职能：新旧相代，固国安民；延年益寿，长命成仙；福禄官职，贵贱高下；生死之期，鬼魂之统。

秦汉以来，泰山神的影响逐渐渗透社会各阶层，进入人们的日常生活中，于是泰山神作为阴阳交合、万物之始的神灵，在保国安民、太平长寿的基础上引申为可以召人魂魄、统摄鬼魂的冥间之主。

随着泰山神影响的扩大，其信仰向四周扩散开来，在全国各地几乎都建有规模不等的东岳庙，历代帝王对泰山神尊崇有加，反映了泰山东岳大帝在中国传统宗教中的地位以及对社会的影响。

每年的农历三月二十八是东岳泰山神的生日，各地的善男信女来此焚香祭拜，以示庆贺。

供奉泰山神的庙称为岱庙，是各地东岳庙的祖庙，是举行祭祀大典的地方。

岱庙坐落于泰山南麓，俗称"东岳庙"，它是泰山最大、最完整的古建筑群，为道教神府，也是中国历代帝王举行封禅大典和祭祀泰山神的地方。

岱庙创建于汉代，至唐时已是殿阁辉煌，城堞高筑，庙貌巍峨，宫阙重叠，气象万千。在宋真宗大举封禅时，又大加拓建，修建天贶殿等，更见其规模。

岱庙的建筑风格采用帝王宫城的式样，周围约1500米，庙内各类古建筑有150余间。岱庙与北京故宫、山东曲阜"三孔"（孔庙、孔府、孔林）、承德避暑山庄并称"中国四大古建筑群"。岱庙创建历史悠久，有"秦即作畤""汉亦起宫"之载。公元725年进行增修，公元1009年再次进行大规模扩建。据《重修泰岳庙记碑》记载，有"殿、寝、堂、阁、门、亭、库、馆、楼、观、廊、庑813楹"。

岱庙匾额

壮美风光的三山五岳

到了金代部分建筑被毁，元时又有增修；公元1547年，庙内大部分建筑遭到焚毁，清代再次修缮。

遥参亭与岱庙之间是岱庙坊，又名玲珑坊，建于公元1672年，为四柱三间三楼式牌坊，高低错落，通体浮雕，造型雄伟，精工细琢，为清代石雕建筑的珍品。

坊顶是歇山式仿木结构，螭吻凌空，斗拱层叠，檐角飞翘，脊兽欲驰。正脊之中竖立着宝瓶，两侧有四大金刚拽引加固。中柱小额枋上透雕着《二龙戏珠》，龙门枋上浮雕着《丹凤朝阳》。

坊下奠立方形石座，座上均竖立双柱，柱下侧是滚墩石，石上前后有立雕蹲狮两对，雄者戏耍绣球，雌者嬉闹幼狮，姿态各异，生动可爱。

坊的梁、柱、额板及滚墩石上分别雕有《铺首衔环》《丹凤朝阳》《二龙戏珠》及《群鹤闹莲》《天马行空》《神牛角斗》《麒麟送宝》等30多幅栩栩如生的祥兽瑞禽图。图案设计采用对称手法，构图和雕刻技术变化多端，具有强烈的艺术感染力。

坊的内柱阴阳面均有刻联。南面是当年的创建者清朝山东左布政使施天裔撰书：

峻极于天，赞化体元生万物；
帝出乎震，赫声濯灵镇东方。

意思是高峻的泰山与天齐，它辅助天地化生万物；主宰宇宙的泰山神，显赫的威灵震慑东方。

北面是山东巡抚兵部右侍郎赵祥星题联并书：

为众岳之统宗，万国是瞻，巍巍乎德何可尚；
操群灵之总摄，九州待命，荡荡乎功孰与京。

大意是：泰山为五岳之宗，全国各地的人们都来瞻仰它的雄伟气概，它那化生万物的德泽恩惠谁能超过呢？泰山之神把持操纵着群神仙界，天下都听从其命，它那保佑苍生的功劳广大远博，谁能与之相比？双联精辟地概括了泰山的神威。

■ 泰山风光岱顶

■ 泰山岱庙遥参亭

《泰山神启跸回銮图》 原画为中国宋代的巨幅壁画，藏于中国三大皇宫宫殿之一的泰山岱庙天贶殿内，全图长62米，高3.3米，生动地描绘了东岳大帝出巡和返回的壮观场面。画面共计697人，其装束、仪态无一雷同。岱庙壁画的艺术成就，很早便引起世人的惊叹。

遥参亭又名草参亭，前临通天街，后与岱庙正阳门连通，为岱庙的前庭。历代帝王及王公大臣来泰山举行祭祀典礼，必定先在此举行简单参拜之后，才能进入岱庙举行正式大典。

在岱庙坊正面有高大宽阔的正阳门。正阳门始建于宋，后来损毁了，再后来按照宋代建筑风格重新修建。正阳门里面有两扇朱红大门，门上镶有81个铁制门钉，有铺首，象征着岱庙的尊严，古时候只有帝王才能从此门进入。

正阳门高8.6米，上面的五凤楼高11米，共五间，为九脊单檐歇山顶，覆黄色琉璃瓦，24根四方明柱，檐下斗拱出三翘四，墨线大点金彩绘，额枋金龙飞舞，远远望去翘檐翼然，翩翩欲飞。正阳门两旁置有东、西掖门。

庙有八门。南向五门，即中为正阳，两侧为掖门；掖门两侧，东为仰高，西为见大。东门名东华，又称青阳；西门名西华，又称素景；北门名厚载，又称鲁瞻。

各门之上均有楼，前门称五凤楼，后门称望岳楼。

庙墙四角有角楼，按八卦各随其方而名：东北为艮，东南为巽，西北为乾，西南为坤。门楼、角楼都是黄瓦盖顶，点金彩绘，富丽堂皇，高耸巍峨。还有巽、坤二楼，五彩斗拱，飞檐凌云。

天贶殿建于公元1009年。大殿建于长方形石台之上，三面雕栏围护，长48.7米，宽19.7米，高22.3米。重檐歇山，彩绘斗拱，画瓦盖顶，檐下8根大红明柱，规模宏大，辉煌壮丽，与北京故宫太和殿、曲阜的大成殿，合称为"中国古代三大宫殿"。

天贶殿是岱庙的主体建筑，为东岳大帝的神宫。殿面阔九间，进深四间，通高22米，面积近970平方米。为重檐庑殿式，上覆黄琉璃瓦。重檐之间有竖匾，上书"宋天贶殿"。

殿内供奉着泰山神，即东岳大帝。

天贶殿内北、东和西三面墙壁上绘有巨幅《泰山神启跸回銮

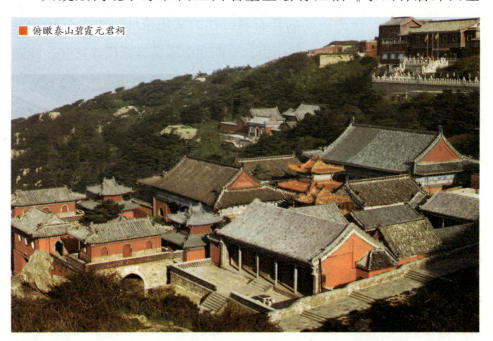
俯瞰泰山碧霞元君祠

图》。描绘了泰山神出巡的浩荡壮观场面。画中人马，千姿百态，造型生动逼真，是中国道教壁画杰作之一，是泰山人文景观之一绝。

碧霞祠是道教著名女神碧霞元君的祖庭。在古老的神话传说中，泰山道教碧霞元君是中国历史上影响最大的女神之一，她在民间的影响已经超过了泰山主神的东岳大帝。

碧霞元君俗称泰山圣母、泰山娘娘、泰山奶奶，道经称"天仙玉女碧霞护世弘济真人""天仙玉女保生真人宏德碧霞元君"。宋真宗赐号为"天仙玉女碧霞元君"。

有关泰山顶上碧霞祠所祀的碧霞元君，与泰山岱庙所祀的泰山神，有各种各样的说法，其中，有一种说法可与大汶口出土文物相印证，颇有一些意思。

泰山南麓的大汶口镇，是考古工作者发现的一处极为重要的新石器时代的文化遗址，距今有5000～7000多年的历史，早期和中期是母系氏族社会，晚期

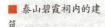
■ 泰山碧霞祠内的建筑

进入父系氏族社会。

大汶口文化证明泰山地区，包括黄河下游，是中华民族的发祥地之一。

传说那还是在5000多年前，泰山上住着一个部落联盟，下辖若干个部落，每个部落又由若干个母系氏族公社组成。在泰山主峰定居的一个部落首领称作"元君"，就是后来人们供奉的泰山奶奶碧霞元君。

元君长得浓眉大眼高鼻梁，非常俊美，佩戴着花形玉翠串饰，手腕戴着彩陶质的手镯，头发上插着象牙梳，身穿漂亮的麻布衣，她见了人总是笑眯眯地露出一对洁白的门牙，门牙两旁一边一个豁儿，这是那时流行的最时髦最美观的拔除侧门齿的风俗。

元君很能干，她教给大家精工磨制出大批形体扁薄、棱角分明、钻着穿孔的石斧、石铲等生产工具，领导大家在山上放牧猪、羊、鹿、狗等动物，栽植栗子、核桃、柿子、大枣等山果，也到山下种植粮麻，生活很有保障，并逐渐有所剩余。

元君的丈夫名叫太父，就是后来人们供奉的泰山神。他是个红脸膛、高颧骨、身高8尺多的彪形大汉。他不仅在打猎的时候张弓射箭百发百中，而且常常背着兽皮、山果到其他部落换回大批粮食、鱼虾、

■ 泰山碧霞祠前的石阶

**彩陶**　亦称陶瓷绘画，是中国悠久的国粹，是陶瓷艺术之中的一种。早在距今6000年左右的半坡文化时期，彩陶上便出现了最早的彩绘。而瓷上作品相对纸本更具张力。彩陶艺术中融合了艺术家的各种创作思想、风格、语言，创作出风格各异而又多姿多彩的艺术珍品，是中国不可多得的文化瑰宝。

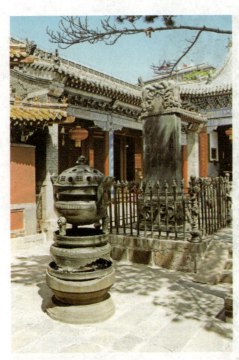

陶器等，元君非常喜欢他。

　　有一次，太父到定居在山下汶水边的部落交换货物，不料惹出一场大乱子。这个部落首领是个男的，名叫田父，他们耕种的汶阳田，粮麻连年丰收，比较富强。

　　这里的制陶业也很发达，盛产三足和圈足器，器形种类有鼎、壶、罐、盆、杯、勺、瓶等，表面装饰锥刺纹、划纹、弦纹及几何形纹样，还有星、水、鸟、鱼等图案，技法非常精妙，色调对比强烈而协调。

　　太父见了这些陶器爱不释手，一心想多换几件，在双方讨价还价争执中不慎摔破了几件，被汶水边部落的人围了起来，挑起武斗。哪知太父力大无穷，三拳两脚便把众人打倒在地，迅速跑回了泰山。

　　田父也很能干，既会种田、制陶，也会打仗，他立即率领人马进攻泰山，元君率众迎战。恰巧元君身怀有孕，体力不支，不到几个回合就败下阵来，猪羊山果被抢劫一空。

　　那时当部落首领的人，必须能够直接指挥生产和战争，打仗只许将对将、兵对兵，不能带兵拼杀的人没有资格当首领，于是元君就提出辞职，公推太父当了首领。太父领导部落很快就把田父打败了。

　　元君提出，抓到的俘虏不要杀了，叫他们当奴

■ 泰山碧霞元君祠铜碑

隶，于是泰山部落很快就富强起来了。

后来，人们为了纪念这两位祖先的功德，特奉为碧霞元君与泰山神。

在神话传说里，碧霞元君是远古部落首领黄帝派遣的玉女。后来宋代学士李谔的文章《瑶池记》记载：

黄帝尝建岱岳观，遣女七，云冠羽衣，焚修以近西昆真人。玉女盖七女之一，其修而得道者。

传说殷商的祖先简狄就是碧霞元君。中国最早的诗歌总集《诗经》称"天命玄鸟，降而生商"。传说远古时代华夏民族的共主有娀氏之女简狄吞玄鸟卵而怀孕，生下契并建立了商朝。

后来有人推断中国神话传说的最古老奇书《山海

■ 泰山碧霞祠的东神门

经》中的"昆仑墟"就是泰山，所说的怪物鬼神便是泰山周围的原始部落图腾氏族，后来逐渐建立了商王朝。商朝"相土之东都"就在泰山之前，后来满庄一带尚有其遗址。

山东志书有碧霞元君是原始部落首领传说的记载。碧霞元君是泰山精神的象征，被人们亲切地称为"泰山奶奶"。

据道教说法，碧霞元君受玉帝之命，统率泰山岳府的天降神兵，监察人间一切善恶生死之事。而且她神通广大，治病救人，护佑一切农耕、商贾、旅行和婚姻等事。

碧霞元君的女侍塑像中，有一个抱有婴儿的女子，这就是表现碧霞元君护佑妇女儿童健康平安的。传说碧霞元君能让妇女无孕怀孕、有孕顺产，这样民间就把泰山奶奶当成送子娘娘了。

泰山奶奶不仅是道教之神，还是代表中华民族精神的伟大女神，是伟大的正义之神和中华民族的保护神，也是中国宗教史上唯一的一位爱国女神。她还是一位可亲可敬、有求必应、随时都会为中华民族造福的大慈大悲的女神。

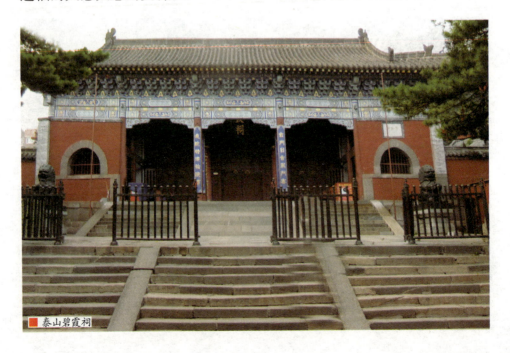
泰山碧霞祠

碧霞祠为泰山最大的高山古建筑群，保留了明代的规模及明代的铜铸构件，建筑风格多为清代中晚期的风格。

整组建筑巍峨严整，气势恢宏，远处眺望，白云缭绕，金碧辉煌，宛若天上宫阙。

祠以山门为界，为二进院落，分内外两院，以照壁、金藏库、南神门、大山门、香亭、大殿为中轴线，两侧为东西神门、钟鼓楼、东西御碑亭和配殿。

左右对称，南低北高，层层递进，高低起伏，参差错落，布局严谨，显示了中国古代高超的建筑水平，在道教宫观中极有代表性。

外院有歌舞楼、东西两神门阁、左右有钟鼓楼等。歌舞楼下有一火池，人称"宝藏库"，是香客焚表进香的地方。

碧霞祠的主体建筑碧霞元君殿，面宽五楹，重檐八角，殿顶由360垄铜瓦组成，以像"周天之数"，

■ 泰山碧霞祠

周天之数 "周天"是古代天文学上的术语，是肉眼观测到的天体上的大圆周，这圆周又称"黄道"。根据《周易》的卦象原理，周天之数实是阴阳交合之数。古代认为天圆地方，故绕天一周是为周天。

俯瞰泰山碧霞祠

雕梁画栋，气度不凡。殿内悬有清代雍正、乾隆皇帝分别御书的"福绥海宇""赞化东皇"巨匾。

大殿内雕梁画栋，晴天朗日下金光璀璨，蔚为壮观。殿内正中神龛内的碧霞元君贴金铜坐像，凤冠霞帔，慈颜、安详、端庄。

殿的东西各建配殿三间，铁瓦盖顶，分别奉送子娘娘与眼光娘娘铜质铸像。碧霞元君是泰山主奉的女神，每年前往泰山朝拜碧霞元君的善男信女络绎不绝，香火旺盛，为全国道教重点宫观之一，是一组高山建筑的杰作。

山门内供奉青龙、白虎、赵公明、刘挺4尊铜质铸像。院内东西两侧各立清代乾隆皇帝御碑一通，上建御碑亭。院中置香亭，亭的左前方立有《泰山天仙阁金阙》铜碑一通。右前方立有明朝天启五年泰山灵佑宫铜碑一通。两碑高达5米，与大殿铜顶上下相映，宏伟壮观。

到了金代，道士王重阳创立全真道，他的大弟子丘处机在泰山布道，赐号"无为渲道大宗师"，别号"长春真人"，丘处机的女弟子訾守慎在泰安城西北隅住持长春观，元帝赐号"妙真"。

相传在元朝时候，泰安埠上有个叫张志纯的人，他6岁能诵五经，

12岁入泰安城"会真宫"学道，数载道行超群，号"天倪子"。

其间他任东岳庙住持时，曾创建了泰山南天门，重修了蒿里山神祠。后来羽化时年龄120岁，羽化前他自道：

脱下娘生皮袋，此际乐然轻快。
百尺竿头进步，蓬元洞府去来。
前世宿德医僧，今作道门小才。

元代文学家元好问和徐世隆均有《送天倪子归埠山诗》。后来，浙江宁海女道士孙清净，在泰山岱顶鹰愁涧北侧的"清净石屋"修道。

公元1370年，随着封禅制的嬗变，朝廷取消了岱庙主祀神"天齐仁圣帝"封号，改称"东岳泰山之神"。随后，祭祀泰山神和碧霞元君的活动普及民间。

■ 泰山碧霞祠的乐舞楼

清代戏曲家韩锡在《元君记》中称：

统古今天下神祇，首东岳，东岳祀事之盛，首碧霞元君。自京师以南，淮河以北，男、妇日千万人，奉牲牢香币，喃喃泥首阶下。

在明清时期，朝廷对宗教采取严格管理政策，中央设道录司，府设道纪司，州设道正司，县设道会司，以管理道教的发展。府县司署分设在岱庙和碧霞祠，岱庙住持由朝廷任免。

到了清代以后，道家仍在泰山洞穴或危崖茅棚等处留有踪迹，所以道教在泰山历代不息、神宇遍布。直到后来，保留完好的道教祠庙尚有20余处，共有道人40多名，在泰山上下庙宇活动，广泛地传播道教文化。

**阅读链接**

传说姜子牙辅佐周武王建立周朝后，他封尽了名山大川和风水宝地，唯独留下泰山分给自己。不料走漏了风声，武王的宠妃黄妃和护驾大将黄飞虎相继找到姜子牙非要泰山不可。

姜子牙到底给谁呢？于是，就对他们说："谁先登上泰山，就是谁的。"比赛日期一到，黄飞虎便骑上他的玉麒麟，从京都直奔泰山。黄妃使神法，将自己一只鞋子放在泰山顶，才向泰山赶来。

赶到南天门的黄飞虎见妹妹姗姗来迟便说："泰山归我了。"

黄妃一脸怒气说："岂有此理，我已早到了，只是见你来迟放心不下，才回去迎你，有我的绣花鞋为证。"

兄妹争执不下，黄妃怕姜子牙不好对付，便主动妥协说："我住山上，你住山下，咱们共管泰山。"

于是，黄飞虎就在山下做了泰山神，黄妃就在山上做了碧霞元君。

# 佛教传到泰山及其兴盛史

公元67年，佛教传入中国内地。公元56年，东汉光武帝刘秀东封泰山。公元85年和124年，汉章帝刘炟、汉安帝刘祜分别祭祀泰山，将佛教传播到了泰山，于是泰山开始有了佛教。

传说在公元63年，人们发现了泰山佛光，这个时候正是佛教传入中国的最初阶段。

佛经中说，佛光是释迦牟尼眉宇间放射出来的光芒，看上去是一个七彩光环，人

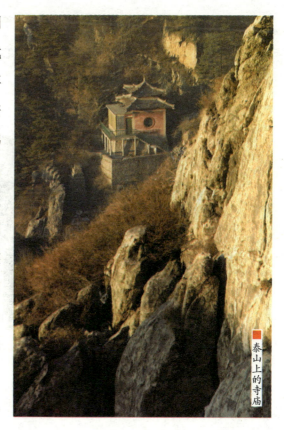

泰山上的寺庙

**方丈** 原为道教固有的称谓,佛教传入中国后借用这一俗称。佛寺住持的居处称为方丈,亦称为"堂头""正堂"。这是方丈一词的狭义。广义的方丈还包括其附属设施如寝室、茶堂、衣钵寮等。由于住持之住处称为"方丈",故"方丈"一词被引申为"住持"之意。

影在光环正中,影随人动,变幻之奇,出人意料。佛家认为,佛光是救世之光、吉祥之光,只有与佛有缘的人才能看到佛光。

相传最早在泰山传播佛教的是高僧朗公。公元351年,正是东晋初年,高僧朗公在泰山东北昆瑞山麓创建了泰山地区的第一个佛寺,就是朗公寺。

不幸的是该寺至北魏、北周时尽毁,隋唐重加修建,隋文帝因为得神通感应,而在公元583年改名为神通寺。

该寺到了金末已荒废不堪,元代由道兴禅师住持重建,后遭兵火被毁,明代重修。到了清朝,寺院逐渐衰败,成为废墟。

神通寺古时系临济道场,著名方丈有法瓒禅师。现存建筑有四门塔、龙虎塔、唐基台与墓塔林,大部为隋唐时期所建。

■ 泰山神通寺

神通寺遗址是山东佛教的大本山。虽然千年的风雨斑驳了寺院的辉煌壮丽，但仍遗存了古塔旧碑、摩崖造像等，依然焕发着熠熠光彩，成为人们流连忘返的游览胜地。

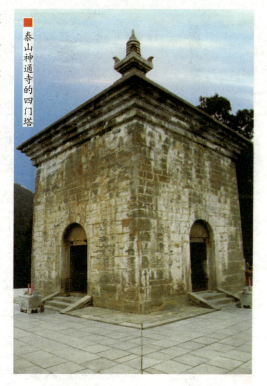
泰山神通寺的四门塔

在神通寺有着"滴水之恩当涌泉相报"的传说。那还是明朝时期，一位官员因年事已高，且又不肯与当权者合流，遂愤然出家，在神通寺挂单做了和尚。

其女为了照顾老父，也毅然随父剃度，在神通寺相邻的涌泉庵出家做了尼姑，并一边修行，一边照顾老父。

因囿于当时的种种限制，孝女给老父拆洗的衣物不能亲自送到寺庙里边，只好在寺庵交界处修造了一座石塔，定期把拆洗或缝补好的衣物寄存在塔内，由老父的弟子们取走。

同样，如老父有脏的或破了的衣物，也送至塔内，由孝女取走去浆洗缝补，直至老父圆寂归天。此后，该孝女仍长期定居于涌泉庵，并成为一代住持，她就是法号为"明喜"的庵主。

神通寺在大众口碑之中，其实还有一个更加响亮的名字：四门塔。四门塔是神通寺遗址上的一座佛教建筑，和四门塔时代相近的还有3座古塔，分别是龙虎塔、皇姑塔和九顶塔。

佛教在泰山历经魏晋南北朝近500年，寺院渐多，古迹遍布，随后创建了灵岩寺、普照寺及谷山玉泉寺等寺庙。

灵岩寺位于泰山西北，始建于东晋，于北魏孝明帝正兴元年开始

■ 泰山灵岩寺石碑

重建，至唐代达到鼎盛，有辟支塔、千佛殿等景观。

灵岩寺佛教底蕴丰厚，自唐代起就与浙江天台国清寺、湖北江陵玉泉寺、南京栖霞寺并称天下"四大名刹"。唐玄奘曾住在寺内翻译经文，唐高宗以来的历代皇帝到泰山封禅，也多到寺内参拜。

驻足灵岩胜景，这里不仅有高耸入云的辟支塔，传说奇特的铁袈裟，还有隋唐时期的般舟殿。寺内有北魏石窟造像、唐代的宇寺塔、宋代的彩色泥塑罗汉像，更有"镜池春晓""方山积翠""明孔晴雪"等自然奇观。

明代文学家王世贞说：

灵岩是泰山背最幽绝处，游泰山不至灵岩不成游也。

映佛岩　属于泰山石刻山岩，位于泰山光化寺东，刻于570年。隶书经文刻于自然石上，上层竖刻"般若波罗蜜经主冠军将军梁父县令王子椿"，计两行十八字。中层刻"普达武平元年僧斋大众造维那慧游"，计四行十五字。

在泰山经石峪和徂徕山的映佛岩，刻有举世闻名的《金刚经》《大般若经》《般若波罗蜜经》等经典梵文。

经石峪摩崖《金刚经》书体在楷、隶之间，偶尔杂有一点篆意，古拙朴茂，静谧安详，为历代书家所推崇。

由于佛教的传播，佛经的翻译与研究日渐发展，使佛教到了隋唐进入鼎盛时期，泰山相继创建了藏佛寺、资福寺、法华寺、竹林寺、无封寺等禅院。

早在公元595年，隋文帝杨坚东巡泰山时，召见泰山名僧法瓒，敕命前往京师住持胜光寺。后来，唐朝大臣、史学家李吉甫称灵岩寺为泰山佛教活动中心。

在此期间，泰山石窟造像活动达到了高峰。岱阴的玉函山及龙洞绝壁上都有隋代造像。灵岩寺方山的证明龛内有唐代释迦牟尼坐像。岱阴的神通寺千佛崖，有大小唐代造像220尊，丰腴健美，慈祥和蔼。

尤为明显的是灵岩寺南端的石窟内，有唐太宗的三女、高宗的姐姐南平公主为亡父所造的"祈福"之像，面如满月，眉目含笑。

因宋真宗封泰山后道教十分兴盛，佛教在宋朝处于低潮。在宋代以后，佛教某些基本教义为儒家所吸

■ 泰山经石峪石刻

壮美风光的三山五岳

**禅宗** 又称宗门，是中国汉传佛教宗派之一，始于菩提达摩，盛于六祖惠能，中晚唐之后成为汉传佛教的主流，也是汉传佛教最主要的象征之一。汉传佛教宗派多来自印度，但唯独天台宗、华严宗与禅宗，是由中国独立发展出的3个本土佛教宗派。其中又以禅宗最具独特的性格。

收，这时泰山道教融入了儒学与佛教的基本内涵。

公元1428年，高丽僧人满空禅师登泰山、访古刹，在泰山20余年，重建竹林寺，复兴普照寺，四方受法者千余人。

明朝正德十六年，也就是1521年《重开山记碑》记录了此事。

泰山普照寺位于岱麓凌汉峰下，秀峰环抱，翠柏掩映，亭殿楼阁，气象峥嵘。清代有人赞道：

门前几曲流水，寺后千寻碧峰。
鸟语溪声断续，山光云影玲珑。

普照寺取"佛光普照"的意境，传为六朝时所建，后来历代皆有拓修。寺院以大雄宝殿、摩松楼

■ 泰山普照寺

为中轴，形成了三进式院落。两侧配以殿庑、禅房和花园等。

清康熙年间，诗僧元玉卓住锡普照寺，普照寺的影响越来越大。

据清代曾任泰安府吏的聂剑光所著的《泰山道里记》所载，普照寺为唐宋时古刹。公元1165年奉敕重修，题为"普照禅林"，有敕牒石刻殿壁。

清康熙初年，著名的僧人元玉又建了石堂，并于释迦牟尼佛诞生之日，依照古代佛制建坛传戒。清道光年间，修建了佛阁，又名摩松楼。公元1880年，重修正殿和东西配殿，后来多次修缮。

■ 普照寺《重开山记》碑刻

普照寺属禅宗临济派，是华北著名丛林。这座寺庙为四进院落，以双重山门、大雄宝殿、摩松楼为中轴线，左右配以殿庑、寮房、花园等，面积6150平方米，形成了一个完整的建筑群。

一进山门面阔三间，门楼式建筑，门前左右置石狮一对。进门为一院，钟鼓二楼分列东西，钟楼内置石柱钟架。公元1817年，铸有莲瓣口形铁钟。

二进山门为二院，门内两山墙各开发券拱门。西拱门外有元代经幢一尊，记录了僧人法海于元贞年间

经幢 幢，原是中国古代仪仗中的旌幡，是在竿上加丝织物做成，又称幢幡。由于印度佛教的传入，特别是唐代中期佛教密宗传入，将佛经或佛像书写或画在丝织的幢幡上，为保持经久不毁，后来改书写为石刻在石柱上，因刻的主要是《陀罗尼经》，因此称为经幢。

■泰山普照寺

壮美风光的三山五岳

重修普照寺的情况。

沿阶而上为三院，中为大雄宝殿，五脊硬山顶三开间，前后廊式，端庄雄伟，内供释迦牟尼镏金趺跏坐铜像。东西配殿各三间，院内两棵银杏树双挺，油松对生。并有清道光年间，住持僧人明睿及弟子所造双檐盖罩铁香炉一尊。大殿东西侧有垂花门通的后院。

后院为菊林院，有松一棵，冠大如棚，袅袅婷婷。清代光绪年间何焕章游山到这里，题"一品大夫"。后院正房与摩松楼相接，额题"菊林旧隐"，曾为康熙初年元玉僧居所。楹联为：

松日好青，竹日好绿；
天吾一砖，地吾一瓦。

菊林院有著名的"六朝松"，古松粗达数抱，枝密盘曲四伸，树冠如盖。这里有摩松楼，可摩顶观松。松下有"筛月亭"，取"古松筛月"之意。

亭居高台，方形，四檐飞翘，四柱均有楹联。亭下有方形石桌，敲击四角和中央，发出清脆如磬的五种声音，因而取名为"五音石"。筛月亭楹联是：

曲径云深宜种竹；
空亭月朗正当楼。

中轴线东边，有禅院和石堂院。清代住持僧人元玉是位颇有成就的诗僧，别号"石堂老人"，著有《石堂文集》，他当时遍植菊花，号称"菊圃"。寺东南还有他的墓塔遗址。

佛教在泰山的痕迹很广，寺庙遍布，供奉着释迦牟尼、弥勒、药师、观音、文殊、普贤、韦驮、罗汉等。

**阅读链接**

普照寺有"一品大夫"松，原名"师弟松"，是清代寺僧理修入寺时与师父共同栽植的。当时，寺院清静，游人稀少，理修天天以松为伴，在树下习文读经，天长日久，便对松树产生了依恋之情。

有一天，他坐在树下吟道："僧栽松，松荫僧，你我相度如同生，松也僧，僧也松，依佛门，论弟兄。"这首诗吟成以后，理修马上把此诗告知师父，师父听后，不禁拍手叫绝，遂把松树取名为"师弟松"。

1896年，楚人何焕章游至普照寺，为寺里的景色所折服，赞叹不已。当时，寺里的住持和尚庆山师父陪他到西院，听到赞誉，自然欣喜无限，便邀何焕章题字，何焕章见此松袅袅婷婷，树冠如棚，状如华盖，便提笔疾书"一品大夫"四字，刻于石上。

# 源远流长的泰山儒学

泰山与儒学结缘，肇始于春秋时期的孔子。儒学的创始人孔子曾多次登临泰山，留下了"孔子登临处""望吴圣迹"和孔子庙等遗址。

孔子，名丘，字仲尼，春秋时期鲁国陬邑人，就是今山东的曲阜，是中国古代著名的政治家、思想家、教育家和文学家，被后人尊为"圣人"。

泰山对松山

春秋初期，孔子登临泰山，抒怀畅志，开阔胸襟；考察封禅，学习礼仪；了解民情，观知时政。他的活动内容十分丰富，留下了很多历史遗迹。

古代《泰山志》记载："泰山胜迹，孔子称首。"这不仅拓展了泰山文化的内涵，也使儒家思想文化借泰

■ 泰山上"孔子小天下处"的石碑

山之力得到了发扬光大。

孔子开创了泰山儒学的先河。由于他的特殊地位和影响，后人竞相效仿，接踵而至。"登泰山而小天下"成为历代名儒、文人雅士不可或缺的生活内容，沿袭为积淀深厚的文化心理，蔓延为流传久远的儒学风气，演变为中国传统文化中的一大景观。

孔子在泰山一带有较多活动，那时的泰山是齐鲁两国的交界之地。尽管孔子一生颠沛流离，但大部分时间还是在鲁国度过的，这为他在泰山一带的活动提供了充分的条件。

孔子曾登泰山，考察封禅制度。历代帝王在改朝换代并致太平以后，也都要封禅泰山，以示受命于天，四海率从。

战国时各学派言论汇编集《管子·封禅篇》中有

**儒学** 又称儒家学说，或称为儒教，是中国古代最有影响的学派。它是中华法系的法理基础，是对中国以及东方文明产生过重大影响并持续至今的意识形态，儒家思想是东亚地区的基本文化信仰。儒家最初指的是冠婚丧祭时的司仪，自春秋起指由孔子创立的后来逐步发展为以仁为核心的思想体系。

记载：

古者封泰山禅梁父者七十二家。

这种隆重庄严的封禅大典，有一套专门的神圣而严格的仪式，这对十分重视礼乐制度的孔子有极大的吸引力。

孔子一生以西周初期杰出的思想家周公为榜样，他以恢复周朝政治和礼乐制度为己任，准备随时辅弼国君实现这一主张。那么，封禅大典是他必须掌握的重要国礼。

公元前150年，西汉文帝时为博士的韩婴所著《韩诗外传》记载：

孔子升泰山，观易隆而王可得而数者七十余人。

孔子到泰山多次实地考察，反复对照，发现历代封禅的具体仪式差异很大，为他掌握封禅礼仪提供了丰富的材料。当时的封禅与祭山活动都要由国君举行，诸侯以下举办是不合礼节的。

据由孔子弟子及其再传弟子编撰的儒家经典著作之一《论语》记载，鲁国掌权的大夫季孙氏要

韩婴 （约前200—前130），涿郡鄚，即今任丘市人，西汉文、景、武三帝时为官，文帝时任博士，景帝时官至常山太傅，后人又称他韩太傅。韩婴是当时著名的儒学学者，他讲学授徒写成很多著作，其中有《韩故》《韩诗内传》《韩诗外传》《韩说》等。

■泰山玉皇顶

祭泰山，孔子急忙去向在季氏当管家的学生冉有说："能不能阻止季孙氏去泰山举行祭祀呢？"

冉有回答："不能！"

孔子讥笑说："难道泰山也不懂礼仪，接受这不合规矩的祭祀吗？"

孔子游泰山，观览名胜，开阔眼界，以增强他的道德文化素养。泰山上下有不少孔子游览遗迹，其中，有瞻鲁台、虎山等。瞻鲁台在岱顶南侧，是孔子登山眺望鲁国的地方。

■泰山孔子登高石碑

战国时期著名思想家孟子的言论汇编集《孟子·尽心上》记载：

孔子登东山而小鲁，登泰山而小天下。
故游于海者难为水，游于圣人之门难与言。

这就是说，讲知识境界要不断递进，才能有更高的道德修养。这里曾有"孔子小天下处"的刻石，以志纪念。

虎山在泰山南麓王母池东侧。汉朝学者戴德编辑的儒家经典《礼记·檀弓》记载："孔子过泰山侧，有妇人哭于墓者而哀"而慨叹"苛政猛于虎"。不过

**《孟子·尽心上》** 战国时期的思想家、政治家、教育家孟子所著，也是孟子的经典作品之一。本篇集中了孟子关于认识论和自身修养的论述，其中不少名言警句，具有重要意义。本篇也是《孟子》全书章最多的一篇，全篇原文共46章。

此处地势开阔，山峦疏旷，似非虎狼出没的地方，虎山之称或系后人附会。

后来清朝乾隆皇帝在这里立"乾隆射虎处"石碑，声称曾在这里亲射猛虎，不少人信为史实，其实是附庸风雅，借题发挥，要革除"苛政"的意思罢了。

孔子在泰山一带从事政治活动，其中，最著名的就是在泰山东侧莱芜境内举行的峡谷之会。司马迁撰写的《史记·孔子世家》有记载。

公元前500年，孔子任鲁国司寇，开始以自己的政治主张治理国家，并使鲁国逐渐强大起来，这使齐国十分不安。为了制伏鲁国，齐景公采纳大夫黎且等人的建议，邀请鲁定公在峡谷聚会，想趁机以武力使鲁国屈服。

鲁定公答应赴会，孔子按照"有文章者必有武备"的方针，调集军队随从。齐国随景公赴会的是著名政治家晏婴。

会见开始后，齐国请演奏地方歌舞，于是"令旄羽矛戟剑拔鼓噪而至"，意在威胁鲁定公。

情况紧急，孔子不顾常礼，一步迈上台阶，扬起衣袖厉声喝道："我们两国国君正在庄严地会见，为什么会有这种野蛮的歌舞呢？"

景公觉得很不好意思，示意退下。过了一会儿，齐国要求演奏宫廷雅乐，于是有"优倡侏儒为戏而前"，以此侮辱定公。

孔子又迈上台阶大声说：

泰山虎山公园内的石碑

"戏弄诸侯者要依法斩首，执法官应该立即执行！"

由于孔子态度严正，掌握礼节严密合度，军事上又有充分准备，使齐景公感到鲁定公不是可以轻易挟持的，便匆匆走了。

为了纪念儒教鼻祖，泰山上下建有孔子庙两处：一处在泰安城岱庙东南，始建于宋代；一处在岱顶天街东首、碧霞祠西侧，始建于明嘉靖年间。

庙中除供奉孔子外，还供祀有孔子四大传人颜回、曾子、孟子、子思，是为"四配"，另还有"十二贤人"列祀。

■ 泰山望吴圣迹牌坊

这对儒学在泰山的发展产生了很大影响。后来清代泰安知县徐宗干题联道：

仰之弥高，钻之弥坚，可以语上也；
出乎其类，拔乎其萃，宜若登天然。

"孔子登临处"牌坊在红门宫前，1560年由山东都察御史朱安等人建。坊上镌联：

素王独步传千古；
圣主遥临庆万年。

十二贤人 指中国历史上的12位圣人，他们是品德与智慧的化身，是各自领域的翘楚至尊，是中华五千年群英会上最闪耀的明星。十二圣贤包括文圣孔子、史圣司马迁、医圣张仲景、武圣关羽、书圣王羲之、画圣吴道子、诗圣杜甫、茶圣陆羽、兵圣孙武、谋圣张良、药圣孙思邈、酒圣杜康。

泰山石刻

壮美风光的三山五岳

　　不过，在汉代以前，登山是走泰山东路，入山须走大津口乡，明人在此建坊是以儒家文化晓谕游人，代圣人立言，扩大孔子在泰山的影响。

　　"泰山岩岩，鲁邦所瞻"，这是孔子晚年编定的《诗经》中对泰山的赞叹。泰山对孔子的影响是巨大的：学习礼乐，由此得窥封禅大典全貌；登泰山而小天下，以开阔的眼界胸襟审度自己德才学识修养。孔子在临终时，唱出了"泰山其颓乎！梁木其坏乎！哲人其萎乎！"的最后歌声，他把自己的生死与泰山联系在一起，足见泰山在孔子心目中不同寻常的地位。

　　孔子所发出的"登泰山而小天下"的由衷感慨，对后世产生了巨大影响和示范作用。孔子在泰山的影响是深远的，后人把孔子与泰山紧密联系在一起，誉为"孔子圣中之泰山，泰山岳中之孔子"，这一见解是相当深刻的。

　　汉代后期，泰山的儒学发展进入了新的时期，特别是泰山的儒学之士伏生和高堂生以及伏生女儿羲娥，对儒学传播做出了突出贡献。

到了宋代，泰山是儒学的复兴地。后来明末思想家黄宗羲在儒学文集《宋元学案》一书，称泰山学派中的诸人，率先提出了以"仁义礼乐"为先学的主张，称他们对儒家经典进行了精湛阐发，开了宋代之先河。

泰山学派有人称"宋初三先生"的孙复、石介、胡瑗3位学者。

公元1035年，石介在京东路奉符，创建泰山书院，并敦请孙复主持书院教学。

书院住持和受业门人及支持赞助者组成的学术团体，被称为"泰山学派"。泰山学派作为一个学术团体以其鲜明的时代特征在宋代儒学复兴中占据重要的地位。

泰山书院历经宋、元、明、清朝代变迁，千年学府，弦歌不绝。书院既以传授知识为目的，也以陶冶情操、培养品德为归依。

泰山书院分左右两进，建筑亦呈现出一种精细厚实的风格。这里的每一块奇石、每一块匾……都值得细细品味、慢慢咀嚼。

泰山孔子庙牌坊

壮美风光的三山五岳

泰山孔子庙匾额

泰山三先生之首孙复，字明复，以治《春秋》名世，著《春秋尊王发微》。宋代文学家欧阳修在《孙明复先生墓志铭》中说：

先生治《春秋》，不惑传注，不为曲说以乱经，其言简易，得于经之本义为多。

**经学** 原本泛指各家学说要义的学问，但在中国汉代独尊儒术后为特指研究儒家经典，解释其字面意义、阐明其蕴含义理的学问。经学是中国古代学术的主体，其中蕴藏了丰富而深刻的思想，保存了大量珍贵的史料，是儒家学说的核心组成部分之一。

南宋著名目录学家、藏书家晁公武评价泰山名人孙明复在《春秋尊王发微》时说："不取传注，其言简而义详。"

南宋藏书家、目录学家陈振孙也称赞孙明复说："不惑传注，不为曲说，真切简易。"

泰山学派的核心人物石介对经学也很有研究。他认为自韩愈死后数百年，异端肆行，邪说蔓延，各家注疏严重背离了先儒经典，不足为解经的凭据。

泰山学派对汉唐注疏的认识，推动了宋代疑经改经学风的形成，逐渐使汉唐注疏之学转向义理之学。

泰山学派推崇孟子。孟子在宋以前的地位并不高，《孟子》一书并未入经，只能归入"子部"，直到南宋陈振孙的《直斋书录解题》才把《孟子》正式列入"经部"。唐以前，孟子在人们心目中并不能与孔子并提，人们所称的"孔孟之道"是后来的事。

在孟子地位的提升过程中，泰山学派发挥了巨大作用。孙明复在《春秋尊王发微》中，把孟子看作是"道统"链条中继孔子之后的首要环节。他说：

> 孔子既没，千古之下，攘邪怪之说，夷奇险之行，夹辅
> 我圣人之道者多矣。而孟子为之首，故其功巨。

孙明复的弟子石介，把孟子抬得更高。石介倡导"道统"，把孟子看作是自孔子之后"道"的承继者。他认为，尧、舜、禹、汤、文王、周公、孔子之道，是一个有机的整体，孔子之后，"道"的发展出现断裂，至孟子，始又发扬光大。

石介在当时政界及学术界都颇具影响，以其为核心的泰山学派的

■ 泰山孔子庙

壮美风光的三山五岳

洛学　在北宋洛阳，以著名理学家程颢、程颐兄弟为首的学派。二程提出了"理"的哲学范畴，认为理存在于天地万物之中。还认为理是"天理"，是人类社会永恒的最高准则。洛学以儒学为核心，并将佛、道渗透于其中，旨在从哲学上论证"天理"与"人欲"之间的关系，规范人的行为。

尊孟言行直接影响到当时的学术取向。在泰山学派努力推动下，孟子的思想被越来越多的人认识到，孟子的地位也随之越来越高。

宋神宗元丰年间，学统四起，学派纷出，洛学、关学、新学各派都尊崇孟子，《孟子》一书也由"子"入"经"。

至南宋时，著名理学家朱熹将《论语》《孟子》与《礼记》中的《大学》《中庸》合编为《四书》，作《四书章句集注》。自此，孟子与孔子得以相提并论，人们遂把孟子的学说与孔子的思想合称为"孔孟之道"。

泰山学派极力排斥佛、道，捍卫儒学的正统地位。佛教传入中国之际，正值两汉经学呈各守门户、故步自封、因循守旧之态，因此没有力量抵抗佛教的冲击。

■ 泰山上孔庙内影壁

■ 泰山孔子庙内的龙耳炉

汉魏以后，佛道势力的膨胀，严重冲击儒学的地位，也冲击了封建纲常秩序，以儒家正统思想自居的泰山学派，在这种情况下开始了他们的排佛、斗老。

孙明复针对佛、老盛行的社会现实，极力倡导"道统"，意在复兴儒学。他在泰山讲学时的居所称"信道堂"，表示要尽自己最大努力去捍卫孔子之道。面对佛、老对儒学的冲击，孙明复奋起而作《儒辱》，号召人们对佛道鸣鼓而攻之，在当时产生了很大影响。

石介在排佛、斗老方面更为激进，写有《怪说》《中国论》《辨惑》《读原道》《尊韩》等文章，抨击佛、道，捍卫儒学。

泰山学派与理学的形成也很有关系。理学是宋学的主流，其形成是儒学复兴的标志。人们在追溯理学思想渊源时，无不肯定胡瑗、孙复、石介"泰山三先

**关学** 就是关中之学，是从地域角度而言的，无论是北宋著名理学家张载之前的申颜、侯可，还是张载之后的吕大钧兄弟、李明复以及金元明清时期的杨奂、杨恭懿祖孙三代等，都是关中人，故其理学又称为"关学"。就其内涵性质而言，属于宋明理学中"气本论"的一个哲学学派。

生”的开山作用。

宋代浙东提举常平黄震在著作《宋元学案·泰山学案》中说：

> 宋兴八十年，安定胡先生，泰山孙先生，徂徕石先生
> 始以师道明正学，继而濂、洛兴矣。故本朝理学虽至伊洛而
> 精，实自三先生始，晦庵有"伊川不敢忘三先生"之语。

强调"三先生"在理学中的开创之功，实际上是肯定了泰山学派在理学形成中的地位和作用。

宋代有志于复兴儒学的知识分子，鉴于晚唐五代以来佛老之学凌驾于儒学之上的社会状况，为重建文化秩序和社会秩序奔走呼号。他们一反汉唐注疏之学的死板和僵化，力倡恢复先秦儒家的干政职能，讲学授徒，对改变视教育为利禄之途的教育体制发挥了重要作用。

孙复、石介等人创建的泰山书院，在这方面尤为突出。胡瑗、孙复、石介等崛起于泰山，他们努力探索弘扬光大儒学的途径，认为要理解经旨，必须从探求义理入手，不拘前人之学，用自己的头脑去

■ 泰山孔庙内的建筑

泰山孔庙全景

思考，强调探求儒家经典的宏旨大义，即人们常说的"理"或"理达"。泰山学派躬身力行的实践和探索，实际上是开"义理之学"的先河。

明清儒学进入没落期，但是，明末学者宋焘在泰山青岩居讲学，后来泰安人将其与孙复、石介、胡瑗以及清代康熙年间的泰山学者赵国麟一同祭祀，称为"泰山五贤"，后来泰山仍有"五贤祠"遗址。

泰山是三教合一的文化代表，儒、释、道三教，都在起源阶段与泰山结下了不解之缘，在泰山经历了兴起、繁盛、衰落的全过程。

**阅读链接**

传说孔子30多岁时离开鲁国到齐国去，登上过泰山。有一次，孔子和学生颜回一起登上泰山。孔子往东南方向一看，看到了苏州城下的阊门，还看到了阊门下有一匹白马。

孔子就问颜回："看到阊门了吗？"

颜回说："看到了。"

孔子又问："看到阊门下面有什么吗？"

颜回看不清楚，觉得是一团白绸。

孔子纠正他，说是一匹白马。两个人下山以后不久，颜回的身体发生了很大改变，头发变白了，牙齿也掉了，衰老得极其厉害。可见孔子的话对颜回刺激很大。

# 浩瀚深厚的文化底蕴

自古以来，中华民族就崇拜泰山，尊崇泰山为"仙山佛国"。帝王称为国泰民安的神山，在泰山上下刻石题字，建庙塑神，将绘画、雕刻、山石、林木融为一体，成为东方文明伟大而庄重的象征。

文人雅士对泰山仰慕备至，纷纷前来游历，作诗记文，他们从更高精神文化的层面，把泰山视为"国家柱石""民族精神"的象征，是

■ 坐落于泰山深处的古建筑

一座蕴藏美质、激发灵感、触动爱国情思的名山。为此，登临泰山犹如攀登长城一样，成为许多人的梦想。

唐代伟大诗人李白，被誉为"诗仙"，他曾到泰山游览，即时诗文，留下了他在那一特殊时期的心路历程，成为泰山文学宝库中不可多得的珍品佳作。

公元742年，李白来到泰山，做了较长时间的浏览逗留，写下了一批关于泰山的作品，如《游太山六首》《拟恨赋》《梁甫吟》等。

李白关于泰山的诗篇，既是雄奇俊逸的游仙诗，又蕴含深刻的现实意义，是反映李白思想的重要资料。李白一生"五岳寻仙不辞远，一生好入名山游"，是他孜孜不倦的实践与追求。

李白的泰山之游，正是他具备了一定声望与条件后，尚在待机实现他理想抱负的特殊时期进行的。此游目的是为了满足他的精神需求，追溯历代帝王先贤的遗踪，以开阔眼界，实现功名计划，期冀与神仙异士际会，并得到高士名师的指点。

这一目的强烈吸引着李白，使他心旷神怡、流连忘返。他从"四月上泰山，石屏御道开"，到"山花异人间，五月雪中白"，再到"举手弄清浅，误攀织女机"，一气儿住了4个多月。这种长时间的独往独来的畅游，是李白游历生涯中罕见的。

■ 泰山石刻

李白在泰山的浏览和创作丰富了泰山文化的内容，他经春历夏的泰山寻仙，留下令人缅怀的足迹遗踪。在泰山，李白曾狂吟"天门一长啸，万里清风来"，创造了奇丽壮美的神奇意境，体现了他纵横天地的豪放精神。

《游太山》把诗人的理想抱负与求仙访道完美地结合起来，继战国时期伟大爱国诗人屈原的"香草美人"形象之后，开创了以神仙道化寓含政治理想的崭新手法，显示出"诗仙"非凡的手笔。这是李白《游太山》诗六首中的第一首，其中道：

> 四月上泰山，石屏御道开。
> 六龙过万壑，涧谷随萦回。
> 马迹绕碧峰，于今满青苔。
> 飞流洒绝巘，水急松声哀。
> 北眺崿嶂奇，倾崖向东摧。
> 洞门闭石扇，地底兴云雷。
> 登高望蓬瀛，想象金银台。
> 天门一长啸，万里清风来。

**香草美人** 旧时诗文中用以象征"忠君爱国"的思想。后以"香草美人"比喻忠贞贤良之士。美人的意象一般被解释为比喻君王，或是自喻。屈原在《离骚》中充满了种类繁多的香草，这些香草作为装饰，支持并丰富了美人意象。

李白创作的《游太山》诗，具有浓厚道教色彩的奇丽意想和旷达境界，那种与天地往来的自由放逸精神，给人以强烈的情绪感染。

《拟恨赋》"观古今于须臾，抚四海于一瞬"，察照人生，直抒胸臆，令人耳目一新。隐居徂徕，《竹溪六逸》的诗传播深远，慷慨激昂的《梁甫吟》传唱后人。

这些都给后人留下了悠远的思考与回味。

泰山名气很大，文化内涵很深，历代文人墨客多慕名登临游览，留下了众多赋诗题词。但自从杜甫《望岳》诗面世后，一提起泰山，大家首先想到的往往就是这篇名作了。

泰山上的《望岳》诗石刻共有4处，摘其诗句者更有多处，这首诗的知名度可见一斑。杜甫的《望岳》写道：

091

五岳之首

东岳泰山

岱宗夫如何？齐鲁情未了。

造化钟神秀，阴阳割昏晓。

荡胸生层云，决眦入归鸟。

会当凌绝顶，一览众山小。

杜甫的这首《望岳》写于公元736年，诗人在诗中写道：泰山是如此雄伟，青翠的山色望不到边际。大自然在这里凝聚了一切钟灵神秀，山南山北如同被分割为黄昏与白昼。

泰山石刻

望着山中冉冉升起的云霞，其荡涤着我的心灵，极目追踪那暮归的鸟儿隐入了山林。我一定要登上泰山的顶峰，俯瞰那众山，而众山就会显得极为渺小。

■ 泰山石刻《望岳》诗碑

诗人杜甫在这首诗中热情赞美了泰山的雄伟气象，同时表现了自己的凌云壮志。杜甫曾高歌"会当凌绝顶，一览众山小"，给人以积极向上、奋发进取的精神鼓舞。

相映生辉的苏轼、苏辙也留下很多泰山诗词歌赋。兄弟俩是北宋政坛、文坛上引人注目的双星。

苏轼是杰出的政治家、文学巨匠、文坛盟主。他一生政治上屡经沉浮，充满坎坷和悲剧，在文学上却是公认的天才和全才，于诗、文、词、赋都有极高的成就。

苏辙亦是"唐宋八大家"之一，也是著名的政治家、文学家，与父苏洵、兄苏轼并称"三苏"。苏氏兄弟的泰山诗文，颇多唱和之作，洋溢着不同的格调与才情，成为相映成趣的瑰丽篇章。

传说，苏轼在童年时代就与泰山结缘。他8岁

**唐宋八大家** 是唐宋时期八大诗人散文作家的合称，即唐代的韩愈、柳宗元，还有宋代的苏洵、苏轼、苏辙，苏家父子兄弟三人，人称"三苏"，又有"一门三学士"之誉。还有宋代的欧阳修、王安石、曾巩。他们提倡散文，反对骈文，给予当时和后世的文坛以深远的影响。

那年在天庆观读书，有人从京城带来北宋学者石介所作的《庆历圣德诗》给老师看。苏轼好奇地问先生是些什么人。

先生说小孩子何必问这些！

苏轼认真地说："这是天上的人吗？那我就不用知道；如果也是地上的人，为什么不可以问呢？"后来，"先生奇轼言，尽以告之，时虽未尽了，则已私识之矣"。

这件事反映了苏轼的过人见识，同时也在他幼小的心灵中留下了泰山石介的深刻印象。

苏轼仅存的泰山诗是与苏辙合作的。苏辙于公元1073年至1077年，在济南任齐州掌书记，兄弟二人感情甚笃。

公元1074年，时任杭州通判的苏轼奏请朝廷，愿调到山东与弟靠近，于是他被调到密州（即后来的诸城）任知府，并于年底到任。济南与密州仍相距千里，但两地间往来音讯甚为频繁。

苏辙在齐州曾寄给苏轼许多诗文，其中，有《次韵韩宗缭弼太祝送游太山》诗，苏轼即作《和子由四首》相赠，其中一篇为《韩太祝

■ 泰山石刻

■ 泰山景区里的古
建筑一角

送游太山》。苏轼还有一首赠酬诗《送杨杰并叙》，这首诗的前两联专写泰山日出景象，十分传神。

公元1078年，苏轼在徐州任知府，郓城人顿起到徐州考取徐沂举人，苏轼赠诗以"登泰山小天下"为喻，鼓励继续进取学业。

苏轼还有一些涉及泰山的诗句。他在赴陕西凤翔府任判官途中路过京兆，即后来的陕西西安，与京兆尹刘敞痛饮数日。

刘敞在京兆搜集了数十件石器，以此考察三代制度。苏轼观赏这些石器，大有沧桑之感：

都城日荒废，往事不可还。
唯余故苑石，漂散在人间。
君看刘李末，不能保河关。
况此百株石，鸿毛于泰山。

公元1091年，苏轼出任颍州知府，他到任后，像在杭州疏浚西湖那样疏浚颍州西湖。竣工之后，他赋诗把两处西湖作以比较，他写道：

太山秋毫两无穷，巨细本出相形中。
大千起灭一尘里，未觉杭颍谁雌雄。

京兆尹　古代官名，是管理京都的最高官员。所谓京，是极大的意思，兆则表示数量众多。定名京兆，显示出一个大国之都的气派与规模。唐开元元年，就是公元713年，玄宗李隆基设京兆府，第一任京兆尹是孟温礼。

不过，很少有人知道，苏轼与泰山的关系起自苏辙。

苏辙，字子由，一字同叔，晚号颍滨遗老，谥号文定。19岁与苏轼同中进士。苏辙一生著述丰富，有《栾城集》《栾城后集》《栾城三集》，另外有学术专著《诗集传》《春秋集解》《古史》《老子解》等。

苏辙于熙宁六年冬到济南任齐州掌书记，熙宁十年春返京。熙宁八年春有闲暇南下泰山。他此行出济南城进入南山，游长清四禅寺，至灵岩，到泰山，历时十天。

临行前，有友人、太常寺太祝韩弼等作诗相送，苏辙也写诗唱和，写下了《次韵韩宗弼太祝送游太山》。

然后，苏辙一路南下，写下了《初入南山》《四禅寺》《灵岩寺》《岳下》四首游泰山的诗。其中，他的《岳下》一诗写道：

東来亦何求，聊欲观海岱。

海西尚千里，将行勇还退。

岱阴即齐疆，南往曾历块。

春深草木长，山暖冰雪溃。

中巷无居人，南亩释耕耒。

泰山石刻

车从八方至，尘坌百里内。

牛马汗淋漓，绮纨声绰缠。

喧阗六师合，汹涌众流汇。

无复问谁何，但自舍耽爱。

龙鸾画车服，贝玉饰冠佩。

骅骝蹴腾骞，幡旆飞暗霭。

腥膻及鱼鳖，琐细或蒲菜。

游墯愧无赀，技巧穷殊态。

纵观愕未已，精意殚一酹。

出门青山屯，绕廊遗迹昧。

登封尚坛壝，古观写旗队。

戈矛认毫末，舒卷分向背。

雍容太平业，磊落丰碑在。

往事半蓬蒿，遗氓但悲慨。

回瞻最高峰，远谢徂徕对。

欲将有限力，一放目所迨。

天门四十里，预恐双足废。

三宿遂徘徊，归来欲谁怼。

前年道辕辕，直上嵩岭背。

中休强饮食，莫宿时盥頮。

稍知天宇宽，不觉人寰秽。

岁时未云久，筋骸老难再。

山林无不容，疲薾坐自碍。

自知俗缘深，毕老守闤阓。

何当御清风，不用车马载。

苏辙在岱庙和泰安城观览了名胜古迹及熙攘的登山盛况，本想勉力登上山顶放眼远眺，但经过一路跋涉，已感疲劳，又怕走坏双脚回不了济南，所以徘徊三天，始终没能上山，留下了深深的遗憾。

在密州的苏轼得知此事，也甚为惋惜，诗人有感而发，写下了千古著名诗句：

　　恨君不到东封顶，
　　夜看金轮出九幽。

■ 泰山乾隆时期石刻

苏辙离开齐州以后，再也没有到过泰山。

公元1090年，苏辙在朝中任龙图阁直学士和御史中丞。这年大旱，高太后、宋哲宗下诏减膳，并派官司员至泰山祈雨，苏辙奉命撰有3篇祈雨谢雨文，分别是《五岳四渎祈雨祝文》《谢雨祝文》《岳渎谢雨祝文》。

苏轼诗中美学价值最高、最为脍炙人口的作品是写景抒怀诗。他一生喜欢登临山水，探奇访胜。他的泰山诗描写了"云山烂漫"的雄伟瑰丽的奇景，着力渲染泰山日出"万里红波半天赤"的超拔精神与旷达气象。追摄勾画出了刹那间"金轮""秋橘""跳丸"等变幻多姿的景观物象，以妙笔生花，给予穷形尽相的摹写，同时又自然注入了"思濯锦""觅莵裘"的深挚情感。

**龙图阁直学士**
宋代官名。宋真宗时建龙图阁，收藏宋太宗御书、御制文集、典籍、图画、祥瑞之物以及属籍、世谱等。景德元年置龙图阁侍制。四年，置龙图阁学士。龙图阁学士为加官，用以加文学之士，备顾问，与论议，以示尊崇。六品以下为直学士。

苏轼把客观描摹的写景，变成了由主观感情熔铸的造景，达到了情景交融和物我辉映。虽是唱和的次韵诗作，却浑厚真醇，气满神足，超出了原韵。

苏轼的泰山杂文是其散文中独具风韵的妙品。其中，《书徂徕煤墨》可见他兴趣的广博与见识的细致；《真相院释迦舍利塔铭》与《请确长老疏》简练传神，体现出深厚的佛学修养，文法上骈散交织。在《与无择老师书》的谈吐中流露出精深的书法造诣，他自称"吾虽不善书，晓书莫如我"，但其书法成就在宋代诸家中最为有名。《评比默诗》是对古文运动中矫枉过正现象的针砭，也只有苏轼能在当时达到这种卓识。

从苏轼的"泰山杂文"可以看出他的治学心得，充盈着妙理意趣，信笔挥洒，不假雕饰，从性灵中流出，旷观达识，至理深情，文格高远。

泰山普照寺内的塔林

苏辙作品中的泰山诗自然朴实，清新淡雅。其中《游太山四首》客观准确生动地记叙了沿途及泰安城的所见所闻。《岳下》中还有这

泰山石刻

样的诗句：

> 车从八方至，尘垒百里内。
>
> 喧阗六师合，汹涌众流汇。

反映了春天朝山进香的繁盛景象，而其中的四句诗是：

> 中巷无居人，南亩释耕耒。
>
> ……
>
> 腥膻及鱼鳖，琐细或蒲菜。

说明泰安城在宋代就不从事农业生产，其店铺之繁华、饮食之精巧，竟使曾居京城、宦游数地的苏辙"纵观愕未已"，这足可以弥补泰山历史风俗资料的不足。

苏轼、苏辙兄弟俩的泰山诗文，可称是双峰并峙，相映生辉。

巍巍泰山是古老的，在旧石器时期，泰山周围就有人类活动的踪

壮美风光的三山五岳

迹。在新石器时期，泰山孕育了灿烂的大汶口文化和龙山文化。历代文人雅士咏泰山的诗数万之多，不胜枚举，是泰山文化的精华。

泰山被誉为天然的历史文化博物馆，数以千计的石碑，使壮丽的泰山笼罩在历史、艺术、诗文的浓浓气氛里。泰山石刻文化艺术在中国发育得最为完善，达到了登峰造极的地步。

泰山中轴线上遗存各种石刻1800余处，著名的有稀世珍宝《秦刻石》、大字鼻祖《经石峪金刚经》、千古之谜《无字碑》、金碧辉煌的唐摩崖石刻《纪泰山铭》等。

石刻文化是一种自然与文化结合最为直观的形式；它升华了物质，使本来毫无生气的石头有了灵气。它又物化了精神，把人们对自然产生的美感表达出来并告知世人。

泰山石刻源远流长，分布也很广泛，数量众多，后遗存碑刻500余通、摩崖题刻800余处，碑刻题名之多居中国名山之首，是一处天然的书法展览馆，具有很高的艺术和史料价值。

自古帝王将相、佛道儒家、文人雅士，为了追求永恒，在泰山上借石抒怀，勒石言志，乐石济公，刻石传经，

■ 泰山上的无字碑

形成了泰山石书奇观。石头和文字与书法刻工相结合，成为中国人类文明史上特有的文化景观。

　　泰山石刻中，碑刻800多通，摩崖石刻1000多处，这一山的石书，有粗犷急就的凿石，也有精雕细刻的龟碑；有岩石小碣，也有万丈摩崖；有平民题迹，也有帝王御笔。真草隶篆，代不绝书，把一座朴素自然的泰山，装点成为中国石刻书法艺术的天然博物馆，蔚为壮观。

　　可以说，泰山石刻涵括了中国的整个书法史，展示了中国书法艺术的形变神异、一脉相承的发展脉络，珍藏了像秦朝的《李斯碑》、汉代的《张迁碑》《衡方碑》、晋代的《孙夫人碑》，以及北齐的经石峪《金刚经》大字和唐朝的《纪泰山铭》等一大批名碑。

　　泰山石刻种类繁多，可以分为石碣、石阙、碑刻、摩崖石刻、墓志、经幢及石造像、画像石和题名、题诗、题记九种。主要包括历代帝王封禅告祭文、寺庙创建重修记、石经墓铭、颂岱诗文、题景及楹联五类。

　　泰山浩瀚的石刻，既有洋洋数千言的鸿篇巨制，也有一字之惊；既有雄伟高大的万丈碑，也有盈尺小碣；既有龟跌螭首、精雕细磨之作，也有粗犷片石之刻；既有真草隶篆，也有四体糅融；既有如斗大字，也有蝇头小楷；既有古拙若

真草隶篆　是对汉字书写体的统称，具体可分为古文、楷书、草书、隶书、篆书、行书6种书写形式，即"古真草隶篆行"6体。只有对汉字的各个书体融会贯通和灵活应用，才能品尝汉字书写的无穷奥秘。

■ 泰山碑刻

■ 泰山摩崖石刻

壮美风光的三山五岳

痴，也有龙飞凤舞；既有大家之作，又有石匠之书。

泰山沿途众多摩崖石刻，或托物咏志，或题景留名，或赞泰山拔地通天之雄，或颂幽奥旖旎之秀，使自然之美融于石刻艺术之中，石刻艺术又与自然之景浑然一体，成为连接人与自然山水的纽带，充实丰富了泰山的文化内涵。

秦刻石李斯碑驰名中外，是泰山石刻中时代最早的。铭文为秦始皇功德铭和二世诏书，由丞相李斯篆书。刻石原在岱顶玉女池旁。刻石原文222字，历经沧桑，仅存10个字，堪称稀世珍宝。

经石峪北齐刻经位于斗母宫东北，有岔路盘道相通，过漱玉桥、高山流水亭、神聆桥即至。峪中有缓坡石坪，上刻隶书《金刚经》，俗称"晒经石"，是明隆庆年间兵部左侍郎万恭书刻。

经石峪金刚经刻是中国遗存规模最大的佛经摩崖石刻。经文刻于面积2064平方米的缓坡石坪上，自东而西刻着《金刚般若波罗蜜经》，采用后秦鸠摩罗什译本，共2700多字，字径50厘米。经刻历千余年风雨剥蚀、山洪冲击、游人践踏和捶拓无度，已残损磨灭过半，仅存经文41行、1000多字。

经刻字书法纵逸遒劲，以隶为主，富于变化，兼

**铭文** 亦称金文或钟鼎文，是铜器研究中的术语，指古人在青铜礼器上加铸铭文，以记录铸造该器的缘由、所纪念或祭祀的人物等，后来就泛指在各类器物上特意留下的记录该器物制作的时间、地点、工匠姓名、作坊名称的文字。始于商末，盛于西周。

■ 泰山上的建
筑——斗母宫

有篆、行、楷、草的意态，结体宏阔自然，用笔苍劲
古拙，神采潇洒安闲，丰润雄浑。清代政治家、思想
家康有为赞为"榜书第一"。站在高崖俯视大字，如
尊尊罗汉，肃穆端庄，稳坐如山，与整个泰岱的神韵
相融合。它的书艺之高、结体之大、规模之巨，自古
罕见，堪称"天下第一"，历来被视为"大字鼻祖"
和"榜书之宗"。

　　当人们在泰山极顶获得了"小天下"的满足之
后，在下山途中再到经石峪湿湿双脚，在那山洪咆哮
的山谷里，可以感觉到一颗古老心脏的强劲搏动。

　　经石峪大字，近看像尊尊佛像，远望如云鹤游
天，再衬以山林峭壁、流水鸟鸣，在人与自然和谐并
存的氛围里，融汇了人生的短暂和山川的永恒。

　　大观峰唐摩崖位于玉皇顶前、平顶峰下和盘路东

康有为 （1858—
1927），又名祖
诒、字广厦、
号长素，又号
明夷、西樵山
人，人称"康南
海"，清光绪年
间进士，官授工
部主事。出身于
仕宦家庭，世代
为儒，以理学传
家。他是近代著
名的政治家、思
想家、社会改革
家、书法家和学
者。著有《康子
篇》《新学伪经
考》等。

侧，其最有名处，是其削崖为碑，其上布满了历代题刻。

最著名的是开元十三年（725），唐玄宗李隆基登泰山封禅时御制御书的《纪泰山铭》，俗称"唐摩崖"。碑高13.3米，宽5.7米，全文1008个字。明代文学家、史学家王世贞评价：

穹崖造天铭书，若鸾飞凤舞于烟云之表，为之色飞。

西侧山峰常有云雾缭绕，因此名为"云峰"。峰上有清康熙帝题的"云峰"二字，下有清乾隆帝诗刻的《夜宿岱顶作》。

大观峰和云峰上遍布题刻，唐初将领刘仁愿、宋代金石学家赵明诚、元代吏部尚书徐世隆、明代刑部尚书朱衡、清代思想家阮元及著名诗人施闰章等历代名流题刻历历在目。"置身霄汉""青碧丹崖""天日苍茫""呼吸宇宙"等大字与《纪泰山铭》互为辉映，令人叹为观止。

泰山经石峪石刻

唐代双束碑采用了武则天创造的11个字，有些字分析一下造字时的心理非常有趣。过去的"天"字是一个"大"字加上"一"横，"大"字是叉开双腿的男人，"一"横是苍天，就是"男人头上顶着天"的意思。

这个"天"字武则天认为有大男子主义之嫌，武则天造的"天"字，把一横下面的叉腿男人改成了穿裙子的女人，是女人在顶着天，这个字改得很费心机，很有个性。

过去的"地"，含有对女性不够尊重的意思，武则天可能觉得这个字有些无聊，于是改成了"山水土"的"地"字，大地不就是由"山水土"组成的吗？这个字既有诗情画意，又很直观。

那个叉着腿的"人"字，武则天可能觉得没有教养，于是她用"一"和"生"合起来，代替"人"字。她认为，人的一生可以说是从生到死的一个过程，她强调的不是人的形状，而是人并不容易的一生经历，这个字造得非常深沉。

泰山石"第一山"碑刻位于"孔子登临处"的石坊前，碑高3米，宽1.1米，楷书体，系明嘉靖年间巡按山东的监察御史李复初题书。碑阴面有"入云有路"四个大字。

东岳天齐仁圣帝碑立于公元1013年。碑高8.2米，宽2.15米，厚0.6米，螭首龟趺。碑阳文2319字，字径0.05米，行书。

额篆"大宋东岳天齐仁圣

乾隆年间的泰山石刻

■ 泰山经石峪石刻

**篆书** 是中国汉语字体之一。篆书是大篆、小篆的统称。大篆指甲骨文、金文、籀文、六国文字，保存着古代象形文字的明显特点。小篆也称"秦篆"，是秦国的通用文字，大篆的简化字体，其特点是形体齐整、字体较籀文容易书写。在汉文字发展史上，它是由大篆至隶、楷之间的过渡。

帝碑"，碑阴面刻有明代山东巡抚张允济和巡按王立贤题的"五岳独宗"四个大字。立于岱庙正阳门内西边的碑台上，形制雄伟，与岱庙的《宣和重修泰岳庙碑》并称"岱庙两大丰碑"。

《高山流水亭记摩崖碑》刻于公元1572年，铭文刻在经石峪西侧崖壁上。崖壁高5米，宽8.7米，稍加磨砻。铭文共刻450个字，字径0.12米，正书，刻辞雅丽，意境契合，书法浑厚古朴，与经字相映成趣，为明刻中的佳作。

谷山寺敕牒碑立于公元1209年，碑通高2.48米，宽0.94米，碑阳刻牒文两层，计179个字。碑阴题额处浮雕力士像一尊，高0.35米。这个碑原立玉泉寺山门外东侧，后来移置岱庙碑廊。泰山原有金元时期敕牒碑7处，仅此碑幸存，实为珍宝。

在登山起点的岱庙，存有清代乾隆年间泰安知县何人麟草书的《望岳》诗碑。在这里遥望泰山，正好是"岱宗夫如何，齐鲁青未了"的朦胧感觉。

登山开始的地方，在万仙楼西边又有清代光绪年间著名金石学家吴大承篆书的《望岳》石刻。在这里，可以品味"造化钟神秀，阴阳割昏晓"的意境。

山腰以上的对松山东崖，是清代嘉庆年间山东巡抚、两江总督铁保的真书《望岳》。此情此景，充分体现了杜甫《望岳》诗中"荡胸生层云，决眦入归鸟"的形象。

封禅祭祀碑是泰山石刻中一道独特的风景线，遗存下来的有：秦《泰山刻石》，汉无字碑，唐《双束碑》《垂拱残碑》《纪泰山铭》，宋《登泰山谢天书述二圣功德铭》《青帝广生帝君赞碑》《宋封祀坛颂碑》《祥符碑》，明《去帝号碑》《祝文碑》，清《乾隆皇帝谒岱庙诗碑》，等等。

据说，清代乾隆皇帝站在此地，看到白云袅袅，流水滔滔，他灵机一动，命令臣下把他的《咏朝阳洞诗》刻在玉峰崖上，这通泰山最大的摩崖碑，远远望去，恰如天然图画上的一枚大印章。

在泰山，那些刚劲有力的摹刻大字，蕴含着我们中华民族不畏艰辛的伟大精神。在山崖上面写字不容易，因为无法登上去，所以不知用什么办法达到的，也足见先人的超人智慧。

岱庙名碑都是无价之宝，如《张迁碑》和《曹全碑》都为汉末名碑。

其中，《孙夫人碑》立于西晋，它与《历城郛休碑》《河南太公望碑》同为"晋代三大丰碑"。

衡方碑全称《汉卫尉卿衡府君碑》。公元168年9月立，为著名汉碑之一。圆通经刻于公元1099年立，镶嵌于灵岩寺御书阁前壁。

颂岱诗文和风景名胜的题刻，以诗为最多，其次为颂文题句。比较著名的诗有：唐代杜甫的《望岳》；北宋苏轼的《黄茅岗》，苏辙的《题灵岩寺》；清朝乾隆皇帝的多处颂岱诗刻。

颂文有清朝泰安知府朱孝纯撰书的《泰山赞碑》、清朝末年法政科举人袁家普题写的《高瞻远瞩》等，个个都是名人佳作，堪与山川竞美。

泰山有众多颂岱题句，如孔子登临处的"登高必自"；万仙楼北边有清代济南名士刘廷桂1565年隶书的"洞天福地"及正书字谜"虫二"等；有清代名流杨降霖1881年题的"步玉清"；经石峪有清代知县陈纪勋1857年题的"梵呗清音"；中天门有清光绪年间陕西督学吴大徵题的大篆"虎"字；等等。都堪称文化艺术珍品。

泰山景点题景石刻有：王母池的"王母泉""蚝仙洞""朝阳泉"；五贤祠的"卧像石"；普照寺的"云门""石堂"等；红门北有"小泰山"；云步桥有"秦松"；岱顶有"鲁班洞""瞻鲁台"等；岱西有"黑龙潭"等。都堪称奇观。

泰山飞来石

泰山楹联主要分布在景区内的十几处石坊、石亭上，如岱庙坊、玉皇阁坊、天阶坊、红门宫坊等。亭联有普照寺的筛月亭、五贤祠的洗心亭等。

以上各种石刻，都能使人达到物我两忘的绝妙境界，能够让人们把几块和松、石、云、泉四大泰山景观相关的石刻组合起来，使人觉

壮美风光的三山五岳

得是人生追求的泰山神游。

中国历代文人墨客用几个字，就把一块石头雕塑成了一种精神，他们仿佛站在历史的源头，观山览水，在亘古未老的山川云气之上，舒展纵观古今的高远气概，在物我不分的超凡境界里，仿佛听到了宇宙的和声。在天人合一的氛围里，他们的整个生命都从自我狭窄的天地中涌出，随着松涛轰鸣，随着云雾升腾，随着溪流流淌。

泰山石刻主要分布在盘路两侧，所以"登"字自然就成了历代题刻者的主题。泰山以其雄壮、刚毅向上的精神，激励人们去攀登、去探索、去感悟人生价值的更高境界。

泰山上的"虫二"石刻

到了这里，人们就会深切地领会到"仰不愧于天，俯不怍于人"的含义。无论人们多少次登上泰山极顶，只有到了这里才会感觉到天路并不遥远，人生的理想并非高不可攀。

虽然到了很高的地方，还有一个境界在后头，那就是泰山的壮美，不仅给人愉悦，而且可以激励人生和启迪人生。

海到无边天作界，山登绝顶我为峰。此时此刻，人们就会从大自然中，突然发现自然的神奇。泰山哺育了人们，人们和泰山一样雄峙天东，昂首天外，以至于从心灵深处萌发出一种阳刚之气。

面对泰山石刻这人与自然合作的精品，冥冥之中令人仿佛感到古人注视的目光，这时石刻和观赏石刻的人，好像都成了大自然的作品，人也就有了一个与日月山川共存的灵魂。

这就是我们的中华民族，曾经能把文明篆刻在石头之上，又能把凝固的文明融化开来，并沿着无限远大而光辉的道路向前滚滚流动。

在世界上没有哪座山能和泰山相比，究其原因，就在于它博大精深的文化内涵。中国后来存留的泰山石刻数量之多、形制之巨、历史之悠久、年代之连续，都是绝无仅有的。

泰山石刻是在石头上书写的文化，是泰山文化的源头活水，在东方文明史上占有重要地位，在世界文明史上也举足轻重。从远古以来，人类前进的脚步，都能在泰山石刻上找出踪迹。

壮美风光的三山五岳

## 阅读链接

西汉元封元年，汉武帝第一次到泰山封禅，司马迁父亲作为史官，本应参加封禅，但他却因故留在了洛阳，令他异常遗憾和失望，忧郁成疾，从此卧床不起。

司马迁外游归来与父亲相见，父亲握着他的手流着泪说："孩子啊，我死之后，你做了太史不要忘了我所渴望的著书立说的意愿。"

司马迁没有辜负父亲的希望，即使在受了宫刑之后，仍矢志不移，忍辱完成父亲未竟事业。他在给好友任安的《报任安书》中，把泰山融入千古名句："人固有一死，或重于泰山，或轻于鸿毛。"可见，在司马迁的心目中，泰山是一个庄重、威严、雄伟可亲的象征。

后来，人们便用"泰山""鸿毛"这两种轻重反差极大的物体来比喻轻重悬殊的两种事情。

# 南岳衡山

衡山，又名南岳、寿岳、南山，中国南方的宗教文化中心，五岳之一。

南岳衡山以祝融峰之高、藏经殿之秀、水帘洞之奇、方广寺之深而著名，并称"衡山四绝"；以春观花、夏看云、秋望日、冬赏雪为"衡山四季佳景"。

衡山还有许多名胜古迹和神话传说，形成了丰富多彩的文化沉积。它宛如一座辽阔的人文与山水文化和谐统一、水乳交融的巨型公园，吸引着海内外游客。

# 衡山和祝融峰的民间传说

南岳衡山的来源有很多的传说。一说盘古开天辟地，死后化为山川林木，头化为东岳泰山，脚化为西岳华山，腹化为中岳嵩山，右臂化为北岳恒山，左臂化为南岳衡山。

衡山祝融峰题刻

一说是中华始祖之一的炎帝神农氏追赶朱鸟，用神鞭将朱鸟打落变成南岳，所以大家在南岳古镇入口处所见的牌坊上便绘有朱鸟图案，南岳山徽"朱鸟"因此而来。

相传帝喾任命祝融担任火正之官。祝融是古时"三皇五帝"中的三皇之一，他在担任火正时，以火施化，为民造福，能昭显天地之光明，生柔五谷林木，后世尊为火神。

后来祝融升天当了神仙，他把火

种埋在了衡山的山里，谁知火种慢慢地燃了起来，南岳一时成了火海。

衡山的山神急了，忙请东海龙王来救火。老龙王降下雨水，可火不灭反而更大了。老龙王向观世音求救，观世音说："只有打通衡山通向东海的那条通道才可以灭火。"

龙王叫了手下800条龙，日夜不停，打通了那条通道。火灭了，但龙王怕火再次燃起来，于是叫龙儿们日夜守候在那里。

冬天，天气寒冷，让火大一些，融化山上的雪水，给衡山以湿润和温暖。夏天，用泉水灌输，让火小一些，使天气凉爽。

**炎帝** 号神农氏，又称赤帝，华夏始祖之一，与黄帝并称为中华始祖，中国远古时期部落首领。据说炎帝制来耜，种五谷；立市廛，首辟市场；治麻为布，民着衣裳；做五弦琴，以乐百姓；削木为弓，以威天下；制作陶器，改善生活。炎帝与黄帝结盟并逐渐形成了华夏族，因此中国后人自称为"炎黄子孙"。

衡山祝融峰建筑

正因为这样，衡山才会有这么舒适的环境。而在南岳大庙里还有那800条蛟龙在守护着这片山山水水。

祝融峰是根据火神祝融氏的名字命名的。相传祝融氏是上古轩辕黄帝的大臣，人类发明钻木取火后却不会保存火种，也不会用火，祝融氏由于跟火亲近，成了管火用火的能手，黄帝就任命他为管火的火正官。

因为祝融熟悉南方的情况，黄帝又封他为司徒，主管南方事物。他住在衡山，死后又葬在衡山。人们为了纪念他对人类的重大贡献，将衡山的最高峰命名为"祝融峰"。在古语中，"祝"是持久，"融"是光明，即让他永远光明。

祝融峰挺拔突起，高出芙蓉、紫盖、天柱、祥光、烟霞、轸宿诸峰。在祝融殿西边，有望月台，月明之夜，皓月临空，银光四射，景色格外明丽。游人站在台上，欣赏月色，较在平地上别有一番景象。即使月亮西沉，这里也留有它的余晖。正如明代孙应鳌的诗所描绘的：

人间朗魄已落尽，此地清光犹未低。

祝融峰附近寺庙林立，其南面有上封寺，隋代以前叫光天观，是道教活动的地方。隋炀帝大业年间下令改为上封寺。

上封寺的正前方是南天门。上封寺后的山上有观日台，现设有气象台。在观日台旁边，有一块石碑，上面刻有"观日出处"四个大字。在秋高气爽，特别是雨后初晴的日子里，游人可以看到"一轮红日滚金球"的奇景。

衡山有漫山遍野的竹子，有楠竹、斑竹、毛竹、凤尾竹，还有箭竹、水竹和紫竹。这里的竹子能够结竹米，可以吃。

相传很久以前，祝融峰北面山沟中有座茅屋，住着一个名叫刘二的人，靠打柴为生。

一天，他扛着扁担、带着弯刀上山去砍柴。看见一头大野猪正在拱竹笋吃。他冲上前去，举起扁担向野猪猛刺。野猪惨叫一声，拼命地逃跑了。他走过去，只见那笋子又大又嫩。刘二连忙把笋子扶正，用松土培好，还砍了几根杂树棍钉在四围，才又上山去砍柴。

不久，那只竹笋长成了一根楠竹，青枝绿叶，又大又好看，刘二就把它移栽到自己的茅屋前面。第二年又发了许多竹笋，很快成了竹林。刘二非常高兴，一有空闲，就给竹子培土送肥。竹子越长越多，

115

湘南之秀

南岳衡山

衡山祝融峰牌坊

**竹米** 竹子极少开花，因为竹花过后，竹林就会成片死亡。它的花小而洁白，近前去闻，还有点淡淡的清香。竹花开过后，便结成竹米，即竹子的种子，竹子结实更是罕见，因此史书常将此事记载。因竹米不易得到，所以被抹上一层神秘的色彩，传说中竹米是凤凰之食，古代有凤凰"非梧桐不栖，非竹实不食"之说。

把刘二的屋子围得严严实实。

有一年，衡山大旱，一连七七四十九天没下一滴雨，禾苗都变成了枯草，老百姓日子很难过。刘二也饿得头昏眼花，每天以野菜、树皮度日。但是，再难他也舍不得砍竹子换粮吃。

一天夜里，他似睡非睡，听到一个声音："我是您亲手栽的那根大竹，名叫竹仙，您救了我的命，多年来精心栽培，为了报答您的恩情，我们在竹子上结了竹米。"

刘二将信将疑，第二天一早，他走到竹林一看，一棵棵竹子上真的结了厚厚的一层竹米。竹米有麦粒那么大，长长的，两头尖，中间圆，淡黄色。他摘了两升，拿回去煮成稀饭，一尝，香喷喷，软绵绵，就像稻米那么好吃。

刘二高兴得合不拢嘴，连忙把这个好消息告诉了周围的乡亲。于是乡亲们成群结队地上山来了，漫山遍野的竹米帮他们度过了一场百年不遇的饥荒。

■ 古朴的祝融殿

从此以后，衡山的老百姓对竹子有了特别的感情。他们经常垦竹山，赶野猪，保竹笋，使南岳山的竹子长得越来越茂盛。

祝融殿古钟

到了唐尧、虞舜时代，就有了帝王们到衡山巡狩祭祀的记载，也就是在那时，衡山才有了正式的封号"南岳"，相传尧帝、舜帝、禹帝均到过南岳祭祀。《尚书》《周礼》《尔雅》《山海经》《水经注》等著述中均有关于南岳衡山的记述。

后来，史学家司马迁在《史记》中记载了尧帝曾经巡狩到衡山：

舜……五月南巡，至于南岳。南岳，衡山也。

大禹治水时也曾在衡山杀马祭天地，在皇帝岩斋戒祈求上天帮助，获天赐金简玉书，取得了治水方案，制伏滔天洪水，功垂万世。

阅读链接

相传，每年祝融都会带着自己身边的官员，爬到南岳的最高峰上，主持举行祭山仪式，祈祷南方各地风调雨顺、五谷丰登，使这里人们的生活比赫胥氏时代又有了进步。

这里的黎民百姓对祝融都非常尊敬，每年秋收以后，他们就成群结队地来朝拜祝融。因为火是赤色，祝融教化大家如何用火。所以，这里的人们都尊称他为"赤帝"。

# 佛教的传入和方广寺绝景

随着道教信士越来越多，道教开始进入衡山开坛，在道家的五岳真形图中，衡山为朱鸟，即是朱雀的象征，有"灵动飞升"之意。而在风水表示方位的体系中，东方为青龙，西方为白虎，南方为朱雀，

衡山南天门财神殿

■ 衡山南天门祖师殿

北方为玄武。因而南岳衡山又被认为是朱雀的化身。

　　当时，衡山已经建立起了一大批宫观，如衡岳观、招仙观、九真观、西灵观、中宫、北帝院、九仙宫、普贤院、玉清观、太平观和西台观等。

　　道观多，道徒也多。南岳历史上最著名的道士，在南北朝期间有徐灵期、邓郁之、张昙要等。在后来的唐代，道士司马祯及其弟子薛季昌、王仙峤与后来的邓紫阳等人被封为天师。

　　大约在公元502年梁天监年间，当时正是南北朝时期，南天竺僧人菩提达摩来到中国传播禅法，并获得梁武帝的支持而使佛教兴盛一时，就在此时期佛教进入了南岳。经逐渐发展，后来的南岳衡山就成了"十大丛林，八百茅庵"之地。

菩提达摩　意译为觉法，佛传禅宗第二十八祖，为中国禅宗始祖，故中国的禅宗又称达摩宗，达摩被尊称为"东土第一代祖师""达摩祖师"，与宝志禅师、傅大士合称"梁代三大士"。达摩祖师在中国始传禅宗，"直指人心，见性成佛，不立文字，教外别传"，被认为是禅宗的开始。

壮美风光的三山五岳

■ 南岳衡山南天门牌坊

后来，惠海和希遁两位大师来到南岳衡山开坛传经，此时佛教文化才开始进入南岳衡山，比道家进入约迟了200多年。

到了南北朝的陈朝时，慧思带了徒众40余人前往湖南，入住南岳，在那里继续提倡修禅。陈地信众望风归附，陈主迎他到陈都建业，住在栖玄寺，讲《大品般若》。

慧思很感慨当时南地佛学界偏重理论、轻视禅观，于是双开定慧两门，日间谈理，夜间修禅，同时讲说禅波罗蜜，陈主尊他为大禅师，倾动一时。

慧思的门下颇多，最著名的当推善于发展师说、创立天台学系的智𫖮，其次还有新罗人玄光及大善，其他如南岳的僧照、枝江的慧成、江陵的慧威等都著称一时。后来，南岳慧思被尊为"天台三祖"，智𫖮为"天台四祖"。

**慧思** 俗姓李，后魏南豫州汝阳郡武津县人，15岁信仰佛教出家，对于所习诸经论，每有独自悟入之处，多结合实践加以申说，他的著作大都出于口授的记录，自具体系。在实践上，结合从《法华经》上体会到的圆顿法门，倡导了"法华安乐行"的实践行法。

慧思的弟子玄光更是将南岳思想传入新罗，为以后天台宗教义流行于朝鲜半岛的先驱。天台宗学说更是远传日本，流布甚广，成为南岳佛家最重要的宗派。

后来，南岳惠海、慧思、大善、法照、惠成、惠开等18位僧人，被誉为"南岳十八高僧"。

因为这里融合了佛、道两教，又同时是佛、道两教的圣地，故而历朝历代以来，这里云集了众多的高僧仙道，同时亦留下了众多的著名寺庵、道观，香火旺盛，绵延不绝，方广寺就是在这个时候建造的。

南岳方广寺地处幽深，多泉石、枫树和杉树，深林密竹，风景极美，有"不游方广，不知南岳之深"之说，为南岳之一绝。

沿南天门山脊南行，经西岭顺北麓约5千米，就到了深邃幽雅的方广寺，这里古木森森、银泉淙淙，周围8座山峰如莲花瓣瓣，方广寺就是莲心。

方广寺周围有各种珍奇树木，有树冠碧绿如伞

陈朝（557—589），即南朝陈代，中国历史上南北朝时期南朝的最后一个朝代，陈霸先所创建，都建康。仅控制江陵以东、长江以南的狭小地区。陈朝建立时已经出现南朝转弱、北朝转强的局面。陈朝刚建立时面临北方政权的入侵，形势十分危急。陈朝开国皇帝陈霸先带领军队一举击败敌军，形势有所好转。陈朝历五帝，共33年。

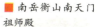

■ 南岳衡山南天门祖师殿

■ 衡山寺庙里的香炉

的红豆杉、伯乐树，有挺拔的花楸木、银雀树，有芬芳的香果树，果实赤色的红豆杉。花楸木的木纹斑斓多彩，质地坚硬，过去多用来作为宝剑柄。

方广寺后有一棵胸径2米、高10余米的娑罗树，传说这种树木在天上的月宫中才能看到。后来，仙家将树种送到人间种植，世上才有了这种树木。

树下有一水泉，依树取名，叫"娑罗泉"。僧人将泉水用竹枧引入寺中，饮用十分方便。清人邓辅纶作《娑罗泉》道：

> 甘露一夕觉，明月当空禅。
> 上有菩提树，下有娑罗泉。
> 拨雾掬寒绿，饮此心冷然。

寺院下方不远，有当年惠海和尚洗衣的石台，岩壁上刻着"洗衲"两字，下面就是洗衲池。路边还有明代著名作家张溥读书的啸台和谭元春题留的"恋响"石刻，附近还有南岳最大的一片金钱松林，木质坚硬，树形美观，是很好的风景园林树种。

方广寺四周山坡上还有不少的珍奇物产，如猕猴

**娑罗树** 植物名，又名波罗叉树、摩诃娑罗树、沙罗树，为佛教圣树之一。原产于印度及马来半岛，为龙脑香科娑罗树属，多年生乔木。树身高大，叶为长卵形而尖，表面光滑，花淡黄色，萼及花瓣外有灰色刚毛。因为气味芳香，木材坚固，可以用来制作家具或建材，又可供作药用或香料。

桃、方广野茶、方竹、龙须草等。此外，山中还盛产罗汉芋。这种罗汉芋制作烹食方法十分奇怪，据《莲峰志》记载：制作时，要到半夜才能采根磨浆蒸煮，且在蒸煮时不能讲话。否则，"闻人声刚辛沸不可尝，放一名鬼芋"。朱熹、张栻曾作《罗汉芋》诗唱和。

方广寺在南岳衡山莲花峰中央花蕊之上。据《南岳志》记载，方广寺始建于南朝梁天监二年。南岳高僧之一的惠海来到这8座青峰围绕的狭长山谷中，见此地与世隔绝，岩壑幽邃，就在这里结草为庵。

明朝初期，浩空和尚将寺院改建为板屋，盖上铁瓦，增设佛堂。并在寺院内雕龙绘凤，把寺院装饰一新。

明崇祯时期，王夫之兄弟及夏汝弼等人受巡抚褚胤锡委托，再次筹款重新修建。经过两年时间，方广寺焕然一新，雄伟壮观。

后不久，方广寺毁于大火。直到清道光年间，曾任陕甘总督的曾国藩的弟弟曾国荃，费资白银2万余两重新修建了方广寺。

**阅读链接**

据《一统志》记载：有一天，惠海正在庵中诵经，忽然有5位身材伟岸的壮士来求见。来人面容各不相同，分青、黄、紫、白、黑五色，都身穿白袍。五人请求惠海和尚允许他们听经学佛。

惠海问他们是何方人氏，他们回答说是南岳山中的五位龙神，如果允许他们听经，他们愿意让出一块平地，献给惠海建造寺院。惠海答应了他们的要求。

当天晚上，山谷中乌云骤起，霎时雷声隆隆，大雨滂沱，传来阵阵"哗啦啦"的响声。第二天清早，惠海起来一看，只见山下出现了一块宽敞的平地。

惠海到处化缘募捐，在这块平地上建造了一座规模宏大的寺院，寺名方广，寓佛法"十方广布"之意。这就是《南岳志》记述的所谓"五龙听经，平沙献地"的故事。

# 各具特色的众多佛家寺庙

　　高僧慧思和尚为了更加方便地弘扬佛法，于公元567年创建了福严寺。

　　福严寺位于掷钵峰东麓，坐落在磨镜台右侧，前有青翠苍郁的金

衡山雪景

鸡岭，左后有虎跑泉、高明台，右后有峭拔耸立的天柱峰，福严寺是佛教十大丛林之一。

福严寺在中国佛教史上颇有名气，是禅宗的南宗著名的传法圣地。南岳禅宗主张"顿悟"，所谓"心即是佛"，而摒弃苦行潜修与经院式烦琐哲学的做法，所以禅宗的主张极容易为人所接受、修持，而使整个宗派得以发扬光大，教徒遍天下。

这里松杉茂密，修竹掩映，古藤纵横，幽深秀丽，收揽了南岳胜景。

衡山上的亭台

寺院依山而建，占地约4亩。整个建筑是砖木结构。院堂依次为山门、知客厅、岳神殿、大雄宝殿、祖堂。

第一进是山门。红墙绕寺，山门东北向。门上刻"天下法院"，两旁有副对联：

六朝古刹；
七祖道场。

第二进是知客厅，大门正东向。廊柱上刻着楹联：

福严为南山第一古刹；
般若是老祖不二法门。

对联阐明了该寺的历史和地位。

■ 衡山上的地藏殿

**弥勒佛** 就是弥勒菩萨，佛教八大菩萨之一，大乘佛教经典中又常被称为阿逸多菩萨。他是释迦牟尼佛的继任者，将在未来娑婆世界降生成佛，成为娑婆世界的下一尊佛，常被尊称为"未来佛"，被佛教唯识学派奉为鼻祖，深受中国佛教大师道安和玄奘的推崇。

第三进为岳神像，殿中有岳神塑像一尊。宋朝大诗人、大书法家黄庭坚在《南行录》中说："有岳神铜像一尊。"

这里的寺院一反常规，没有四大天王神像，却有岳神像。传说当时慧思禅师和岳神下棋胜了岳神后，获得了这块香火宝地。

他为感谢岳神送地之恩，于是在寺里专门建造一个殿堂，作为岳神游憩下榻的地方，享受人间香火，故而有岳神像。

第四进是大雄宝殿，后来被毁，之后在莲花台上重建了佛宝殿，佛堂原来供奉着陈后主时铸造的铜质坐佛3尊。

沿大雄宝殿后的两侧拾级而上，便是第五进。殿堂三间，为祖堂、方丈、说法堂。说法堂上悬挂着一块金匾，上书"五叶流芳"四字。

寺院的两侧是禅房、斋堂、香积厨。长廊把整个寺院连通，高低错落，浑然一体。在寺院右边侧门外面，有一棵古银杏，有1400余年的历史。相传它曾受戒于慧思和尚，皈依了佛门，山门内的3棵年逾千年的古银杏，因为触犯了佛门清规，被逐出寺外。

当时也有许多百姓信奉佛教，由此带动了僧徒中不少人隐居南岳。而佛教的信徒，一旦法动帝王，贵为国师，位极公卿，就会影响天下。如慧思、法照诸僧，先后当上了梁、隋、唐几代帝王的国师，备受宠信。

不少僧人受帝王封谥。如慧思谥园慧妙胜禅师、怀让谥大慧禅师、观音大师、道一谥大寂禅师、希迁谥无际禅师、唯劲谥宝闻大师等。

福严寺建造完成之后不久，高僧慧思又在原道教光天观的基础上建造了上封寺，做徒众听法之所。上封寺是南岳最早的古刹之一，供奉弥勒佛。

**黄庭坚** （1045—1105），字鲁直，自号山谷道人，晚号涪翁，又称豫章黄先生，洪州分宁人。北宋诗人、词人、书法家，为盛极一时的江西诗派开山之祖，而且他跟杜甫、陈师道和陈与义素有"一祖三宗"之称。黄庭坚笃信佛教，事亲颇孝，虽居官，却自为亲洗涤便器，亦为二十四孝人物之一。

■ 衡山福严寺夏日美景

壮美风光的三山五岳

■ 衡山福严寺前面的石桥

汉白玉　一种名贵的建筑材料，洁白无瑕，质地坚实而又细腻，容易雕刻，古往今来的名贵建筑多用它做原料。中国从汉代起就用这种宛若美玉的材料修筑宫殿，装饰庙宇，雕刻佛像，点缀堂室。因为是从汉代开始用这种洁白无瑕的美玉来做建筑材料的，人们就顺口说成了汉白玉。

上封寺右上为观日台，左上为祝融峰，峰上的祝融殿后是不语岩，岩上有巨石翘首，宛如一只巨龟在奋力向上爬行，被称为"金龟朝圣"。

岩下不远的绝壁上有两石凌空，与悬岩相接，看上去摇摇欲坠，被称为"会仙桥"，每当月明之夜，这里隐约可以听到丝竹之音，传说是神仙们在桥上饮酒奏乐。

山下水帘洞，飞瀑如泻，帘影高悬，宋朝毕田有咏水帘洞诗一首，专道其妙处，诗中写道：

洞门千尺挂飞流，玉碎珠联冷喷秋；

古今不知谁卷得，绿萝为带月为钩。

可见其景致之不一般。

从上封寺拾级而上有一片古林，树木奇形怪状，由于这里地势高，比较寒冷，从初冬到暮春都积着冰雪，树木的嫩枝多被摧折，为了适应生存，这里的树大都繁枝虬结，看上去卷曲臃肿。树林后有望日台，为元代所建，占地约1亩，站在望日台上可以看到很壮观的日出日落。

上封寺肇建以后，其前期属天台宗，后期属禅宗，到了宋朝则是禅宗黄龙派道场。上封寺的历史特色生命持续力特别长，总维系着一丝香火不断，不像福严、南台那样大起大落，寺废僧空。

上封寺山门下有花岗石牌坊，坊额用汉白玉刻"上封寺"三字，两旁石刻联写道：

南国记蜉蝣，江汉侨民齐景仰；
岳神隆望祀，西天古佛共馨香。

■ 衡山上封寺的正门

上至山门，为半圆形花岗石石墙，上有汉白玉"刺建上封寺"门额一方。

著名的诗僧齐己曾在上封寺闭关一个时期，他曾写过一首"行到月宫霞外寺，白云相伴两三僧"的上封寺诗。

上封寺在宋朝重新赐额，寺内且建有穹林阁，建筑已稍具规模。其时宋室南渡，"五岳至今余一岳，北望乾坤双泪落"。

一批南渡官员和文人雅

士，到这唯一的"寿岳"来游历，登高远眺，北忆中原，那种荆棘铜驼之感，必然会像东晋名士们那样，新亭痛哭，慷慨激昂，从而写出多少爱国诗篇，抒发忧国忧民之情愫。

从一些诗文的字里行间，可窥见当时的上封寺轮廓。上封寺在当时为一栋栋的板屋，已具备了一定的规模，寺内还建有一座令人流连的穷林阁。张栻在其《游南岳唱酬序》一文中叙述自方广、高台至上封诸寺皆板屋。

板屋是用木板钉盖以代替陶瓦做屋顶的砖木建筑，它的好处是不会像瓦一样被冰雪冻裂，而且木板不易导热，又可以保温。

这类建筑在元朝仍然延续下去，像元代文学家，修过金、辽、宋三史的揭奚斯，就在他那首《登祝融峰赠星上人》诗里说过：

朔风日夜相腾蹙，谷老崖坚松柏秃。
古来铁瓦尽飘扬，山中至今犹板屋。

可见上封寺在宋末元初曾一度使用过铁瓦，因补充不易，且重量不够，仍用木板。

直到明朝中期，铁的冶炼得到较大发展，开始有了铸造工场，铸造的规模和工艺都有显著变化和完善，信士们有可能捐资奉献铁瓦。于是上封寺变成了铁瓦石墙，屹立峰头，给人一种坚不可摧的感觉。

明嘉靖中期，上封寺又新建天王殿，信士罗枏还特地捐资铸成铁质四大天王立像，进行供奉。铁铸四大天王就屹立在殿侧两壁前，伟岸奇特，造型生动，金碧辉煌，威严逼真。

从康熙后期，才有了对上封寺的详细志述。据新编的《南岳志》记载：

**清康熙中，湖南巡抚周召南邀请高僧异**

**揭奚斯**（1274—1344），元代文学家，字曼硕，龙兴富州人，善诗，工书，贯通经史百家，为文叙事极为严格，语简而当，与虞集齐名。因卢挚荐，授翰林国史院编修，官至翰林侍讲学士，后又任艺文监丞，曾参加编修辽、宋、金三史，有《文安集》十四卷。

■ 衡山上封寺建筑

■ 衡山上的南岳大庙

目来寺作方丈，大修寺舍，建成一座四进两廊大佛寺。

这是上封寺历史上的鼎盛时期之一。据公元1735年对当时南岳僧寺163所中的29所的田亩进行勘查，上封寺有田448亩，其经济实力居南岳五大丛林之首。

清同治年间，曾赐过太子少保衔的湘乡人曾国荃捐资白银2万余两，重修上封寺，寺宇一新，曾国荃还有刻碑记载了这份"功德"。

之后，又增建了由上封寺登祝融峰的石板路，重修太阳泉引水石枧，曾国荃亲自书写了"黄离狮吼"和"震萃风云"两幅横额，镌刻在避雨亭两端。经过一番整顿和修建，寺貌全新，石垣铁瓦，佛像庄严，殿堂肃穆，金碧辉煌。

号称"天下法源"的南台寺也是在这个时期建造

**同治** 清穆宗爱新觉罗·载淳的年号，时间为公元1861年至1875年。同治年间，经济上，采用洋务派"自强"和"求富"的方针，开办一些新式工业，训练海军和陆军以加强政权实力，被清朝统治阶级称为"同治中兴"。同治，也通常代称清穆宗爱新觉罗·载淳。

的，南台寺相传为南朝梁天监年间创建，原是海印和尚修行的处所。在寺院后左边的南山岩壁上，有一如台的大石。据说当年海印和尚常在这块石上坐禅念经，所以寺名才定为南台。

唐朝时候，著名的高僧希迁禅师来到南岳衡山受戒结庵于南台寺东大石上，时人称为"石头和尚"，与江西道一禅师名闻天下。石头和尚圆寂后，谥"无际大师"，塔命名为"无相"。弟子有道司、憔俨等人。

他们宣教弘法，创立了曹洞宗、云门宗、法眼宗三派，其中，曹洞宗更为昌盛，形成南宗禅，成为中国佛教史上规模最大、影响最深远的主流。

南宋时，临济、曹洞二宗传到日本。日本佛教界曹洞宗一直视南台寺为祖庭。故南台寺有"天下法源"之称。

后来，日本曹洞宗法脉高僧梅晓和尚，自称是石头和尚第四十二代法孙，专程来南台寺。这时南台寺的重建工程正在进行，梅晓见屋基楚楚，砖墙厚实，规模宏大，十分高兴，当即向淡云和尚提出寺宇落成，愿赠"藏经"一部，淡云和尚表示乐意接受。他回国后第四年，就率领日本佛徒数十人，亲自护送经书到南台寺，并举行了隆重

衡山神州祖庙

■ 衡山上的摩崖石刻

的赠经仪式，留下了"梅晓赠经"的佳话。

出了南台寺，有一条小路通南岳古镇。途经一个大石坡，石坡间有石磴数百级。在岩石上，好像天梯架于岩壁上，故名"天生磴"。梯下悬崖峭壁，有挂着铁链的石栏杆，山坡旁边有一石，名叫"金牛石"，相传上面印有金牛足迹。

后来人们又在金牛壁上刻了一首诗，诗中写道：

手招黄鹤来，脚踏金牛背。
尘世无人知，白云久相待。

距离上封寺不远就是高台寺，高台寺地处秀丽的碧萝峰下，寺院因建筑在海拔1000米以上的岩台处，所以叫"高台寺"。

高台寺始建年代已无可考，南宋乾道年间，朱熹、张栻和林用中等人游南岳时，就与当时高台住持

**千手观音** 又称千手千眼观世音、千眼千臂观世音等。千手观音是阿弥陀佛的左协助，与阿弥陀佛、大势至菩萨合称为"西方三圣"。据说观音菩萨曾发誓要普度众生，然而众生芸芸，观音颇有力不从心之感。于是观音就分身成42个大慈大悲菩萨，意在安度一切众生。

了信和尚有过交往，并题诗赠墨。

寺院后来被毁，直到1546年明代嘉靖年间才由楚石和尚在废址上重建。清乾隆年间，再由当时的向盛世募捐修葺。

高台寺为石墙青瓦建筑。原来只有3间平房，面积约60平方米。寺门额上刻有"高台古寺"四字，下有"佛祖法门家"五个小楷字。左右楹联是：

松阴匝地；

佛法参天。

寺后是碧萝峰，峰下有一眼泉水，叫观音泉，流水经年不断。

高台寺下面便是巨石堆叠的观音岩，周围石壁上题刻甚多。岩顶的一块巨石，刻有"冠石"和"大鹤行窝"的题留。

"冠石"二字，大2尺余，为行书，是公元1547年的重阳日所题写

■衡山寺庙建筑顶部

■ 衡山开云亭

彩画　又称彩
绘，是在中国古
代建筑上绘制的
装饰画。古代建
筑上的彩画主要
绘于梁和枋、柱
头、窗棂、门
扇、雀替、斗
拱、墙壁、天
花、瓜筒、角
梁、椽子、栏杆
等建筑木构件
上，以梁枋部位
为主。古建彩画
在中国有悠久的
历史，是建筑装
饰中最突出的特
点之一。它以独
特的风格成为中
国建筑艺术的精
华而载入史册。

的。吴郡张勉发所题"大鹤行窝"四字，是在重阳节由无锡山人高简题刻的。他自诩为得道的仙鹤飞来南岳，在这里憩息。

观音岩下是烟霞洞，洞中曾有千手观音全身塑像，栩栩如生。洞前还有"圆明洞""朱陵洞天""降龙岩"等10余处石刻。

高台寺下左侧空坪上，还有一座八角形的花岗石砌的亭子，叫"开云亭"。在开云亭的下边有一个半月形的水池，名叫"月池"。石亭的基壁上刻着1米大的行书"月池"二字。亭侧有多处石刻，其中"诚真正平"四字，遒劲有力。

南岳祥光峰下藏经殿，始建于南北朝时期的公元567年，原名"小般若禅林"，后因明太祖朱元璋赐大藏经一部，存放寺中，故改名"藏经殿"。

藏经殿是一座琉璃瓦红墙单檐翘角的古建筑。庙宇别致严谨，朴素淡雅，就像被嵌镶在含翠欲滴的丛林中一颗秀丽的明珠。

殿内安放金铜佛像，佛名"毗庐遮那"，纯铜镀金，体态优美，耀眼夺目；四壁油漆彩画，技艺精湛，增添的雕刻，形象生动。

藏经殿的殿前有灵田，每当秋夜，飞光如烛，可以照见老林古殿的轮廓，疑似"鲁殿灵光"，实际上是萤虫聚舞，闪闪发光所致，人们又称之为"萤火虫朝圣"。

灵田前有梳妆台，相传为明桂王的母亲陈太妃梳妆的地方。附近还有钓鱼台，传说是六朝后主的妃子张丽华钓鱼之所。

到南岳游览的人，都要到祥光峰下藏经殿去看看那棵摇钱树。每逢夏令时节，那金黄色的果实像一串串的古钱挂满枝头，惹人喜爱。

摇钱树的这个地方，在很多年前，是一片古老的森林。这里，住着一个姓钟的樵夫，大家叫他钟老倌，靠砍柴度日，一有空暇，就采些山药帮助附近的穷兄弟治病。不论酷暑严寒，他每日都是摸黑15千米挑柴下山去卖，卖完柴又爬15千米山路，回到这深山老林。

有一天，他卖柴归来，艰难地踏着百步云梯往家走，实在难以支

衡山景区里的亭台

绿色衡山

撑了，便坐在路旁的石头上歇脚。想想辛苦的过去，又想想凄凉的晚年，流着眼泪对天长叹："唉，叫我怎么过下去啊！"

"不要着急，我来帮你了结这苦日子吧！"

说话的是一位鹤发童颜的老人。这老人似乎很了解钟老倌的身世，他安慰钟老倌，从衣袖里拿出一粒金黄色的种子说："回家后把这种子种下，今年可以发苗，明年会长成树，后年就会开花结果。你有了这棵树，就可以幸福地度过晚年了。"

接着又说："在这树发枝长叶的时候，不论天晴落雨都要灌七七四十九天的水，每天要灌七七四十九担，每担水要渗进七七四十九滴汗，在这树开花的第一年，每朵花上要滴上你自己的一滴鲜血。"

老人说完就突然不见了，只有一粒黄灿灿的种子留在钟老倌手里闪闪发光。

钟老倌回家后，选了一块最好的地方埋下种子。没过几天，果然发出了芽。从此他每天起来就到苗子边去看，卖柴打转也先要到苗子边转转才进屋吃饭。太阳大了给它遮阴，风雨大了给它搭棚，有害虫伤它就给它捉虫。钟老倌对这棵苗子花的心血真不少。

第二年春天，祝融峰上杜鹃花盛开的时候，这苗长得比杜鹃花还要高，风刮来秆子不弯，雨打来叶子不落。钟老倌按照老人的嘱咐，每天从山下挑来49担水，每担水洒下一大把汗，一共浇了49天。

第三年又是祝融峰上杜鹃花盛开的时候，这树比杜鹃花高出几倍，开出了一串串淡黄色的花，花虽然没有杜鹃花那么大，可是它的清香散满了整个山头。

钟老倌又把自己的鲜血滴在花上。这到底是棵什么树呢？钟老倌并不知道，但他相信，送他树种的老人不是凡人，这棵树也一定不是棵平凡的树。他希望这棵树能给山里的穷苦人造福。

夏天过去了，满树金黄的果子迎风摆动，发出叮当的响声，好像摇动了一串串铜铃。钟老倌顺手摘下一串，壳里滚出几个钱来。都是雪白的银子铸成的。这时钟老倌才恍然大悟，原来是一棵摇钱树。

■ 衡山寺庙里的观音像

钟老倌把果子摘下来之后，细细地盘算着：李家最苦该给他多少，张家最穷该给他多少，一家家算完之后，剩下的恰恰可以给自己家买点米。

钟老倌怕泄露了秘密招来意外灾祸，就在深夜里背着银钱，悄悄送到各家各户。这些人家得了银钱，都不知道是哪里来的。

一年、两年过去了，穷苦人慢慢发觉了这个秘密，钟老倌也只好把实话告诉大家。从此，山里穷苦人都来帮助钟老倌培植这棵摇钱树，保护这棵摇钱树，大家也更加敬爱这棵摇钱树的主人。

后来，南岳人有的到淮南，有的到关外，有的到湖滨，有的到别的深山里，他们都把带去的种子种在落户的地方，所以现在很多地方都长出了摇钱树。

**阅读链接**

沿上封寺向西的石径路向前行走，两旁柳杉夹道，不到一里地，便来到不语岩。不语岩下边，有一个宽广的石洞。洞壁上刻着"不语挂锡"四个正楷大字，还有楷书"去中一笠"的题留。

《南岳志》说，过去南台寺有一个和尚经常在这里打坐，终日不语，自号不语禅师。他在这里修行的日子很久。有一年冬天，大雪纷飞，灶里的火种熄灭了。于是，他在晚上提着灯笼，踏着积雪到上封寺去求火种。

上封寺的僧人说道："大师灯内有火，何必相求？"

不语禅师得此禅机，便说："早知灯有火，饭熟几多时。"从此他大彻大悟，修成正果。

# 盛极一时的道观和寺院

到了隋唐时期，衡山的道教十分兴盛。有一大批知名的道士居此山修道，其中最著名的有张惠明、萧灵护、廖冲、司马承祯、薛季昌等人。

■ 衡山道观远景

## 三十六洞天

"洞天"意谓山中有洞室通达上天，贯通诸山。洞天福地是道教仙境的一部分，多以名山为主景，或兼有山水。道家称神仙居住人间的三十六处名山洞府为"三十六洞天"。历代道士多在其间建宫立观，精勤修行，留下不少人文景观、历史文物和神话传说。

唐初，因司马承祯言，遂于五岳各建真君祠，南岳神则封为司天王，遣官奉祀。司马承祯在《天地宫府图·三十六小洞天》中说衡山是神仙洞府所在地，是道士修行理想之地，称衡山为道教三十六洞天之第三洞天：

第三南岳衡山洞，周回七百里，名曰朱陵洞天。在衡州衡山县，仙人石长生治之。

其后，道士张太虚又被赐号"元和先生"。道士刘元靖更是被赐号"广成先生"，并敕授银青光禄大夫，充崇元馆大学士，加紫绶，铸印置吏，是南岳第一个实授三品职官的道士。

此时，道流势力因官家的支持而日益兴盛，道家文化也相应地渗入各个领域。

■ 衡山石刻

衡山寺庙

唐代除对衡山原有宫观如衡岳观等进行修葺外，又新建有一批宫观，如黄庭观、真君观以及上清宫、元阳宫、洞灵宫、寻真观、洞阳宫、洞门观、紫盖院、石室隐真岩等。

其中的黄庭观在道教中最具名望，其原因主要是由于著名的女道士南岳魏夫人在礼斗坛白日飞升成仙。魏夫人名华存，字贤安，是东晋时期司徒剧阳文康公魏舒的女儿。她幼年时便熟读"庄老之书"，"笃意求神仙之术"，发誓不嫁。

后来在父母的胁迫下，24岁时嫁给南阳刘幼彦，生二子，长名璞，次名瑕。据《南岳志》中所录的《南岳魏夫人传内传》记载，婚后的华存夫人时常"闲斋别寝，入室百日不出"，每日念经修道。

传说由于精诚所至，感动上天，4位仙君在同一天降临她家，授她《太上宝文》《八素隐书》31卷和《黄庭经》。她得到经卷后，日夜诵读，潜心修行。

丈夫死后，天下大乱，华存夫人携带二子渡江南行。而后又与二子分开，与侍女麻姑于晋大兴年间来到南岳，在集贤峰下结草舍居住，静心修道，这就是黄庭观的由来。

■ 传统宅门

在她修行的16年中，传说西王母曾邀请她到朱陵山上一起吃灵瓜，还得到了西王母所赐的《玉清隐书》4卷，"时年八十，仍颜如少女"。

83岁时，她闭目寝息，饮而不食，7天后的一天夜里，西王母派众仙来迎接她升天。传说，升天的第一天，有一群仙人驾着鹤车来到观前的礼斗坛相迎。

杜甫在《望岳》诗中说"恭敬魏夫人，群仙夹翱翔"，说的就是这件事。

魏华存升天后，被帝封为紫虚元君领上真司命"南岳夫人"，与西王母共同管理天台山、缑山、王屋山、大霍山和南岳衡山的神仙洞府。

传说华存夫人升天以后，黄庭观里继而升天成仙的也不乏其人。首先是她的侍女麻姑也列入了天庭仙班，她的弟子女夷则成为花神，掌管着天下名花。由于这些神话传说，黄庭观成为南岳道教历史上的神奇之地。

也正是从华存夫人开始，中国出现了女子修道的现象。黄庭观开创了中国女道士修行的先例，故而魏夫人和黄庭观在道教中的声望极高。

观宇占地一亩余，共有三进。第一进为憩凉亭，正门的门额有石刻"山不在高"四字，亭南的门额刻

**石刻** 造型艺术中的一个重要门类，在中国有着悠久的历史。中国古代的石刻种类繁多，古代艺术家和匠师们广泛地运用圆雕、浮雕、透雕、减地平雕、线刻等各种技法创造出众多风格各异、生动多姿的石刻。

有"仙观"二字。二进是过殿，门上刻"黄庭观"三字，门联是：

黄中通理成坤德；

庭外升仙忆晋时。

三进为正殿，现在已无神像。正殿前有石阶十七级，房屋重叠，四周古木参天。观外右边，有一块一丈见方的石头。

据说此处便是魏夫人白日飞升的地方，原是魏夫人拜天的礼斗坛，上面刻有"飞仙石"3个大字。石头上方平坦如台，下方尖削，却稳固地立在岩石上。

据说一个人无心用指头轻轻点，它就微微抖动，倘若故意推它，众人合力推撞，却纹丝不动。传说这是王母乘云到此，一朵白云落下变成的。

观的周围，怪石嶙峋，松枫丛生；观前一片平畴，阡陌纵横，观约半里外，有一水潭，水浪激石，声传空谷，这就是白龙潭。观前的

衡山建筑

**鹤** 寓意延年益寿。在古代是一鸟之下，万鸟之上，仅次于凤凰，明清一品官吏的官服编织的图案就是"仙鹤"。同时鹤因为仙风道骨，为羽族之长，自古就被称为是"一品鸟"，寓意第一。鹤代表长寿、富贵，传说它享有几千年的寿命。鹤独立，翘首远望，姿态优美，色彩不艳不娇，高雅大方。

山脚下，就是龙潭水库，水深澄碧。在晴天的时候，与天上白云相辉映，便呈现出水天一色的景观。

在道教繁荣发展的同时，衡山的佛教也竞相发展，出现了佛、道两教共同发展的局面。

南岳庙坐北朝南，后有赤帝峰，前有寿涧水，庙址呈长方形，总面积达9万多平方米。它不仅是湖南规模最大的一座古建筑物，也是中国南方最大的一座宫殿式古建筑群。

南岳庙始建于唐代初年，主体建筑共分9进，依次为牌坊、古戏台、正川门、御碑亭、嘉应门、御书楼、正殿、寝宫及北后门。

正门叫棂星门，牌楼式建筑，由花岗石砌成。左右各有东西便门。正门两旁，有一对石狮子，姿态雄伟。门内翠柏挺立，绿草如茵，使人有清新幽静之感。

二进为奎星阁，其上为戏台。台前横额是"古往今来"。台门两边有木雕苍松、白鹤，颜色尚鲜艳。

■ 衡山南岳庙远景

■ 衡山寺庙古建筑

阁东有钟亭，悬有大铜钟一个，为元代铸造，重4500千克。阁西有鼓亭，置有大鼓。

三进为城门式的三大洞门。正中叫正川门，左右为东西川门。正川门内有玲珑别致的御碑亭。亭内有清圣祖康熙四十七年为重修岳庙而立的一个巨大的赑屃驮石碑，碑文系康熙的亲笔。

四进为嘉应门，东西有角门，角门的部分斗拱还保留着宋代建筑的特色。门内先前有许多石碑，书法甚佳。

自嘉应门左右角门起到寝宫止，东西住房各有53间，几十根红柱相连，整齐壮观。

第五进为御书楼，画栋雕梁，楼上有清代几个皇帝写的匾额和碑文。

第六进为正殿。殿前是一块大坪。正殿耸立在十七级的石阶上，正中的石阶嵌有汉白玉浮雕游龙，

**蟠龙** 是指中国民间传说中蛰伏在地而未升天之龙，龙形盘曲环绕。在中国古代建筑中，一般把盘绕在柱上的龙和装饰庄梁上、天花板上的龙均习惯地称为蟠龙。传说中，蟠龙是东海龙王的第十五个儿子，他时常偷跑到人间游玩，看见人间遭遇干旱，他使用法术帮助人们，从而得到人们的敬仰。

衡山罗汉堂

形象生动，极为精美。

南岳庙的正殿为重檐歇山顶建筑，内外共有72根大石柱，象征南岳七十二峰。整个殿顶，覆盖着橙黄色的琉璃瓦，并饰有宝剑、大小蟠龙和八仙中的人物。

飞檐四角，垂有铜铃。檐下窗棂、壁板，都雕刻着各种人物故事或花木鸟兽；后墙上绘有大幅云龙、丹凤。所有这些，色彩斑斓，鲜艳逼真。

大殿台阶周围，有麻石栏杆围绕，柱头上雕刻的狮子、麒麟、大象和骏马，千姿百态，意趣横生。栏杆中嵌有汉白玉双面浮雕144块。这些浮雕上的人物以及动物和植物，有些是想象出来的，有些是真实的写照，还有些是《山海经》中的故事，极其生动。

殿中原来设有岳神位。历代皇帝对岳神都加赐封号，如唐初封为"司天霍王"，开元间封为"南岳真君"，宋代又加封为"司天昭圣帝"，等等。

整个大殿显得庄严肃穆，气势雄浑。七进为寝宫，宫内铜佛重

5000千克，是明崇祯年间铸造的。最后是北门，东为注生宫，西为辖神祠，出北门即可上山攀登祝融峰。

全庙周围，都是红墙围砌，四角有角楼。角楼以内，东边有观8个，西边有寺8个，以正殿为中心，连接阁楼亭台，红墙黄瓦，构成了一组宫殿式的建筑群。充分表现了古代劳动人民在建筑、雕刻和绘画方面卓越的艺术才能。

距南岳庙不远的祝圣寺，是南岳六大佛教丛林之一，以古老、宽敞和秀丽而著称。

祝圣寺主体建筑共有五进，分为天王殿、大雄宝殿、说法堂、方丈室、罗汉堂。该寺鼎盛时期，曾住有和尚上千人。寺中建筑金碧辉煌，环境清幽雅致，阁楼台榭随处可见，奇花异草点缀其间。

罗汉堂原有五百罗汉雕像，全部用青石镌刻，嵌在左右墙壁上，活灵活现，是南岳文化宝库中的一颗

**阁楼** 位于房屋坡屋顶下部的房间。中国文化精神，特别重视人与自然的融洽相亲，楼阁就很能体现这种特色。天无极，地无垠，在广袤无垠的大自然中，人们并不满足于自身的有限，而要求与天地交流，从中获得一种精神升华的体验。

■ 衡山祝圣寺

■ 南岳衡山十八罗汉雕像

诏 也叫圣旨，中国古代以皇帝名义发布的公文的统称。诏令大体上可分两大类，一是发布重大制度、典礼、封赏的文书；二是日常政务活动的文书。概括起来有制、诏、诰、敕、旨、册、谕、令、檄等。

明珠，后来只存留下了五百罗汉像的拓本。

祝圣寺历史悠久，最早可以追溯到夏朝。据《南岳总胜集》记载，夏朝的君王大禹在这里修建清冷宫，把奉舜帝。唐朝时，高僧承远在这里创建佛教寺院，名弥陀台寺。承远信奉的是佛教净土宗，净土宗又称莲宗，以称念阿弥陀佛名号、求生西方极乐净土为宗旨。

净土宗认为，该宗有13位师祖，他们依次是慧远、善导、承远、法照、少康、延寿、省常、莲池、藕益、截流、省庵、彻悟和印光。承远被尊为净土第三代祖师，他赢得这千秋圣名的功绩主要是在南岳弘传净土法门。

公元845年，唐武宗李炎不嘉佛教，师事道士赵归真，崇信道教，是时赵归真受武宗宠信，时在武宗面前排毁佛教，于是一时毁佛之事大兴，将4.46万所佛寺毁坏，勒令26万多僧尼还俗。弥陀寺就在这一劫难中被毁废。

五代十国时，马殷据湖南称楚王。适逢有掌诰夫人杨子莹施钱，在弥陀寺旧基上重建寺院，马殷命名曰"报国寺"。

至宋朝，赵氏朝廷再崇信佛教，法远兴启。太平兴国年间太宗赵光义下诏，更寺名为"胜业寺"。宣和元年宋徽宗崇信道教，诏天下建"神霄宫"，地方官多以巨刹充替，胜业寺被改为神霄宫，设官提举，后复为寺。

宣和年间，天台宗僧人法忠，遍访名宿至衡湘，衡州给事官冯楫支持法忠全面维修寺宇，塑制佛像，清理庙产，景象焕然一新。

■ 衡山雪景

历仕高宗、孝宗、光宗、宁宗四朝的著名学家、教育家朱熹和哲学家、教育家张栻畅游南岳时，曾游憩胜业寺。

在元代的160余年中，胜业寺进行过多次维修，并在寺周培植树木，法运依然兴旺。到了明代，胜业寺又进行过多次修缮。公元1635年，住持佛顶对寺宇、佛像又进行了一次大的修缮。

清初，祝圣寺再经修缮、重建，成为盛极一时的大寺院。公元1705年，湖南巡抚赵申乔拟请康熙帝南巡，便大兴土木，把这里改建成一座宏大而华丽的行宫，后来康熙帝南巡未果，行宫封闭近10年。

至公元1713年，正逢康熙帝六十大寿，大湖南北的诸宪台，齐聚南岳建"万寿国醮"，湖广总督额伦特、湖南巡抚王之枢奏改行宫为祝圣寺，请颁《龙藏》，康熙帝颁赐《龙藏》全部，共735函，1669部，7838卷。

16年后，王国栋任湖南巡抚，又一次将行宫改祝圣寺的情况向朝廷呈送了奏折。雍正帝胤禛朱批"知道了"，并允肯"祝圣寺"名，祝圣寺名从此开始，是时胜业寺归并祝圣寺。

**阅读链接**

仁瑞寺也是衡山的一大名寺，是中国禅宗曹洞宗第三十世懒放禅师开山道场、三十一世文穆禅师学修弘化道场，也是具有湖湘地方特色的乘云宗祖庭之一，素以"香火灵验"及"精进禅修"闻名于世。

该寺创建于公元1649年，创建之初，原为曹洞宗懒放禅师隐居茅庵，后兴建成"仁瑞禅寺"。清朝同治年间，乘云宗恒志禅师扩建为"十方丛林"，清光绪年间敕封为"万寿仁瑞寺"。

山上"万寿仁瑞寺"匾额为清光绪皇帝御赐。慈禧太后钦赐半副銮驾。寺内完好地保存着"千人锅"和"五百人锅"各一口，寺外白塔林有塔30余座，异常难得。

# 南岳书院引领书院文化

南岳文化的重要组成部分，也包含中国传统文化儒家文化，其代表为书院文化。

唐肃宗时，邺侯李泌赐隐于南岳烟霞峰下读书论道，居处藏书极

■ 岳麓书院一角

为丰富。唐代文学家韩愈在《送诸葛觉往随州读书》一诗中写道：

邺侯家多书，插架三万轴。

可见李泌藏书之多。

李泌少年聪慧，7岁能写文章，时人称他为"奇童"，后得到唐肃宗信任，"愿以客从"，参议国事。后退隐衡山。唐肃宗赐给他隐士衣服，并替他修了房子。他在南岳除了好神仙道术外，还好读书。

后来，李泌之子李繁担任随州刺史时，为纪念其父李泌，就在南岳衡山李泌的隐居之所成立了南岳书院，这是中国历史上最早的书院。

后来在唐代时还修建了南岳书院、韦宙书院、卢潘书院等，开一时之风气。

到了宋代，建有文定书院、赵季西书院、南轩书

韩愈（768—824），字退之，唐朝文学家、思想家、政治家，唐代古文运动的倡导者，宋代苏轼评价他"文起八代之衰"，明人推他为"唐宋八大家"之首，与柳宗元并称"韩柳"，有"文章巨公"和"百代文宗"之名，著有《昌黎先生集》等。

院等；明朝时在南岳衡山修建的书院更多，名噪一时的有集贤书院、甘泉书院、白沙书院、东廊书院、会灵精舍、藏山堂、宝善山房、白云书院等。

由于衡山书院的兴盛，也引来了一大批儒学大家，他们齐聚衡山，宋明理学大师胡安国父子、朱熹、张栻、湛若水、邹守益等，都曾来衡山创办书院或讲学著述。

四方学子闻风奔赴，使这里的书院久盛不衰，并逐步形成了具有明显特色的理学流派——湖湘学派。

创建于公元926年的岳麓书院，当时是全国唯一由官府兴办的"公学"。那时，长沙一带的读书人以自学为主，州考成绩优秀的录取湘西书院，特别优秀的方可入岳麓书院，时人称为"三学"。由县到州乃至岳麓书院的学制等级，实质上已初具高等教育的规模。

理学 宋朝以后的新儒学，又称道学，后来形成了以王安石新学、司马光朔学、苏轼的蜀学、二程兄弟的洛学为代表的理学四大派，其哲学思想包括以周敦颐、程颢、程颐、朱熹为代表的客观唯心主义，认为"理"是永恒的、先于世界而存在的精神实体，世界万物只能由"理"派生出来。

■岳麓书院大门

■ 岳麓书院拟兰亭

南宋理学大师朱熹、张栻在书院当山长或讲学多年，其时四方求学者云集达千人之众。有诗句描述当时学院的盛况：

道林三百众，书院一千徒。

由于岳麓书院蜚声九州四海，因此有人曾把它与孔子讲学的地方相提并论，称之为"潇湘洙泗"。

到了明代，王阳明、邹守益、湛甘泉、蒋信、尹台、王宗沐等又先后在衡山文定书院、甘泉书院讲学，于是宋明理学、心学在这里得到较大发展。

紫云峰下的文定书院和甘泉书院，在中国文化教育史上也具有十分重要的地位。

明末王夫之则集其大成，批判朱、王两种主观和客观唯心主义哲学，高举朴素唯物主义和爱国主义大旗，影响极其深远。所以，清末谭嗣同赞誉其为：

万物昭苏天地曙，要凭南岳一声雷。

到了清朝时，当时的人们同样看重衡山书院的建设。曾国藩在其《重修文定书院记》中曾说：

朱熹（1130—1200），南宋著名的理学家、思想家、哲学家、教育家、诗人，闽学派的代表人物，世称朱子，是孔子、孟子以来最杰出的弘扬儒学的大师，宋代理学的集大成者，继承了北宋程颢、程颐的理学，完成了理气一元论的体系。

**天下书字，楚为盛；楚之收院，衡为盛。**

南岳儒家文化其代表为书院文化。自古以来，南岳衡山多书院学宫。据记载，衡山七十二峰书院最盛时多达30多所。其中有岳麓、石鼓、邺侯、卢潘、韦宙、清献、文定、集贤、甘泉、白沙、东廊等18所是有全国影响的著名书院。

南岳衡山不仅书院、学宫兴盛，而且自古为学者盘桓之地，李白、杜甫、白居易以及韩愈、柳宗元、刘禹锡、欧阳修、范成大、徐霞客、王夫之、魏源、谭嗣同、黄庭坚、何绍基等名家，都同南岳衡山结下了不解之缘。他们之中有的遗诗抒怀，有的勒石铭志，至今留下了大量文人学士的墨迹。

衡山全山有各种书体、各个流派的摩崖石刻375处，素有江南"碑林之母"之称。南岳衡山碑文具有

■ 衡山一角

■ 衡山"禹王城"石刻

一大二奇三绝的特点。如半云庵的"福"字，长7米，宽4米，成为衡山一大勒石奇观。天柱峰上的"南天柱石"，每个字有2米多高，离1500米远就可望见。

南台寺附近的"寿"字，足有0.7米见方，半山亭的"佛"字足有1.3米见方，水帘洞的40多处石刻，成为南岳的石刻群，岣嵝峰、禹王殿前重达7000千克的禹王碑，77字的蝌蚪文，字体离奇古怪，成为一大难解的文字之谜。

岳麓峰上的"麓字碑"系唐代大书法家李邕所作，因碑文笔力劲秀，词有华詹，神刀桌技，叹为三绝，素有"三绝碑"之称。

历代文人学士还为南岳衡山留下了3700多首千古传诵的咏岳诗词、90篇名人游记，以及大量的民间传说、神话故事、地方风物、名人逸事等，这些都是南岳衡山优秀的传统文化见证。

宋以后，衡山道教渐呈衰降趋势，知名道士甚少。相应地，宋代衡山许多宫观，因年久失修，渐渐荒废。

南宋陈田夫《南岳总胜集》卷上引《湘中记》写道：

衡山，朱陵之灵台，太虚之宝洞，上承轸宿，铨德钧物，应度玑衡，故名衡山。下踞离宫，摄位火乡，赤帝馆其岭，祝融宅其阳，故曰南岳。

158

壮美风光的三山五岳

清人魏源在《衡岳吟》中也说：

恒山如行，岱山如坐，华山如立，嵩山如卧，唯有南岳
独如飞。

衡山位于湖南中部衡山县。由于气候条件较其他四岳为好，茂林
修竹终年翠绿，奇花异草四时放香，自然景色十分秀丽，因而又有
"南岳独秀"的美称。

历元至明清，由于朝廷对道教实行抑制政策，使道教的发展受到
遏制，衡山的道教更加衰落。衡山原有宫观，仅南岳庙、黄庭观、九
仙观数处得到修葺。

李元度在《南岳志》中记述了南岳道教的兴衰：南岳道观，自晋
初即有栖真观、南岳观，以后各代多有兴建，唐代最盛，多至28所。
红墙碧瓦，绿树浓荫，名山小筑，风物极佳。可见道教在南岳衡山一
时之盛。

衡山景区石刻

**衡山摩崖石刻**

**南北朝** 中国历史上的一段分裂时期，由公元420年刘裕建立南朝宋开始，至公元589年隋灭南朝陈为止。该时期上承东晋、五胡十六国，下接隋朝，南北两朝虽然各有朝代更迭，但长期维持对峙，所以称为南北朝。南朝包含宋、齐、梁、陈四朝；北朝则包含北魏、东魏、西魏、北齐和周五朝。

此时，文人与道家往来唱和，也构成南岳道教文化的一大特点。唐代诗人储光羲、崔涂、张乔、鲍溶、李群玉、王元等诗人都有诗寄南岳道人或道观。道士中不少文化修养较高、玄学修养较深的人，也纷纷著书立说。

如南北朝刘宋时徐灵期即著有《衡山记》，是第一部记述南岳的专著。其后，唐末道士李冲昭著《南岳小录》，宋陈田夫著《南岳总胜集》，明李常庚撰《琐碎录》等。

后来，明代的王夫之在《南岳赋》中记载了南岳佛家当时的发展盛况：

其蠖伏而鸾举也，盖不给于更数。

光参帝网，威震毒鼓。

位栋君臣，更兼宾主。

俨华藏之庄严，尚何论于双树。

广济寺就在这种情况下出现了。广济寺原名清淳寺，据《南岳志》记载：寺院是在公元1597年开始建造的。创建者是明代一个有名的僧人，名叫无碍和尚。

这无碍和尚原在南如寺为僧，他从河南信阳来南岳出家修行，30余年来，口啖苦菜，不食五谷。他在继承了豆儿佛和尚的衣钵后，来到祝融峰上的狮子岩打坐。

一天，忽然看见毗卢洞有一尊古佛放射出五彩的华光，他就在那里盖了一座茅庵，住了下来，后来创建寺院。不久寺院倒毁。

到了公元1658年，无碍和尚的弟子竺庵和尚应南岳名士豪绅的邀请，于是从江西返回南岳，重新结茅庵于祖塔下，于是"法鼓声腾，名山为之一振"。

他取佛法广济众生之意，将寺名改为广济寺，并于公元1659年秋伐木造殿。后来竺庵和尚的弟子龙山和尚与智犁和尚又筹资兴建，断断续续经过59年，终于在公元1718年竣工，才成为人们看到的规模。

到了清朝末期，日本僧人梅晓曾向南台寺献《大藏经》一部。后来，也有不少日本曹洞、天台等宗的僧徒访问南岳，来南台寺、福严寺礼祖寻根。

南岳历代僧寺约有150座，可见其盛。南岳衡山寺庙林立，

王夫之（1619—1692），字而农，号姜斋，清代著名思想家、哲学家、史学家、文学家、美学家，与黄宗羲、顾炎武并称为"明末清初三大思想家"。晚年居南岳衡山下的石船山，著书立说，故世称其为"船山先生"。

■衡山寺庙建筑

大有"七十二峰僧占多"之慨。《南岳赋》中写道：

金碧璀璨，安堵穹崇。

比岫联香，接宇闻钟。

花雨成蹊，白云在封。

可见南岳僧寺建筑的那种重楼叠阁、富丽堂皇。它们的建筑艺术与绮丽的山川相结合，也同样融入南岳所特有的文化里。

**阅读链接**

石鼓书院也是衡山上的一大书院，始建于公元810年的唐朝，已经有1200多年的历史。公元978年，衡州名士李宽在石鼓山寻真观旁结庐读书，宋太宗赵匡义赐名"石鼓书院"。

公元997年，邑人李士真拓展其院，作为衡州学者讲学之所。公元1035年，朝廷赐额"石鼓书院"，遂与应天书院、白鹿洞书院、岳麓书院并称"全国四大书院"。

书院主要建筑有武侯祠、李忠节公祠、大观楼、七贤祠、敬业堂、合江亭，是湖湘文化的重要发源地。

# 层峦叠翠的南岳七十二峰

　　衡山气势雄伟，层峦叠翠，林壑深幽。因其地处江南，群峰云雾缭绕，给人以奇妙莫测之感，唐代文学家韩愈曾有"欲见不见轻烟里"的赞誉。

　　衡山山形似朱雀，且山中多雨，常有云雾缭绕，从湘江之滨远远望去，的确像云雾中的一只大鸟凌空飞翔。其雄伟的姿态、恢宏的气派，无愧为名山南岳之称。

　　七十二峰分布在长沙一峰，湘潭、湘乡之间一峰，衡阳四峰，湘潭三峰，衡山县六十三峰。

　　从衡山县湘江之滨远远望去，那耸立南天的祝融峰，形如鸟啄，状如鸟首。东边的吐雾、中紫、白马、彩

衡山寺庙景观

■ 衡山寺庙古建美景

魏源（1794—1857），清代启蒙思想家、政治家、文学家，近代中国"睁眼看世界"的先行者之一。魏源认为论学应以"经世致用"为宗旨，提出"变古愈尽，便民愈甚"的变法主张，倡导学习西方先进科学技术，总结出"师夷之长技以制夷"的新思想。

霞、晚霞、凤凰诸峰，状如马冠。

以祝融峰为轴峰，前面的芙蓉等十六峰，紧相依傍，恰似朱鸟壮实的身躯。后面的青岭等十三峰，活像翘得长长的鸟尾；南面石廪直至衡阳的回雁等二十峰和北面的紫盖乃至长沙的岳麓山等二十二峰，俨若朱鸟展开大约数百里的彩翼。

清朝人魏源写了"唯有南岳独如飞"，一个"飞"字把七十二峰说活了，形象地把南岳衡山比作展翅欲飞的大鸟，鸟的头是昂首天外的祝融峰，其南面的芙蓉等十六峰紧相依傍，很像鸟的巨大躯体，北面的紫盖峰至岳麓山的二十二峰则仿佛大鸟张开的彩翼。远望犹似大鹏展翅，跃然欲飞，显示出雄俊、磅礴的气势。

紫盖峰在岳庙东，峰顶有仙人池，峰下有洞灵崖。峰右有朱陵洞，相传与广东罗浮相通，为道家第三洞天。洞口今闭，下有飞泉挂壁，状如垂帘，又称"水帘洞"。

水帘洞，古名朱陵洞，相传是朱陵大帝居住的地方。道家认为它是道家的"第三洞真虚福地"，乃"朱陵太虚小有之天"，简称"朱陵洞天"，历来是神仙居住的洞府。后人称朱陵洞为"紫盖仙洞"。

相传远古时候，大禹治水，来南岳求金简玉书，曾在朱陵洞天举行祭祀典礼。

唐朝开元年间，唐玄宗曾经派遣内侍张奉国带道士孙智凉等人，专程从京师来到南岳朱陵洞投放金龙玉简。

这一"洞天投龙"的盛况，详细地记载在《南岳志》上，后人在水帘洞投金龙玉简处写下一副对联：

北向独不朝，泻千尺银河，溅玉飞珠，相望源头来紫盖；

西巡应有恨，弃九重金阙，投龙续命，空寻洞穴向朱陵。

**对联** 又称楹联或对子，因古时多悬挂于楼堂宅殿的楹柱而得名，又有偶语、俪辞、联语、门对等通称，以"对联"称之，则肇始于明代。它对仗工整，平仄协调，是一字一音的汉文语言独特的艺术形式。它是一种对偶文学，起源于桃符，是利用汉字特征撰写的一种民族文体，它与书法的美妙结合，又成为中华民族绚烂多彩的艺术独创。

■ 衡山水帘洞

■ 衡山水帘洞朱陵宫牌坊

石鼓山　位于衡阳以北，海拔69米，面积约4000平方米。石鼓名称的由来，有人说是因为石鼓四面凭虚，其形如鼓而得名，也有人说是因它三面环水，水浪击石，其声如鼓。

张居正（1525—1582），明代政治家、改革家。明神宗时，一切军政大事均由张居正主持裁决，前后当国10年，实行了一系列政治经济改革措施，收到一定成效。

在水帘洞瀑布源头，三支泉水汇集在一起，流入水帘洞上方谷地。谷地阔3丈，原是梁朝的9位真人白日飞升的栖息之地，后建造九仙观。九仙观附近有太阳泉、洗心泉、洞真源、仙人池等。

泉水从石壁上飞流直泻，宽达3米，高50余米，泻珠溅玉，仿佛一幅巨大的白布帘，在石壁当中被乱石嶙岩挡住，然后再从石缝里屈曲折射，跳跃出来，满谷水花四溅，闪烁着晶莹夺目的光彩，发出雷鸣般的声音，声传十里。明朝张居正游此地后说：

　　瀑泉洒落，水帘数叠，挂于云际，垂如贯珠，霏如削玉。

水帘绝壁下有碧潭，明朝张居正作《水帘洞》

一诗赞道：

误疑瀛海翻琼浪，莫拟银河倒碧流。

自是湘妃深隐处，水晶帘挂五去头。

这首诗可说是写出水帘洞的光、声、影三绝的奇景了。

在水帘洞右边，石壁陡峭。原先在岩上有石屋一幢，名叫"龙神祠"。这祠堂是唐玄宗派内侍张奉国和道士孙智凉投"金龙玉简"的处所。

距龙神祠相隔20余丈的山涧对面，有一座麻石嵌镶建造的六角凉亭，叫"雪浪亭"。是清人李元度在清光绪十年时建成的。亭中有石桌、石凳。亭以涧水翻腾如雪浪而取名。

传说朱陵洞与衡阳石鼓山上的朱陵洞相通，在石鼓的为朱陵后洞，在南岳的为朱陵前洞。水源来自南岳紫盖峰顶，流经山涧，汇入6米余宽、深不可测的石洞。水满溢出，垂直下泻，形成瀑布，高60余米，宛如水帘悬挂九天，故名"水帘洞"。

每逢晴日当空，水帘上面，飞虹耀目，五彩缤纷，蔚为奇观。唐、宋、明、清各个朝代，都有不少诗人名家为之题刻赋诗。石刻有宋代的"南岳朱陵洞天"、明代的"天下第一泉"、清代的"夏雪晴雷""醉眠观瀑"。

衡山玄都观

芙蓉峰在岳庙后，峰峦俊秀，远处眺望，宛如芙蓉。峰上有毗卢洞，洞周围25千米，相传为禹王城。峰上飞流如绢，掩映青林，直挂山下。

■ 衡山仙女雕像

**桃花源** 东晋诗人陶渊明写了一篇文章《桃花源记》。文中说，武陵这个地方有一个渔夫，沿着一条小溪航行，忽然看到山中有一个缺口，他从这口里走进去，发现了另外一个世界。在这个世界里，土地平旷，房屋整齐，人们生活古朴而富裕，自称祖先是为了逃避秦时的战乱，逃进桃花源来生活。

峰上还有见方的讲经石，上镌"天下太平"四字。

石廪峰在岳庙西南，形如仓廪，一开一盖，开则岁俭，盖则岁丰。上有风穴雷池诵经坛，传说为陈真人炼丹台遗址。峰下有仙人石室，过者常闻吟诵之声。

云密峰在岳庙后面，上有禹王碑刻蝌蚪文，禹碑下有石坛，坛下流水潺潺。峰北有仙灯岩，每遇黑夜，就有火光闪闪，还有禹岩、桃花源等古迹，峰下有云封寺、云密寺等。紫云峰在岳庙后西北，下有文定、甘泉、白沙等书院，有衡岳寺、长寿庵等遗址，是唐高僧懒残大师、惠日和尚住过的地方。

集贤峰在岳庙后，峰下有黄庭观、飞仙石，相传是南岳魏夫人升仙处。石上圆润，下面尖削，寄托于他石之上，一手可以推动，人多反而推不动。峰下有白龙潭古迹和集贤书院，为李泌、张九龄旧游地。

烟霞峰在岳庙后的南天门右后。峰下有懒残岩、烂柯岩、净瓶岩、凌霄坛、高明台等古迹。凌霄坛有宋人石刻：

乾坤天地，名山大川，上下四维，有感明人。

高明台有李泌手书"极高明"三字和韩愈的诗句石刻，笔力刚劲：

邺侯藏多书，插架三万轴。

掷钵峰在岳庙后的磨镜台上，原有东廓、南轩书院。寺有福严、南台。

福严寺有唐太宗御书梵经50多卷，楚云上人刺血写的《妙法莲华经》一部，清乾隆皇帝藏书，现均无存。还有讲经台、三生塔、隐身岩、福严洞等古迹。峰以惠思应召去京掷钵的传说而得名。

莲花峰在岳庙西20千米处，状如莲花。方广寺建于莲花心中，寺内有慧思、海印和尚的补衲台、洗衲池，寺前有飞来钟悬于白果树上。寺内有宋徽宗赵佶题"天下名山"匾额挂在佛殿，后移至半山亭。

金简峰在岳庙左，右有大禹岩、黄帝岩、金简台等古迹。光明台有珊瑚灵芝，每到深夜，有灵光如烛，相传是大禹求金简玉书处。峰上有石刻：

■衡山磨镜台石刻

■ 衡山古建筑一角

黑沙之水，知乳甘泉，人得一喝，地久天长。

黄帝岩上有宋徽宗赵佶题"寿岳"石刻。

安上峰在岳庙西4里许。其上有舜庙、舜洞、舜溪、舜井。峰多巉岩，山里人叫尖垒。石岩上有游人题诗：

> 月宫曾折桂，遗影玉蟾边，
> 人即收仙籍，垒应系洞天，
> 有名终不古，无物胜长年，
> 妙得琴中趣，此声非指传。

**希迁**（700—790），石头希迁禅师，唐代禅僧。俗姓陈，端州高要人。年轻时即沉毅果断，自信力强。他反对乡邑迷信神祠、定期杀牛酾酒的祭祀，每逢祀期，就前往毁祠夺牛，态度坚决。他的禅法总结于《参同契》中。

巾紫峰在衡山县城后，上有紫金台，台径1米。有相传为大禹祭舜处和王十八菜园等古迹。静谷有二石层叠，是王十八打坐处所，北山有石洞，是他去南岳路径。

朱明峰在岳庙后面，峰下有洞，相传为邝仙修炼成仙之所。自从他进洞以后，不复再出，相传为南岳前洞。

狮子峰在岳庙后山，峰下有灵源，时闻石漱，冷气凛冽，而不见流水奔泻。

华盖峰在岳庙后，地产灵芝仙草，貌似华盖。

云龙峰在岳庙右下，有楼真观，为西晋青莲道士王谷神、皮文曜修仙之所，今诵经石犹存。

潜圣峰在岳庙西，相传唐高僧希迁游南岳，至方广寺访惠海不遇，一日见精舍号方广，遇尊者止宿，次日出会回顾，人宅俱不见，故以"潜圣"名峰。

妙高峰在潜圣峰右，中有平坦区，相传为惠海禅师诵经处。传说惠海每诵经即有五白衣长者听经，惠海询问，长者自称龙王所遣，愿献寺基，一夕莲花峰下拥沙成坪，遂建方广寺。

天台峰相传有智凯禅师拜经台、无缝塔、莲花池、酥酪泉、会仙桥等遗址。

文殊峰在岳庙北，相传唐宣宗太子慕道，在衡山高处西坡眺望，看见金色光环中有一弥陀僧，以为文殊现身，所以得名。

■ 衡山寺庙内赵公明塑像

观音峰在西岭与方广寺之间。形势奇伟峻险，有新修盘山公路可至其上。峰上多奇花异草，春末夏初，是游览、观赏佳处。

祥光峰在岳庙西北，一名鹤鸣峰，中有灵田，相传夜里飞光如烛。山林古木、奇花、秀草甚多，地处幽谷，实为避暑胜地。

灵禽峰在岳庙西北，上有朝斗坛，相传唐薛幽栖于此。有灵鸟群飞，羽毛异色，红碧相间，声如笙徨，栖于峰上，所以得名。

驾鹤峰在岳庙东，上有驾鹤亭，相传为晋尹真人驾鹤飞升处，因此得名。

赤帝峰在岳庙后，古名炼玉峰，峰后有石刻，上有祝融氏墓。

朝日峰在岳庙左，一名朝阳峰，昔殷先生曾于此晒太阳取暖，所以得名。上有赫胥墓。

嵼岎峰在岳庙后，一名侧刀峰，东有石室，惠东子修行于此。峰下有龙池，春夏有万蛙会于池，池沿有桧树、银杏各一棵，虬枝翠叶，饱历风霜。

红花峰在岳庙西南，亦名石榴峰，有夕阳岩、夕阳溪。碧云峰在岳庙东，上有紫金台，云气浓如蓝黛。

九女峰在岳庙左西北，其状尖削秀丽，俗名"土木岭"，云开则雨，雾降则晴，当地山里人凭它以鉴晴雨。有九子岩，下即九仙观。

降真峰在岳庙后，其峰下产云母石。相传古时武阳洞人曾在这里遇到了仙人。据说仙人身上毫毛过寸，武阳洞人惊奇而走，仙人回答："我仙也。素服苍耳，二百余岁，教尔服之。"指示仙草之后，不复再现。

岣嵝峰距南岳25千米，在衡阳北乡。山势雄伟，树木苍古，奇花珍草，香味浓郁，中有禹王庙，庙侧有禹王碑，上有螺妃墓。前人以岣峨为南岳主峰，山上原有岣嵝、石鼓、廉溪书院等。

衡山七十二峰，峰峦叠翠，林壑深幽，各有特色。有的翠绿欲滴，郁郁葱葱；有的繁花似锦，四季飘香；有的掷雪飞花，泉水叮咚；有的神奇缥缈，云遮雾障；有的怪石嶙峋，嵯岈互异。

它们各以自身的挺拔俊秀、娇丽婀娜呈现在游人眼前，给人以境界清远深幽、胸怀开阔、风趣横生的美感。

衡山不仅具有宏观雄健的态势，而且雄中寓秀、刚中有柔。花岗

衡山古建一角

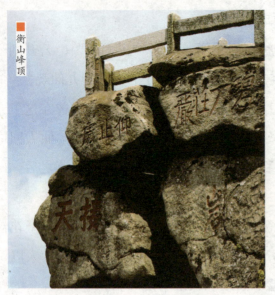
衡山峰顶

岩山体的节理比较疏朗，加之垂直节理不太发育，因而衡山花岗岩的风化多呈水平的层状剥蚀，形成浑圆的峰峦并覆盖着较厚的风化层。

峰峦的轮廓线条柔和、体态丰满，圆润的石景层层叠起宛若堆云。这里地处亚热带南部，雨量充沛，气候温和，山上土层较厚，有利于植物生长。衡山植被覆盖率之高以及植物种属之多，均冠于五岳，而且季相特征明显，一年四季各臻其画意之妙。

山上终年烟云缭绕，溪涧潭泉遍布，又赋予南岳以仙山的灵气。仅泉眼就有24处，飞泉流溪，为衡山平添了山间水景之意趣。如紫盖峰下的"水帘洞"，上覆谷地，下临绝壁，景色惊奇优美。

**阅读链接**

祥光峰古名鹤鸣峰，在南天门西、天柱峰北，海拔1145米。《衡州府志》载：峰"有灵田，常有丹光现，如飞烛状，故名。"《总胜集》云："萧灵护窖丹于此。"此乃传说，实际上，为无数萤火虫聚飞于此，远望如一缕缕游动的碧光，有时还可看到这里射出几支光柱，直冲星汉。

南岳四绝美景之一的"藏经殿之秀"即在此峰。殿在峰腹，附近有无碍林、古华居、梳妆台、允春亭、美人池、摇钱树、连理枝、同根生等诸多胜迹。殿后有棵树龄近500年的白玉兰树，树高数丈，每年春花似锦。殿前谷地生长着一片原始次森林，中多稀奇动植物。

# 西岳华山

华山位于陕西省西安市以东120千米处的华阴市境内，是中国著名的五岳之一，古称"西岳"，海拔最高约2000米，高度居五岳之首。

华山以险著称，悬崖绝壁，壁立千仞，素有"奇险天下第一山"之称。它南接秦岭，北瞰黄渭，扼守着大西北进出中原的门户。"势飞白云外，影倒黄河里"，可谓独具特色。

华山是道教圣地，为道教"第四洞天"，虎踞龙盘，气象森森，山上气候多变，形成"云华山""雨华山""雾华山"等美景，具有仙境般的美感。

# 西岳华山的历史沿革

相传，很久以前，山西境内的首阳山和10条山峦连在一起，为一条山脉。大自然的恩赐与厚爱，使这里气候温润，山下良田无际，芳草萋萋，炊烟袅袅。山上郁郁苍苍，桃花夭夭，白云缭绕。

山下有华夏民族的祖先，就在这块土地上繁衍生息。他们日出而

■ 西岳华山风光

作，日落而息，过着祥和安宁的日子。然而，一场意想不到的灾难发生了。

■ 西岳华山下棋亭

传说在天庭王母娘娘的蟠桃宴会上，老寿星太上老君因孙大圣一句玩笑话，笑得手一抖，倾倒了半盏玉浆，酿成了人间洪水泛滥的灾祸。霎时间，一条大河自西向东而来，河水奔腾怒吼，横冲直撞。

由于首阳山的阻拦，河水不能直泻东海，山脚下顿时成了一片汪洋大海。大地一下子变成了水乡泽国，很快淹没了良田和村庄。

主宰西土12万里天地的白帝少昊，看到人们流离失所、叫苦不迭的悲惨景象便心急如焚，他立即请求玉帝派人治水。玉帝认为，唯有力大无穷的巨灵神可担此重任。

巨灵神名叫秦洪海，生得头如笸斗，眼似铜铃，毛发直竖，腰阔十围，貌似笨拙，行如猿猱。巨灵神自领了玉帝旨命，就踏上首阳峰头，居高临下，察看

**太上老君** 就是老子，姓李，名耳，字聃，春秋时楚国人。曾任周朝守藏室之官。主无为之说，后世尊为道家始祖，著有《道德经》。亦称为伯阳、太上老君、老聃、老君、老子、老子道君、李伯阳、李老君。

壮美风光的三山五岳

**巨灵神** 中国古代传说中的神仙，是托塔李天王帐下一员战将，使用的兵器是件宣花板斧，他舞动起沉重的宣花板斧，就像凤凰穿花，灵巧无比。他时常为先锋大将，可见其武艺与法力不同一般。曾在中国名著《西游记》中出现。

地形，为的是给洪水找一条合适的出路。

经过细心观察，巨灵神发现在首阳山和其他山峦之间有一条窄狭的峪道，于是他走进峪道，用手推着山峦的石壁，右脚蹬着首阳山的山根，使尽全身力气，大吼一声。只见迅雷劈空，电光闪耀，一声巨响，两山开裂，百丈高的黄浪汹涌澎湃从两山之间奔腾东流。

可是由于用力过猛，好端端的最高的山峰也被他掰裂，一高一低，成了两半。

于是，高一些的就形成了后来的华山，又叫太华山，低一些的就形成了后来的少华山。

巨灵神站在波涛中，抬头看山峦，已被推进秦岭深处。他回望首阳山，已经藏在波涛的北边，看着被淹没的田地又重新露出水面，他欣慰地笑了起来。

巨灵神长舒一口气，驾彩云向西而去，给人间留

■ 华山北峰

下了一幅神奇无比的胜景。后来大诗人李白有"巨灵咆哮劈两山，洪波喷流射东海"的诗句，讲的就是这个故事。

登华山，站在苍龙岭上，东望著名景观"仙人仰卧"，就是开山导河后，仰卧入睡化为山峰的巨灵神。西峰的屈岭南端，有巨灵神观察地形时留下的足迹。首阳山脚有巨灵神开山时的脚印，东峰崖壁上有五指分明的巨灵仙掌。

■ 华山日月岩

华山名字的来源说法很多，被称作"华山"最早出现在先秦古籍《山海经》和中国最早的史书《尚书·禹贡》中。也就是说，在公元前3世纪以前就有这个山名了。

人类从游牧生活改变为定居的农耕生活，可能是居民点定名引起附近山川的定名。华山地区是中华民族最早活动的地方，所以华山得名是比较早的。

有人说，华山的得名，同华山山峰像一朵莲花是分不开的。古时候"华"与"花"通用，正如北魏地理学家郦道元在所著的《水经·渭水注》中所记载：

其高五千仞，削成而四方，远而望之，又若华状。西南有小华山……

郦道元（约470—527），字善长。北朝北魏地理学家、散文家。他搜集有关的风土民情、历史故事、神话传说，撰《水经注》40卷。文笔隽永，描写生动，既是一部内容丰富多彩的地理著作，也是一部优美的山水散文汇集。可称为中国游记文学的开创者，对后世游记散文的发展影响颇大。

■ 华山石刻

所以称之为华山。

也有人说，华山起名源于山顶的莲花池。后来，清代擅长写山水游记之类散文的朱耀南在他的《华山记》中记载：

山顶池中，生千叶莲，服之羽化，因名华山。

远望华山主峰状如金元宝，与周边环绕的几座小山远望形似莲荷，西峰的翠云宫前又有倒扣莲花花瓣石，称"花山"。又因为近临黄河是华夏发源地，由于人们的口音等原因，称之为"华山"。

华山一共有5座山峰，紧紧聚在一起，东、南、西、北4座山峰像4个大花瓣，中峰就像花蕊一样被包在中间，说它像一朵花，真是名副其实。

有了"华山"的名字，附近的地名也受到影响。比如华山北面的县名，就因位于华山的阴坡而取名为华阴，在华山南坡的取名为华阳。甚至有人说，中华民族的得名也与华山的名字分不开。

清代的著名人物章太炎就认为：

中国民族旧居雍梁，即今陕西境内二州之地，东南华阴，东北华阳，就华山以定

章太炎（1869—1936年），原名学乘，字枚叔，以纪念汉代辞赋家枚乘，后易名为炳麟，号太炎。世人常称之为"太炎先生"。早年又号"膏兰室主人""刘子骏私淑弟子"等。清末思想家，史学家，著名学者，研究范围涉及小学、历史、哲学、政治等，著述甚丰。

限，名其国土曰华。其后人迹所至，遍及九州，华之名始广。

还有人说，中国古代也叫华夏。夏是由于夏族曾居住在满目花簇的华山地带而得名。这两种说法并非无稽之谈，"中华"或"华夏"的得名与"华山"有关，使得华山这座名山更增添了光彩。

华山的历史衍化可以追溯到距今7000万年前的白垩纪时期，那时秦岭一带发生了强烈的地壳运动，形成一个巨大的花岗岩体的侵入岩，其东西长15千米，南北宽10千米，面积150平方千米。

到了新生代时期，由于华山北麓渭河地堑不断陷落，秦岭山地几经抬升，形成华山主体的花岗岩露出地表，在第三纪新构造运动中大幅上升，加上大自然的风雨雕琢，形成险拔隽秀的山势。

华山奇险峻峭，群峰挺秀，以险峻称雄于世，自古以来就有"华山天下险""奇险天下第一山"的说法。正因为如此，华山多年以来吸引了无数的勇敢探险者。

奇险能激发人的勇气和智慧，能激发出不畏险阻攀登的精神，使人身临其境地感受山川的壮美。据先秦重要古籍，

■ 华山苍龙岭

《山海经》 先秦重要古籍，具体成书年代及作者无考。是一部富于神话传说的最古老的地理书，全书共计18卷，包括《山经》5卷，《海经》8卷，《大荒经》5卷。内容包罗万象，主要记述古代地理、动物、植物、矿产、神话、巫术、宗教及古史、医药、民俗等方面的内容。

富于神话传说的最古老的奇书《山海经》记载：

太华之山，削成而四方，其高五千仞，其广十里。

华山是秦岭的一个小支脉，因西临少华山，古称太华。华山共有五峰，即南峰落雁、东峰朝阳、西峰莲花、北峰云台、中峰玉女，其海拔都在2000米以上。

其中，南峰落雁、东峰朝阳、西峰莲花三峰鼎峙，人称"天外三峰"。再加上云台、玉女二峰相辅于侧，三十六小峰罗列于前，扼守着古代中国的心脏地区。

华山境内地理环境优越，南高北仰中部夹漕，有山有川，有塬有滩，多样的地理环境和良好的气候，为农、林、牧、渔业发展及各种矿产生存提供了适宜的条件。

华山四季分明，春季干燥，可以看到云海；夏季雨多但转瞬即晴；秋季晴多雨少；冬季常有雾雪，山路艰险难行。

从山麓至山顶，气温成直线递减，年平均气温较低，只有6.8摄氏

■ 华山的花岗岩

华山全景

度，年温差也偏小，仅为18.8摄氏度。山上多风，夏季湿气较重。

华山全境属暖温带季风气候，光照充足，自然资源丰富。这里土壤质地良好，适宜粮棉和经济作物生长，是酥梨的生长地。

林木资源有66属、110余种。珍贵树种有华山松、白玉兰、银杏、冷杉等。名贵药材有白细辛、龟形茯苓、野生灵芝、何首乌等。

珍禽异兽有国家级保护动物金钱豹、娃娃鱼、苏门羚、青羊等。农副土特产品种繁多，有黄梅等10多种水果，华山灵芝等中药材900多种。金、银、蛭石、稀土等各种矿产25种，其中铁矿储量丰富。

花岗岩石板材远景储量数亿立方米。地热资源丰富，泉水星罗棋布，醴泉日出水量1200立方米，含有丰富的微量元素，为优质饮用水。

华山是中华民族文化的发祥地之一，中国最早的上古皇室文献《尚书》里就有关于华山的记载，《史记》中也有黄帝、尧、舜华山巡游的事迹。有诗为证：

神游百苑猎新奇，巧酿清纯炒露曦。
相约春风耕蕙圃，插根筷子发荼蘼。

**轩辕帝** 华夏上古传说时代一位著名的部落联盟首领，是中国远古时代华夏民族的共主，五帝之首，被尊为中华"人文初祖"。传说黄帝是少典与附宝之子，居轩辕之丘，号轩辕氏。黄帝以统一华夏部落与征服东夷、九黎族而统一中华的伟绩被载入史册。

后来，秦始皇、汉武帝、武则天、唐玄宗等数十位帝王，也曾到华山进行过大规模祭祀活动。

华山被称为西岳，与东岳泰山并称，最早见于汉代人应邵所著的《尔雅·释山》一书。西岳这一称呼，据说是因周平王迁都洛阳，华山在东周京城之西，故称"西岳"。

后来，秦王朝建都咸阳，西汉王朝建都长安，都在华山之西，华山不再称为"西岳"。直到汉光武帝刘秀在洛阳建立了东汉政权，华山就又恢复了"西岳"的名称，并一直沿用。

据记载，最早秦昭王曾命工匠施钩搭梯攀上华山。魏晋南北朝时期，还没有通向华山峰顶的道路。直到唐朝，随着道教兴盛，道徒开始居山建观，逐渐在北坡沿溪谷而上开凿了一条险道，形成了"自古华

■ 华山山脉

山一条路"。

华山从得名开始，已有2400多年的历史。《尚书》中记载，华山是"轩辕帝会群仙之所"。

汉唐以前华山虽然有名，但是由于华山太险，很少有人登临，可以说是处于探险阶段。为此，历代君王祭祀西岳，都是在山下西岳庙中举行大典。

唐宋时代，修道求仙的隐士们开始在华山凿洞为祠，也引来了少数的诗人和画家，这是开发初期。

到了元明时代，山上营建起楼阁殿宇代替了山洞，山路也因此得到修整，有的凿成了石级，有的加上了铁链栏杆，方便了登山的游人，这是开发盛期。

到了清代，上山的游人不计其数，来到华山的文人雅士、画家络绎不绝，极大地增强了华山的盛名。

**阅读链接**

相传有位书生刘彦昌上京赶考，闻听华山三圣母十分灵验，便去抽签问前程。他虔诚地连抽三签都是白板，无一灵验。刘彦昌气极了，题诗粉壁墙嘲笑三圣母。

三圣母闻讯用雷雨惩罚他，后又惜他才貌双全，随后与他结为夫妻。

二郎神杨戬得知妹妹三圣母私配凡夫，违犯天条，便把三圣母擒来压在华山下。

三圣母生下个儿子叫沉香，长大后拜师吕洞宾学艺。神功学成，便找杨戬寻仇。经过一场生死大战，舅父杨戬败北。

沉香挥巨斧力劈华山，救出亲娘。至此，刘彦昌、三圣母和儿子沉香终得团圆。

# 巍峨险峻的奇美风光

华山"第一关"

华山山路奇险，山峰奇伟，景色奇美，风光清幽，山谷青翠，鸟语花香，流泉垂挂。华山以险著称，有东、西、南、北、中五峰。

华山脚下的玉泉院，是登山的必经之地，因院中泉水与华山上的玉井潜通而命名，亦名"希夷祠"。

院内长廊回合，殿宇、亭台、秀石别致，溪流环绕，茂林修竹，环境幽雅，泉水清冽甘美。

从玉泉院进山，南行

华山玉泉院

2.5千米，有石门挡路，这就是五里关，人称"第一关"。不远处希夷峡谷，又有一道石门，仅容只身通过，号称"华铁门"，俗称"第二关"。

大高崖瀑布又名"搭钩崖瀑布"，在华山峪希夷峡东北侧，这里崖壁直立如削，高百余米，人无法从这里攀登，过去只有药农和猎户搭钩登崖。

崖上平素无水，但有流水冲刷的石槽自崖顶直达谷底。每逢大雨时，流水由崖顶一泻而下，水雾茫茫，声震崖谷，气势非常壮观。

位于华山峪道3千米处，是华山道士焦道广隐居时的住所。从小上方南端，沿着一条攀链而行的险路拾级而上，首先见到一石门，此称西元门，据《岳志》记载，这是当年唐玄宗找金仙公主的地方。

门北有一"老爷洞"。从这里向西南望，对面绝壁上刻有"云峰"两个大字，苍劲有力而又飘逸洒脱。从老爷洞沿壁拉索，向东北方向而上，路上有一块呈马鞍形的巨石，叫"马鞍桥"。

这里有一处刻石题字写道：

■ 西岳华山风光

**建炎** 是南宋皇帝宋高宗的第一个年号，从公元1127年至1130年，共计4年。宋高宗赵构，字德基。宋朝第十位皇帝，宋朝南迁第一任皇帝，在位35年。宋徽宗第九子，宋钦宗之弟。精于书法，善真、行、草书，笔法洒脱婉丽，自然流畅，颇得晋人神韵。著有《翰墨志》《草书洛神赋》等。

周道谨、王文友重修唐时古道，
建炎三年四月终功毕记。

由马鞍桥一下一上，便到了"雷神洞"。此为一天然石洞，形似竖井，四壁如刀削一般，仅容一人上下。洞边有一木梯，上端在崖壁间凿孔架一独木桥，游人挽索登桥贴壁而上，十分惊险。

石壁上刻有"洞在高山"4个大字。出洞四望，豁然开朗，峰峦叠翠，林木苍郁，奇花竞秀，流泉淙淙，飞鸟时鸣，如入神话境界。

尤其阳春三月桃花盛开时节，芳草鲜美，落英缤纷，满目红霞，更给人一种"无限风光在险峰"之感。

经沙萝坪、毛女洞、过云门，就到了青柯坪，路程恰为一半。前面西峰拔地而起，气势磅礴，北眺秦

川，渭河如带，黄河隐约可见。

过青柯坪，转弯、过桥，上陡坡后，会发现大石壁上篆刻"回心石"3个大字。

这里距山门口有5千米之远，虽然一直走在峪道，但坡陡路长，人感觉很累，到这里才算真正开始上山，许多人到这里常畏险不前，因而原道返回，所以这块石头取名"回心石"。

■ 华山回心石

民间传说，元朝时候，道士贺志真带领两个徒弟在华山开道凿洞，每凿一洞，就让给别人。

这样天长日久，两徒弟就有些不高兴，本想跟上师父学点东西，现在不但没学到什么东西，而且天天吃苦凿洞。

这天，师徒三人在南天门外悬空凿洞时，两徒弟砍断绳索，眼看师父坠入深渊。两徒弟随即下山，没想到走到"回心石"处与师父相遇。

俩徒弟知道师父已经成仙，不是凡人了，于是悔恨不已，决心回心转意，又随师父上山修炼。后来两徒弟也都修炼成仙了。

过了回心石，眼前就是又陡又长又窄的千尺幢、百尺峡，势如刀削，天开一线。

千尺幢是华山第一险道，形如裂隙，四壁直立，凿石为梯，登山时向上仰视，一线天开。往下望如深

**道士** 是道教的神职人员。他们因信仰道教而皈依之，履行入教的礼仪，自觉自愿地接受道教的教义和戒律，过那种被俗世视为清苦寂寞而他们却视为神圣超凡的宗教生活。同时，道士作为道教文化的传播者，又以各种带有神秘色彩的方式布道传教，为其宗教信仰尽职尽力。

壮美风光的三山五岳

井，其间仅容二人上下穿行。坡度为70度。

从上到下共有370多个台阶，皆不满足宽。石阶的宽度只能容纳一个人上下，两旁挂着铁索，人们手攀铁索，一步步向上登。下山时比上山时更险，从胯下窥视路面，如临深井。

"千尺幢"顶端，有一个仅容一人的石洞，因为当人们爬上最后一个石级时，便可从洞中钻出，故而此洞名叫"天井"。

"天井"上有一平台，台上刻写的"太华咽喉"，形象地说明了这里的路形如人的咽喉食管，既窄又长。"天井"口为"太华咽喉"中段，若把此处堵住，上下就会绝路。

再往前走，还有一处险路——百尺峡。百尺峡是华山天险之一。百尺峡没有千尺幢那么长，仅46米，91级石阶，可是这里势危坡陡，石壁峭立，通道狭窄，还有悬石，摇摇欲坠。

明朝的端木有诗称赞这里的惊险，诗中写道：

幢去峡复来，天险不可瞬。

虽云百尺峡，一尺一千仞。

千尺幢、百尺峡的台阶都是明末清初开始凿的，后来又多次修整，又凿出复道，游人上下各行其道。

走出百尺峡，过仙人桥，前面又是一段险路"老君犁沟"。华山民谣道：

千尺幢，百尺峡，老君犁沟往上爬。

传说在很久以前，华山通北峰的山道是财东驱使佃户和长工修的，修路工程异常艰巨，伤亡人数不少。

有一天，太上老君骑青牛路过华山，看到了开山人的辛苦，便用如意柄变成铁犁，套上坐骑青牛，自己扶犁挥鞭，硬是在陡峭的岩壁上犁出了一道长沟。

人们遥对驾云东去的老君叩拜，并把老君开的这条陡道叫"老君

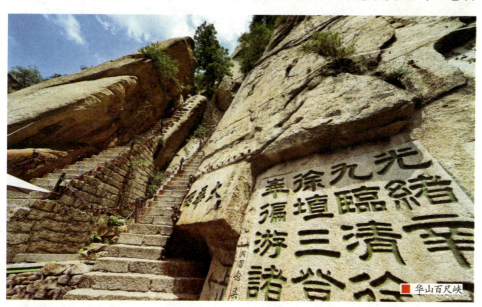

华山百尺峡

犁沟"。

■ 华山绝壁风光

太上老君走得匆忙，把青牛忘了。青牛留在了华山，化为"卧牛石"。人们后来在聚仙台开石凿洞，命名"犹龙洞"，供奉太上老君。

"老君犁沟"是登山必经险路，依山傍壑，陡坡直上，铺有570级石阶。在"老君犁沟"的尽头是"猢狲愁"，顾名思义，崖壁太陡峭了，连猴子都发愁。

从猢狲愁下聚仙台，聚仙台古名空灵峰、窝风崖，在北峰横翠崖西的一个平台上。古代自横翠崖西登台途中架有吊桥，桥板拽起，即成天堑。

传说，轩辕黄帝曾到聚仙台与群仙聚会，并与神仙在此下棋。一位樵夫路经此地，被棋局吸引，就放下斧头在一旁观战并入了迷，但见周围树叶落了又绿，绿了又落，不知是什么缘故。

等到他想起回家时，发现斧柄已腐锈，待回到家中，村人皆不认识他。殊不知"仙界一日，凡间百年"。于是他返回华山修道炼丹，后来羽化成仙。

聚仙台上原凿有连体石洞，面积数十平方米，后依洞筑庙，历代不断修葺扩建，自成道院。

清宣统年间重修，增建楼阁三间。这里环境幽雅，花木掩映，堪称天然仙境，古代名人隐士多来这

羽化 指古代修道士修炼到极致，跳出生死轮回和生老病死，便能"成仙"。一般用作道教徒死亡的婉辞。羽化源自古代阴阳学，古人认为阳气产生于盘古开天辟地，阳清为天，阴浊为地。阴阳二气混杂从而化育了万物。万物中阴阳比较平均的就演化成了人。因此，古人相信道士修炼后便可成仙。

里修身养性。

聚仙台也是雨后观赏水帘瀑布的最佳位置。台西北角崖下有石洞，名"王子丹成洞"，也叫"王子求仙洞"。这里，还传有这样的歌谣：

王子去求仙，丹成八九天。
洞中方七日，尘世已千年。

过横翠崖北上就登上了海拔约1600米的北峰。北峰为华山主峰之一，四面悬绝，上冠景云，下通地脉，巍然独秀，恰如一座平台，因而又叫"云台峰"。

峰北临白云峰，东近量掌山，上通东西南三峰，下接沟幢峡危道，峰头是由几组巨石拼接组成，浑然天成。

绝顶处有平台，原建有倚云亭，后残留有遗址，是南望华山三峰及苍龙岭的好地方。峰腰树木葱郁，秀气充盈，是攀登华山绝顶途中理想的休息场所。

北峰上景观颇多，有长春石室、真武殿、焦公石室、仙油贡、神土崖、玉女窗、倚云亭、老君挂犁处、铁牛台、白云仙境石牌坊等，各景点都伴有

华山风光

美丽的神话传说。

长春石室是唐贞观年间道士杜杯谦隐居的地方，传说杜杯谦苦心修炼，断谷绝粒，喜好吹奏长笛，经常叫徒弟买回很多竹笛，吹奏完一曲，就把笛投于崖下，投完后再买，往而复始，从未间断。因他能栖息崖洞中累月不起，便自号"长春先生"。

真武殿为供奉镇守九州的北方之神真武大帝而筑。真武殿为北峰主要建筑，千百年间旋兴旋废。后来又重建，依崖就势，古朴典雅，保存了原建筑的风格，成为北峰主要人文景观之一。

焦公石室、仙油贡、神土崖都是因焦道广的传说而得名。相传北周武帝时代，道士焦旷，字道广，独居云台峰，餐霞饮露，绝粒辟谷，身边常有三青鸟向他报告未来的事情。

传说武帝宇文邕闻知他的大名，便亲临山中问

壮美风光的三山五岳

■ 华山日月崖

道，并下令在焦公石室前建宫供他居住。

筑宫时，峰上无土，缺乏灯油，焦道广默祷，便有土自崖下涌出，源源不绝。油缸里的油也隔夜自满，用之不竭。

后来人们就把涌土的地方叫"神土崖"，把放油缸的地方称"仙油贡"。

自北峰向上攀登，经过狭长陡峭的擦耳崖，可到达天梯。天梯为华山著名险道之

■ 华山天梯

一。梯路开凿在直立如削的岩石上，面临万丈绝壑，石阶几乎接近90度。

天梯的顶端，有一处"日月崖"。只见一石独立，顶天立地，孤立于云端，中间被一道缝隙隔成一大一小，形若日月，因此得名。

据说一代女皇武则天登上华山，行至日月崖时，以这两块形似日月石头命名自个儿的字号"曌"，含义为"两块奇石上顶青天，下临空谷，唯我独尊"，昭示着这位女中豪杰与日月共齐、俯瞰天下的信念与气魄。

过了天梯就到了苍龙岭。苍龙岭是在救苦台南、五云峰下的一条刃形山脊，是华山著名险道之一。因岭呈苍黑色，势若游龙而得名。

岭的西边临青柯坪深涧，东临飞鱼岭峡谷，长约

**武则天** （624—705），字"曌"。并州文水人。唐朝开国功臣武士彟的第二个女儿。中国历史上唯一一个正统的女皇帝，在位15年。谥号"则天大圣皇后"。后世所称"则天武后"或"武则天"即是由此谥号而来。政治家和诗人，与唐高宗李治并称"二圣"。武则天当政时期，被史界称为"贞观遗风"。

华山苍龙岭

百余米，宽不足1米，中突旁收，游人在上面行走，胆战心惊，如置云端，惊险异常。

这里留下了韩愈投书的故事。唐朝时候，学士韩愈因阻止皇帝迎佛骨被贬，心情不爽，便想游华山解忧。

韩愈游历了中峰、东峰、南峰、西峰后，便想下山回去。

当他来到两尺多宽、下临深渊的苍龙岭，骑在"龙"背上时，心惊胆战，上下不能，便放声痛哭。面对险境，认为自己小命难保，打开背包，取出笔砚，草草给家人写了一封遗书，投到岭下。

韩愈的遗书恰巧被在山下散步游玩的华阴县令拾到，随即命衙役上山将韩愈背下山来。这段名人逸事，为游人增添了少许情趣和遐想，还留下了苍龙岭上端"韩退之投书处"的胜迹。

相传，古时候山西武乡有个叫赵文备的人，百岁时游华山，闻韩愈投书故事，便在崖壁题刻：

苍龙岭韩退之大哭辞家，赵文备百岁笑韩处。

明代的杨嗣昌也认为，韩愈之所以在苍龙岭痛哭，是因为苍龙岭的奇险壮美，实在太令人惊叹了，以他的才华，也不能用笔墨表达出来，只好大哭一场来抒发自愧才疏的心情。

清代华阴名人王宏嘉在《华山记》中记述这个故事时说，韩愈面对宪宗皇帝面无惧色，慷慨陈词指出皇帝的错误，要皇帝改正，他的胆量是超过一般人的，不会在苍龙岭胆怯失态，他认为这个故事，一定是编造的。

尽管如此，行人还是不敢站着行走，而是骑在岭上，一寸寸往前移动，因此人们又称苍龙岭为"搦岭"。直到唐末，岭脊两侧始设石栏矮墙，也才有了少量的石磴石窝。

到了明清时期，随着朝廷对华山神祭祀次数增多，整修华山道路有了大的举动，苍龙岭有了250级石阶。

后来，苍龙岭险道几次拓修，护栏逐年加固，石阶增至530余级。为了使岭上不再发生拥塞和危险，又在苍龙岭东飞鱼岭开凿登山复道以保证安全上下。

过苍龙岭就是金锁关。金锁关形势险要，是华山东峰、西峰和南峰的咽喉。在三峰之间是一片洼地，西面有镇岳宫，它依山岩而建，

华山金锁关

**陈抟** （871—989），字图南，号扶摇子，赐号希夷先生。亳州真源县（今河南省鹿邑县）人，五代宋初著名道教学者、隐士。陈抟继承汉代以来的象数学传统，并把黄老清静无为思想、道教修炼方术和儒家修养、佛教禅观汇归一流，对宋代理学有较大影响，后人称其为陈抟老祖、睡仙等。

松林笼罩，有名的"玉井"就在院中。

每当雨季，玉井的水溢流出来，经过"二十八宿潭"奔注东西两峰之间，变成瀑布飞流直下，成为华山名胜。

古人称华山三峰，指的是东西南三峰，玉女峰则是东峰的一个组成部分。后来，人们将玉女峰称为中峰，使其也作为华山主峰单独存在了。

东峰是华山主峰之一，海拔约2000米，因位置居东得名。峰顶有一平台，居高临险，视野开阔，是著名的观日出的地方，人称朝阳台，东峰因而被称为朝阳峰。

古代登东峰道路艰险，明代百科式图录类书《三才图会》中记述说，山岗如削出的一面坡，高数十丈，上面仅凿了几个足窝，两边又无藤蔓可以攀缘，

■ 华山东峰绝顶

登峰的人只有趴在岗石上，手脚并用才能到达峰巅。

东峰顶生满巨桧乔松，浓荫蔽日，环境非常清幽。自松林间穿行，上有桧乔松绿荫，如伞如盖，耳畔阵阵松涛，如吟如咏，让人觉得心旷神怡，超然物外。

东峰有景观数十处，朝阳台北有杨公塔，为杨虎城将军所建，塔上有杨虎城将军亲笔所题"万象森罗"四字。此外，东峰还有青龙潭、甘露池、三茅洞、清虚洞、八景宫、太极东元门等。

■华山华岳仙掌

险道经过整修加固后，亭台重新获得建造，在八景宫旧址上，重新矗立起了一栋两层木石楼阁。

东峰顶上有3个茅洞，洞内有五代宋初著名道教学者、隐士陈抟像，洞外有甘露池。附近的清虚洞前有一孤峰，在峰顶上有铁瓦亭一座，铁棋盘一副，名为"下棋亭"。

据说宋太祖赵匡胤曾在这里和陈抟下棋，结果输给陈抟，该亭由此得名"赌棋亭"。

华岳仙掌在东峰，是指东石峰的面东崖壁。大自然的风剥雨蚀在崖上造化了一面手掌形石纹，高数十米，五指分明，形象生动逼真，人称"华岳仙掌"。因它的壮观，被列为陕西有名的"关中八景"的第一景。

历代有关华岳仙掌的神话传说很多，一说在上古

首阳山　一称"雷首山"，又名"首山"，在山西省永济市南。在中国古老的传说中，伯夷、叔齐于首阳山上山采薇隐居。春秋晋赵盾遇翳桑饿人灵辄之首山，亦即此山。首起蒲州，尾接太行，南跨芮城、平陆，北连解州、安邑及临晋、夏县、闻喜之境，绵延数百里。

时候，山西境内的首阳山同华山连通，黎民百姓苦不堪言。河神巨灵悲悯人间疾苦就手推华山，脚踏首阳山，使地轴折断，山脊裂绝，一山移而为二，黄河从两山之间奔射东去，从此，巨灵神推山的手印留在了华山上。

古人有许多吟咏仙掌的诗文赋记，篇篇都妙语连珠。唐诗人刘象有《咏仙掌》诗一首，诗中写道：

万古亭亭倚碧霄，不成擎亦不成招。
何如掬取天池水，洒向人间救旱苗。

据说刘象后来因此诗而声名大振，被人称为"刘仙掌"。此外，唐喻的《仙掌赋》、关图的《巨灵擘太华赋》等都是一咏三叹、荡气回肠的佳作。

南峰是华山最高主峰，海拔约2160米，也是五岳最高峰，古人尊称它是"华山元首"。登上南峰绝顶，顿感天近咫尺，星斗可摘。

峰南侧是千丈绝壁，直立如削，下临一个断层深壑，同三公山、三凤山隔绝。

南峰由一峰二顶组成，东侧一顶叫松桧峰，西侧一顶叫落雁峰，也有说南峰由三顶组成，把落雁峰之西的孝子峰也算在其内。

这样一来，落雁峰最高居中，松桧峰居东，孝子峰居西，整体像一把圈椅，3个峰顶恰似一尊面北

华山华峰第一石刻

■ 华山南峰峰顶

而坐的巨人。

明朝文学家袁宏道在他的《华山记》一书中记述南峰说："如人危坐而引双膝。"

落雁峰名称的由来，传说是因为回归大雁常在这里落下歇息。峰顶最高处就是华山极顶，登山的人都以能攀上绝顶而引以为豪。

历代的文人们往往在这里豪情大发，赋诗挥毫，因此留给后世诗文记述颇多。峰顶摩崖题刻琳琅满目，俯拾皆是。

唐朝作家冯贽在他记录异闻的古小说集《云仙杂记》中记述诗人李白登上南峰时的感叹说：

此山最高，呼吸之气想通天帝座矣，恨不携谢朓惊人句来搔首问青天耳。

袁宏道（1568—1610），明代文学家，字中郎，号石公，荆州公安（今湖北省公安县）人。他在文学上反对"文必秦汉，诗必盛唐"的风气，提出"独抒性灵，不拘格套"的性灵说。与其兄袁宗道、弟袁中道并有才名，合称"公安三袁"。

落雁峰周围还有许多景观，最高处有仰天池、黑龙潭，西南悬崖上有安育真人龛、迎客松等景观。

松桧峰稍低于落雁峰，但面积比落雁峰大。峰顶乔松巨桧参天蔽日，因而叫松桧峰。

松桧峰上建有白帝祠，又名金天宫，是华山神金天少昊的主庙。因庙内主殿屋顶覆以铁瓦，也有称其铁瓦殿的。

松桧峰周围有许多景观，主要有：八卦池、南天门、朝元洞、长空栈道、全真岩、避诏岩、鹰翅石、杨公亭等。

其中，长空栈道位于南峰东侧山腰。

长空栈道有700余年的历史，是华山派第一代宗师元代高道贺志真为远离尘世静修成仙，在万仞绝壁上镶嵌石钉搭木椽而筑。

栈道路分三段，出南天门石坊至朝元洞西，路依危崖凿出，是为上段。折而向下，崖隙间横贯铁棍，形如凌空悬梯，游人须挽索逐级而下，称之"鸡下架"，是为中段。

西折为下段，筑路者在峭壁上凿出石孔，揳进石桩，石桩之间架木椽3根，游人到此，面壁贴腹，脚踏木椽横向移动前行。

栈道上下皆是悬崖绝壁，铁索横悬，由条石搭成尺许路面，下由

■ 华山栈道

华山南峰天池

石柱固定，游人至此，面壁贴腹，屏气挪步，长空栈道是华山险道的险中之险。

古往今来，历险探胜者络绎不绝，其中，不乏文士名流，多有记述传世。明代"后七子"之一的李攀龙《太华山记》记述：

出南天门向西就是栈道，栈虽有铜柱铁索拦护，然阔不盈尺。行二十余丈方至尽头。下折为井，高约三丈，旁出复为栈……

仰天池在华山南峰绝顶，也就是华山海拔的最高处，因站在池畔，仰望青天若在咫尺而得名。

仰天池为岩石上一天然石凹，呈不规则形，深约1米，池水面积约3平方米，水色清澈，略呈绿色。池水涝不盈溢，旱不耗竭，成为华山十大谜之一。又因池距太上老君洞相近，传说太上老君常汲池水炼制金丹，又称为太乙池、太上泉。

仰天池畔岩石上题刻琳琅满目，如"太华峰头""沐浴日月""登

徐霞客 （1587—1641），名弘祖，字振之，号霞客，明南直隶江阴人。地理学家、旅行家和探险家，中国地理名著《徐霞客游记》的作者。被称为"千古奇人"。他的一生志在四方，不避风雨虎狼，与长风云雾为伴，以野果充饥，以清泉解渴，出生入死。其足迹踏遍许多名川大山。

峰造极""顶天立地""袖拂天星"等，大多出自名家手笔，袁宏道、米友石等都在这儿留有墨迹。

明代书画家王履有在《南峰绝顶》诗中写道：

搔首问青天，曾闻李谪仙。

顿归贪静客，飞上最高巅。

气吐鸿蒙外，神超太极先。

茅龙如可借，直到五城边。

黑龙潭在南峰仰天池南崖下，潭深尺余，面积约1平方米，常年积水，大旱不涸，水色多有变化。史志记述，天旱时，百姓常来此祈雨，多获灵验。《说铃》一书记述，潭中有黑龙居住，龙在水黑，龙去水清，当地人称水为华山的顶门水。潭涝不溢、旱不

■ 华山擦耳崖

涸，水色变化无常，人们不得其解，也成为华山十大谜之一。

据记载，公元1777年，正逢下种时节，陕西大旱，庄稼种不下去，百姓心急如焚，陕西巡抚毕沅登山到南峰金天宫和黑龙潭祀神祈雨，果然陕西普降甘霖两昼夜，严重的旱象得以解除。

毕沅下山后，看到沿途百姓扶老携幼一片欢呼，便派使臣禀明圣上，请求赐颁御书匾额，以答谢岳神遣龙行雨的澍荫之美。

差役回来禀报说乾隆皇帝赐字"岳莲灵澍"。毕沅立即率文武同僚到郊外跪迎，并立石刻碑，将这4字镶以纯金，放在西岳庙御书房内，这就是现在陕西最大的卧碑。

迎客松在南峰仰天池西，一松孤立崖上，枝干苍劲多曲，形如躬身伸臂做迎客状，被人们称为"迎客松"。

西峰是华山最秀丽险峻的山峰，海拔约2000米，峰顶翠云宫前有巨石形状好似莲花瓣，古代文人多称其为莲花峰、芙蓉峰。

传说故事《宝莲灯》中，沉香劈山救出三圣母的地方，就是华山

壮美风光的三山五岳

华山西峰斧劈石石刻

西峰。峰的西北面，直立如刀削，空绝万丈，人称"舍身崖"。

明代著名地理学家、探险家徐霞客在《游太华山日记》中记述：

峰上石耸起，有石片覆其上，如荷花。

**国子监** 是隋朝以后的中央官学，为中国古代教育体系中的最高学府，又称国子学或国子寺。明朝时期行使双京制，在南京、北京分别设有国子监。北京国子监始建于元朝大德十年，是元、明、清三代，国家管理教育的最高行政机关和国家设立的最高学府。

西峰为一块完整巨石，浑然天成。西北绝崖千丈，似刀削锯截，陡峭巍峨、阳刚挺拔之势是华山山形的代表。自古以来文人吟咏西峰的诗文很多，唐代乔师对有《西峰秦皇观基浮图铭》，明代书画家王履有《始入华山至西峰记》，甚至唐代国子监殿试也以莲花峰为题。

中峰又称玉女峰。这里流传着一个美丽的爱情故事，也叫《吹箫引凤》的故事。

传说在春秋时代，秦穆公得宝贝女儿，起名弄玉。弄玉自小聪明伶俐，颇通音律，能吹百鸟叫声。

有天夜晚，她正入神地吹奏凤凰鸣的曲子，忽然有人用箫吹奏曲音附和，双音鸣奏，非同凡响。

原来弄玉招来了知音，华山箫史闻听音乐，听箫而至。二人的合奏引来了赤龙彩凤纷纷舞蹈。秦穆公大喜，安排箫史住下。

弄玉日久便对箫史产生了爱慕之情，秦穆公欣然应允。俩人情投意合，结为夫妻。嗣后，他们放弃宫廷荣华富贵，箫史乘龙，弄玉胯凤，双双来到华山中峰隐居，玉女峰由此得名。

玉女峰形如鸟头，上丰下缩。峰顶有一巨大的石梁，形状像龟。后人为了纪念不慕荣华的弄玉，在龟背上建有玉女祠。祠内原供有玉女石尊，另有龙床及凤冠霞帔等物，已被毁了。后来的祠是后人重建的，玉女塑像也是后来重塑的，其姿容端庄清丽、古朴严谨。

祠前有石臼5个，传为弄玉洗头盆。旁边有石马一匹，相传是弄玉进山所乘骏马的化身。祠后有品箫台、引凤台。中峰山崖上有独松一棵，不见根，松枝

凤冠霞帔　指旧时富家女子出嫁时的装束，以示荣耀。也指古代贵族女子和受朝廷诰封的贵妇的装束。其中，凤冠，因以凤凰点缀得名。霞帔亦称"霞披""披帛"，以其艳丽如彩霞而得名。披帛以一幅丝帛绕过肩背，交于胸前。它的形状宛如一条长长的彩色挂带。

■ 华山玉女峰石刻

凌空招展，树干无鳞有光，名叫"舍身树"。

古人抒写玉女及玉女峰的诗文较多。唐代杜甫在他的《望岳》诗中有名句：

安得仙人九节杖，拄到玉女洗头盆。

华山山麓下的渭河平原海拔仅330米至400米，同华山高度差为1700米，山势巍峨，更显其挺拔。"势飞白云外，奇险冠天下"的华山，以其磅礴的气势、巍峨的雄姿，赢得了"天外三峰"的美名。

阅读链接

华山莎萝坪上边有毛女洞和古丈夫洞，传说是毛女仙姑与秦宫役夫栖身修道的地方。

毛女仙姑名叫玉姜，是秦始皇从楚国掠来的少女。由于她生得明眸皓齿，端庄秀丽，且又颇通音律，擅长抚琴，秦始皇就把她留在阿房宫。

秦宫中有个役夫叫张夫，被征去骊山为秦始皇修造陵墓。后来又通过琴声与玉姜相识。当听到秦始皇要选择宫女陪葬的消息后，张夫乘机借夜色掩护，将玉姜带出宫，行了半个月，才逃进华山。

他们自从进山入石洞后，饥吃松子山菜野果，渴有山泉潺潺。夜来时，一张瑶琴，同奏世外清音。渐渐地遍身生绿毛，颜面如涂漆。猎人与樵夫常常遇见，齐声呼仙人。直到唐朝，还有两个采药的人在芙蓉峰请两位大仙喝酒吟诗。

毛女和张夫当年栖身的石洞依然如旧。而且据说，登华山的游人在夜间有时还能听到毛女洞中悠悠的琴声呢！

# 凌空奇葩的道教古建筑

华山雄伟险峻、惊奇壮观，是中华民族的圣山，还是道教名山。自古以来，道教文化在华山盛行。

华山风景绝秀，地处中土，很早以前就被认为是神仙出没的圣地。一些帝王前来华山祭祀朝拜，其也是神仙家和方士们活动的重要场所。

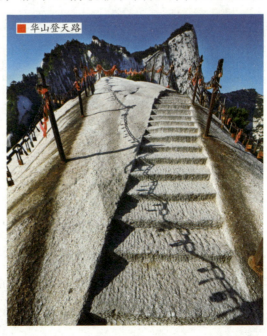

华山登天路

道教形成后，华山就成为道教著名的第四"洞天福地"。道教中传说的古代神仙，如冯夷、青鸟公、毛女、赤斧、古丈夫、三茅等，相传都是在华山得道成仙。

春秋时期，就有道家在云台观布道。秦汉以来，道教与

■ 华山西岳庙全景

华山有关的神话传说广为流传，现存就有200余篇。

传说茅山道的祖师茅盈的曾祖茅蒙于公元前216年在华山白日升天。由此，秦始皇改年号腊曰嘉平。当时有儿歌道：

神仙得者茅初成，
驾龙上升入泰清，
时下玄洲戏赤城，
继世而往在我盈，
帝若学之腊嘉平。

汉武帝时为敬慕明星玉女"白日升天"之事，始"立集灵宫于华山下"，祭祀明星玉女。

集灵宫后来改为西岳庙，是一座"百丈层楼隐深树，飞甍正欲摩苍穹"的古建筑群。

这座规模宏大、古香古色的建筑，从汉武帝刘彻创建以来，已经历了2000余年的风雨沧桑。在中国浩繁的古代文明中，留下了深深的足迹。

西岳庙坐北朝南，庙门正对华山，是供奉西岳大帝华山神的庙宇，成为历代帝王祭祀华山神的场所。是非常珍贵的大型古建筑群落，在中国建筑史上拥有特殊的地位。

在由北至南的中轴线上，依次排列着灏灵门、五凤楼、棂星门、金城门、灏灵殿、寝宫、御书楼、万寿阁，整个建筑呈现前低后高的格局。

西岳庙建筑相当宏伟，五凤楼建于高台上，登楼望华山，五峰历历在目。正殿灏灵殿为琉璃瓦单檐歇山顶，坐落于宽广的"凸"字形月台上，面宽七间，进深五间，周围有回廊，气势宏伟，历代帝王祭祀华山多住在这里。

殿内悬挂有康熙、道光、慈禧所题"金天昭

211

■ 华山西岳庙正殿

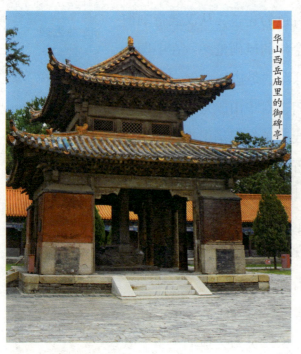
华山西岳庙里的御碑亭

端""仙云"等匾额。整个院落林木繁茂、山石嶙峋，饶有园林雅趣。

西岳庙内碑刻极多，现存后周时期的《华岳庙碑》、明朝重刻《唐玄宗御制华山碑铭》、明万历刻《华山卧图》，这幅图首附王维、李白、杜甫、陈抟等唐宋名人游华山的题诗和华山图，这里还有乾隆御书的"岳莲灵澍"石额。

东汉王朝建立后，仍未忘记祖宗成法，继续奉祀西岳之神。只是由于集灵宫离华山较近，又在山下，难以完全体现"望"祭的要求，也不能达到祀神的目的，便将这座神庙迁到了靠近长安通往洛阳大路的位置。

相传，迁建的庙址选好以后，监造大臣和工匠们对庙宇的建筑形式犯了难，各有所想，但都不成熟，很久决定不下来。

时值炎炎酷暑，有一天，忽然狂风大作，从华山之巅生出团团乌云，迅即遮天蔽日。

由于突然，人们无不惊骇，以为是建庙不力，得罪了岳神。顷刻又见狂风稍息，天空骤然降下了鹅毛大雪。雪后，忽见一只矫健的兔子在雪地上飞奔，所走路线怪异，人们惶恐未定，愈加愕然了。

等到清醒过来，白兔似融化在雪里，已不见踪影。仔细一看，白兔跑出的路线居然是一幅疏密有度、布局严谨的建筑图样。人们欣喜若狂，就按照这一图样开始建筑。

至晋武帝统一全国后，西岳庙中的香火又一次旺盛起来。在晋武帝太康年间，人们还在西岳庙至华山的路旁植下了几千棵柏树。

到唐玄宗开元年间，一个偶然的机会，才又使西岳庙的官方香火缭绕起来。

传说在公元725年，唐玄宗李隆基去东都洛阳，路经华阴将至西岳庙时，猛然发现有许多人迎接他。

他不知所以，便问左右随从这些是什么人，群僚却因未曾看见而莫名其妙。唐玄宗又招来当时专会交通神人的巫师询问，其中有一个叫阿马婆的巫人，说是西岳神迎接皇帝来了。

唐玄宗听了此言，信以为真，受宠若惊，立即诏令全国，封华山神为"金天王"，西岳庙也改称"金天王神祠"，直至公元1370年才恢复西岳庙原名。

唐玄宗欣喜之余，不但封华山神以人间官号，而且亲自写下碑文，让华山刺史徐知仁与信安王祎勒石

西岳庙正殿

巫师 是对古代会施魔法的男巫的通称，或专指以装神弄鬼替人祈祷为职业的人。古代施术者女称巫，男称觋。巫师在一个社会中有很多的功用：他们可以用魔法保护他人，以免受到自然灾害、外来者和敌人的伤害。他们也负责改正错误、衡量对错、操控大自然和解释恐怖的现象等。

213

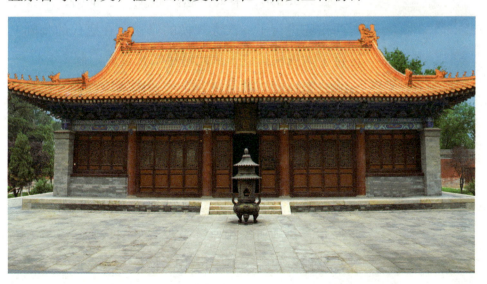

■ 西岳庙内的御书楼

纪念。第二年碑刻成后，立在了应天门外的通街上。

　　这座碑通高5丈多、阔1丈多，厚4尺多，堪称天下石碑之最了。碑铭"高标赫日，半壁飞雨"，背面还刻有太子王公以下官的名字。制作宏丽无以复加，在西岳庙里，它堪为唐玄宗开元盛世的象征。

　　公元960年，宋太祖赵匡胤统一了全国，第二年对西岳庙进行了一次大规模的修建，在唐代的基础上进行了大规模扩建，从此每年祭祀遂成定制。

　　公元1482年，又进行了修建，这次修建，历时竟达近30年，可见规模之大，想必是进行了彻底的扩建、增修。

　　明宪宗年间又进行了一次大规模的修葺，这次大规模的修建，基本具有后来的规模，但和清代《敕修西岳庙图》碑所绘相比，尚少灏灵门、牌坊及万寿阁等，其正殿和廊房规模也比后来小些。

自成化年间大修之后，历经60多年，西岳庙渐渐倾颓了。嘉靖年间，对倾颓的西岳庙又进行了修建，增加了玉垒、神荼殿两座，即灵宫殿、玉冥王殿，7座棂星门有屋7个，比明宪宗时的庙制又有扩建。

公元1555年的大地震，使西岳庙被毁坏。于是嘉靖帝便先修起了寝宫，到了公元1562年，又进行了一次大修，历时两年告成。

清代对西岳庙进行过三次比较大规模的修建。陕西巡抚毕沅奏称西岳庙岁久倾颓，急需葺治，乾隆帝毫不犹豫便拨银12万两，让毕沅酌情办理，叮嘱毕沅修西岳庙"务必工程坚固，庙貌鼎新"。

毕沅对西岳庙建制的完善，尤其是所设古碑亭，刻《敕修西岳庙图》碑等，对保护西岳庙的文物做出了巨大贡献，为研究西岳庙留下了许多珍贵的资料。但没想到，西岳庙又毁于战火。

清朝军机大臣左宗棠和巡抚刘典商议，重新修复西岳庙，命令华阴令总办督促，从公元1867年开工历经四年，将庙筑成。

到光绪年间，在左宗棠修建的基础上，人们接着又修复了庙内的万寿阁，并补修了御书房、望河楼、五圣祠、两角楼、放生池等，使西岳庙又焕发了青春。

西岳庙内的八角亭

后来，又曾数度对西岳庙的城墙、棂星门、金城门、灏灵殿等古建筑加以维修，拆除了庙内中轴线以内有碍观瞻的建筑和设施，并将分散的具有历史、艺术价值的碑碣和文物统一征集，集中收藏保管，对西岳庙做了大量的修建。

从整体布局来看，西岳庙建

筑群坐北向南，朝向华山主峰，主要建筑沿着南北轴线左右对称，前后分为6个空间，相互衬托，协调对比，形成一个不可分割的整体布局。

第一个空间为五凤楼前入口部分。主要建筑有木牌楼、琉璃照壁、灏灵门、石栏杆围成的棋盘街和石狮子等。

第二个空间为五凤楼后面的院落。当年，这里主要是矗立碑石的地方，各代名碑林立左右，篆隶草行，琳琅满目，曾被誉为陕西的小碑林。后来仅剩下唐玄宗的"御制华山铭残字碑"。

第三个空间，即棂星门到金城门之间的院落。主要建筑有棂星门、明代"天威咫尺"石牌楼以及金城门等。

棂星门取"灵星"之意，"灵星"原为管天田的神，祭祀它以祈五谷丰登。

■ 西岳庙内的万寿阁

西岳庙的棂星门

　　西岳庙里这个门形如窗棂，就改"灵"字为"棂"。门共7间，主体3间为高大的木结构，琉璃瓦单檐歇山顶楼，半拱部分昂出9条雕刻精致的龙头，张牙立目，昂首视天，形态逼真，栩栩如生。

　　7条正出，2条斜出，人称"九龙口"。其门整个建筑规模宏大，结构繁杂，色彩绚丽，从各个方面都显出西岳庙的等级之高。

　　"天威咫尺"石牌楼为明万历年所建，结构为四柱三开间五楼，是庙里石牌中最大、保存最好的一座。牌楼各部分全为石质，由石梁、石柱、石枋等组合而成。

　　牌楼共分3层，层层收进。最上为雄狮托宝瓶，屋里雕以旋花蔓草，四周垂为圆雕的行龙，在每个顶的檐角，均雕有仙人团座。

　　牌楼最上层檐下，双龙环抱，上书"敕建"二字。正中上下两面嵌有"尊严峻极""天威咫尺"石匾各一方，字体苍劲有力，相传是明代丞相严嵩手笔。

　　龙门枋正面有《八仙庆寿图》，背面是《帝后宫廷行乐图》。正反面均有两人手捧托盘，取加官进禄之意。

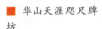

华山天涯咫尺牌坊

**歇山顶** 即歇山式屋顶，宋朝称九脊殿、曹殿或厦两头造，清朝改名九脊顶。为中国古建筑屋顶样式之一，在规格上仅次于庑殿顶。歇山顶共有9条屋脊，即1条正脊、4条垂脊和4条戗脊，因此又称九脊顶。由于其正脊两端到屋檐处中间折断了一次，分为垂脊和戗脊，好像"歇"了一歇，故名。

牌楼立柱的前后面刻有楹联两副，一面是对岳神职权范围的规定，一面为对岳神慈恩广德的赞扬。

除此而外，牌楼上还雕有"二龙戏珠""狮子滚绣球""双凤朝阳""鹤戏图""鲤鱼跃龙门"等各种图案，且运用圆雕、浮雕、线雕、透雕等各种技法，几乎将中国古代传统中象征吉祥如意的动植物采用殆尽，其艺术价值之高令人瞠目。

第四个空间的主要建筑有灏灵殿等。灏灵殿是西岳庙的正殿，是一座具有大柱、大梁、大檩的琉璃瓦檐歇山顶传统建筑。其面宽七间，进深五间，周有回廊环绕，飞檐高耸，斗拱密布。

殿内安置有西岳之神祭牌及香案。殿额上悬有清同治皇帝御笔"瑞凝仙掌"、光绪皇帝御笔"金天昭瑞"和慈禧太后御笔"仙掌凌云"匾额。

第五个空间的主要建筑有御书房等。御书房是供放皇帝书的地方，其建筑为琉璃瓦重檐歇山顶木结构

的阁楼建筑，面宽五间，进深三间。是乾隆四十二年，也就是1777年所建，内置乾隆御书"岳莲灵澍"横卧碑。

第六个空间的主要建筑有万寿阁、游岳坊、望河楼等。万寿阁在庙的最后方，是庙的制高点，为明神宗万历年间所建。阁分3层，缘梯登楼顶可遥望黄河，故又称"望河楼"。

万寿阁左右两侧，原各有藏经楼一幢，遗憾的是，楼阁几经劫难，已不复存在。

游岳坊在万寿阁后，琉璃瓦单檐歇山顶建筑，面宽三间，进深三间，是乾隆四十年，也就是1775年华阴县令陆维垣所建。

除以上主要建筑外，西岳庙还有"青牛树""放生池""汉石人""古碑楼"等建筑。

西岳庙是镶嵌在华山的一颗灿烂的明珠，以其雄伟的建筑、悠久的历史、丰富的文物名冠古今。

道教场所玉泉院在华山峪口，为太华山麓著名的游览胜地之一，也是由华山峪攀登华山主峰的必经之路，因院内原为玉泉而得名。

　　玉泉院最早建筑始于宋朝初年，是隐士陈抟修行的地方。历代兴废由时，明朝初具规模。清康熙四十二年毁于水患，华阴县令陆维垣建亭水榭，才有了现有的规模。后来，当地政府又几度修葺。

　　玉泉院内主要景观有希夷祠、希夷睡洞、山荪亭、七真殿、无忧亭、天然石舫、七十二窗廊，还有金石题刻多处。

　　希夷祠在最高处，是贾得升为祭祀陈抟所建的祠堂。陈抟，字图南，号希夷。因其隐居华山，不仕朝廷，所以宋太宗赐号希夷，取意陈抟的追求高妙深远、无从感知。

　　传说陈抟知道自己将不久于人世，便立遗嘱给徒弟贾得升，要贾得升在自己仙逝后，把太宗皇帝当年所恩赐的仙鹤、鞍马等原物归还朝廷。

　　公元989年，陈抟化仙于华山峪石室，贾得升便遵照师父遗愿，到朝廷去见宋太宗。太宗睹物思人，感慨万千，又把这些遗物回赐贾得升，还赐钱500万，要贾得升在云台观营造北极殿，以实现陈抟生前的心愿。剩余的资金，贾得升便为师父建造了这座祠堂，并塑造金身，虔心供奉。祠堂两边各有配殿3间。祠堂前有5楹厅堂，祭祀者必须穿堂而过。

后来，堂上奉全真教华山派创始人郝大通塑像。祠堂前还有古树两棵，一棵为紫薇，游人轻抚树干，枝叶便晃动如抖；另一棵为蜡梅，每至寒冬腊月，梅花含苞怒放，星星点点如同蜡塑，奇香扑鼻。

这祠堂的后面原有二臣塔，为埋葬宋朝使臣尸骨的地方。传说，两使臣来劝陈抟应诏辅佐朝廷，被陈抟谢绝，随即也看破红尘，束发做了道士，后来便羽化在这里。

山荪亭在殿堂外西北侧巨石上，传说为陈抟亲手所建，苏轼曾有过修葺。亭建在一巨石上，尖顶圆形，风格独特。

希夷睡洞在山荪亭下，向北走几步就是埋葬陈抟尸骨的地方，称"希夷冢"。洞前原有铁索可攀，因

郝大通（1149—1212），名璘，字太古，号恬然子，又号广宁子，自称太古道人，法名大通。精通老庄易学，擅长卜筮占卦。1167年，皈依全真教，大定十五年于沃州行乞时突有所悟，于桥下苦修6年，人称"不语先生"。九转功成后，往北传教。

221

■ 华山上的道场

陈抟尸骨色呈浅红，经年放香，有游人好奇盗去趾骨，众道动怒，砍断铁索，使游人再也不能攀入洞内。

又过了许多年，道士们商议为陈抟筑墓，常拿着陈抟的尸骨化缘。公元1557年春，陕西巡按一元携副使张凤泉谒岳庙，遇一位道士出示陈抟尸骨乞请改葬。一元夜里便梦见陈抟对他说，所改葬之地需戴岳履河。

第二天，一元等随从官员们来到华山北麓，从朝元洞处慢慢向东察看地形，得先生当年睡洞，见室中石像睡卧之态宛如梦中所云戴岳履河，于是就向北几步定下墓址。

这里前依无忧佳木，后拥石室，左环古柏，右绕清泉，又与云台旧居相对，南仰乔岳，北俯大河，正是善穴。

时隔不久迁葬工程就破土动工，后将陈抟衣衾等物全葬在这里。当时，华阴县士大夫们都赶来送葬。传说当年久旱无雨，葬毕，忽然雷雨大作，百姓们都说这是先生之灵得到安妥的原因。

明万历年发洪水，冢被冲毁，棺木漂出，道士们又将陈抟尸骨复葬于希夷峡，就是后来的冢，已为虚冢。

希夷睡洞内，现有希夷石雕像一尊，俗传病者祷而抚之，沉疴则愈。周边有无忧树数棵，山荪亭前的一棵传为陈抟亲手所植，虽干朽而根不枯，每逢万世便发新枝。

七真殿原名含清殿，在希夷睡洞西，后因供

■ 华山玉泉院里的麒麟

壮美风光的三山五岳

奉道教全真七子而改名七真殿。丘处机因在其七子中成就最高，故居其中。其他6位马钰、谭处端、刘处玄、王处一、郝大通、孙不二则分列左右。

无忧亭在院内西北角。亭内宽敞雅洁，盛夏纳凉至此，心清气爽，乐而无忧。

天然石炕在希夷冢北，石炕上建筑飞檐角高，雕梁画栋，石炕周围一泓清波，并有曲桥沟通池岸，清风徐来，碧波荡漾，石炕呈现一种动态美。

七十二窗廊绕院一周，窗形据战国儒家经典作品《礼记·月令篇》记述：

七十二物精心建制，有方有圆，有花鸟虫兽，皆各具情态，栩栩如生，可谓建筑史上的一大创造。

除此而外，院内还有纳凉亭、通天亭、三官殿、群仙殿、百狮台等古代建筑多处。院内的金石题刻琳琅满目，其中有宋代大书法家米芾的"第一山"题碑，有明万历年所立的"华山图碑"，上刻王维、李白等诗句多首。还有名儒王宏撰请当时的民工贾群绘制的"华山全图碑"，有清光绪皇帝御笔亲书"古松万年"匾额、慈禧太后所书"道崇清妙"匾额等。

**虚冢** 是中国古代秘葬方式的一种，又称假坟、虚墓、虚葬、潜葬、潜埋。就是造若干假的墓穴，而将真尸葬地隐匿。此墓葬方式，乃是中国古代民间常用的反盗墓手段，在中国历史上，很多名人，如孔子、诸葛亮，东晋之后十六国后赵始主等都曾用过，在后来的考古发掘中也时常可以发现。

园林式的纯阳观，在玉泉院东的文仙峪口，始建于明代，因供奉八仙之一的吕洞宾得名。观内两厢有后来的道士孟元照及弟子孙亨纯募修的12孔石洞，又被当地人俗称为"十二洞"。

纯阳观的建筑模式为一座北方园林，观门前曲水修竹，观内古树婆娑，伴有奇花异草交相辉映，环境清幽，雅静宜人。

纯阳观的主体建筑为吕祖殿，坐南向北，五开间，砖木结构。殿堂正中供奉吕祖坐像，其凤眼溢彩，神态祥瑞，超然物外。

传说吕祖成仙之前，曾在纯阳观南的文仙峪隐居修行，被命名为文仙峪，他打坐的地方被称为吕洞宾造墨处。

■ 华山西峰上的道观

四合院的东道院在华阴市华山青柯坪以东，1714

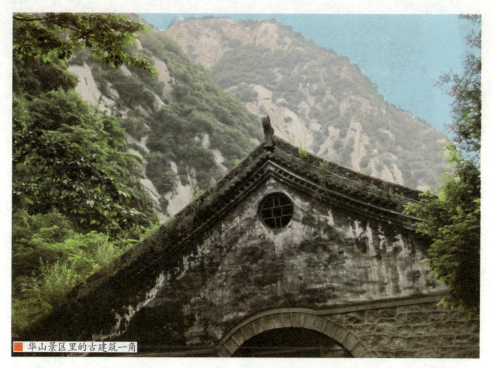

华山景区里的古建筑一角

年，道士郧礼慧创建，后来又得到重新修缮。道院坐东朝西，规模不大，小巧玲珑，正殿3间，楼阁道舍20余间。

宫座由东向西，背依山崖，北临深沟，建筑结构严谨典雅，围墙内有前殿、上殿、过廊、楼台等。院门口悬有"华青八景"匾额，为清朝光绪皇帝所写。殿前"盘道连云"匾额，为慈禧太后所题。

院内窗明几净，环境清雅，院北唐槐树婆娑多姿，生机盎然。院南有桃花洞、白衣洞、雪花洞、皓天洞等岩壁石洞，均为古时道士静心修炼之处。四周群峰环抱，景色如画。

东道院原名九天宫，宫内供奉九天娘娘塑像，仪态端庄，形象生动逼真。九天娘娘也称"九天玄女"，道教尊崇的上古女神。传说她人头鸟身，是圣母元君的弟子、轩辕帝的师父。

传说黄帝与蚩尤战于涿鹿，九天娘娘下凡，以六壬、遁甲、兵符、图策、印剑等物授予黄帝，并制作了夔牛鼓80面，帮助黄帝战败蚩尤，所以，道教史山都有九天娘娘的庙宇。

　　清雅悠久的镇岳宫位于西峰东坡下边，这里林木繁茂，苍松插天，溪水环绕，松涛声和流水声交融在一起，甚是清雅。

　　镇岳宫为一楼一殿，供奉镇守华岳之神，即"西岳大帝"。宫内有一大石洞，内供"玉皇大天尊玄穹高上帝"，洞外崖壁上镌刻有"华庙观上院镇岳宫"8个大字。

　　镇岳宫是一块洼地，海拔1700米，两股溪流汇合于此。从前这里是一大片莲花，每到夏季，这里莲花朵朵，草青林茂，景色格外迷人。在这里塑有西岳大帝像一尊。

　　白云宫的仙姑观又名仙宫观、柱臣观，在华山玉泉院东，是唐金仙公主修真养性的地方。如今白云峰大上方有她修行的白云宫、看岳棚、竹园、药畦、驾鹤轩遗址。

　　仙姑观是白云宫的下院，每到冰天雪地的时节，朝廷就派侍臣接金仙公主至下院修行。因侍奉金仙公主的两位大臣也看破红尘，遁入空门，仙蜕在观，所以一度称此观为"柱臣观"。观内东侧的砖塔，即二臣的葬身处，称"二臣塔"。

观内庙宇为清代建筑，院内面积约4000平方米，有围墙、门楼、门房、东西厢房、上殿等，而且观内名树婆娑，芳草如茵。观外翠竹千竿，溪水淙淙，环境清幽。游人到此，顿觉心旷神怡。

华山主庙金天宫又称"白帝祠"，在南峰松桧峰头，是华山主峰上祭祀华山神的主庙。先前，祭祀华山都在山下，到魏太武年间才在主峰立祠，但旧址已湮没时久。如今遗址始建于明代，后来又被毁废。

公元1703年，康熙帝西巡，祭祀华山时见金天宫一片破败，便拨银令陕西巡抚鄂海重新修建，庙成后康熙帝亲赐题匾，鄂海撰文立碑。

公元1778年，陕西大旱，陕西巡抚毕沅到金天宫祀神祈雨，果然天降甘霖，毕沅奏请朝廷，对金天宫又进行了一次大的修葺，乾隆皇帝不仅亲笔御赐了

**门楼** 指大门上边牌楼式的顶。是中国古代一户人家贫富的象征，所谓"门第等次"即为此意，故名门豪宅的门楼建筑特别考究。门楼顶部结构和筑法类似房屋，门框和门扇装在中间，门扇外面置铁或铜制的门环。门楼顶部有挑檐式建筑，门楣上有双面砖雕。

■ 华山翠云宫

"岳莲灵澍"匾额，而且为新修的金天宫撰楹联一副。

由于清初几次大的修葺，金天宫面貌焕然一新。整个建筑宏伟壮丽，古朴庄严，且铁瓦石墙，文窗绣拱。宫内大殿供奉西岳华山神少昊，其祀典之隆、规模之大，一般庙观无法比拟。

翠云宫在华山西峰，又称西峰大殿，始建于清初。庙内主持周静观在此释经布道，由于周静观的博学与才华，吸引得四方信徒纷至沓来，庙内香火大盛，甚至超过了诸峰各庙观，翠云宫也由此而扩建重修。

重修的翠云宫为木石结构，依崖就势而筑。外廊明柱，雕梁画栋，镂花门窗，其风格秀丽典雅。翠云宫分前后两殿，上下两层，东西各建有配殿，将前后两殿沟通连为一体。后殿门额悬有"翠云宫"牌匾，殿内供奉众星之母斗姥神位，塑像神态威严端庄。

华山奇峰险境中的道教建筑，神奇俊伟，古韵悠悠，是中国建筑史上的奇迹，闪耀着古代文明的灿烂光辉。

## 阅读链接

传说康熙生后从未见过他的父亲。成人之后，他的母亲告诉他："你的父亲在西边一个山上当道士。"

转眼康熙50岁了。这年十月，巡狩到了华阴，就产生了上山寻父的心。返京途中路经一座庙，见一老道士正在洒扫庭院，他又想起了他父亲，便进去和道士攀谈起来。最后老道忽然问他："田禾好吗？"

可惜康熙不知其母此名，却以为他在问地里的庄稼，便答道："仰赖岳神庇佑，庄稼长得很好！"

老道虽面呈喜色，但眼神却暗淡了。康熙回京后，把此事告诉了母亲，他母亲惊喜得不可名状，告诉康熙那个老道就是他的生父，因为她就叫田禾。

康熙听了，追悔莫及，忙派人去找，听说道士已死。康熙为了纪念父亲，在庙址上重建了西岳庙。当地不少人认为西岳庙乃康熙所建。

# 北岳恒山

北岳恒山位于山西省大同市浑源县城南，与东岳泰山、西岳华山、南岳衡山、中岳嵩山并称"五岳"。其主峰天峰岭被称为"人天北柱""绝塞名山"。

恒山以道教闻名，有"三寺四祠九亭阁七官八洞十二庙"之称。其中，悬空寺更是闻名遐迩，尤其是寺中的三教殿，释迦牟尼、老子、孔子三教共居一室，堪称一绝。

自古以来，历代帝王大都要差使臣到恒山朝圣，无数文人墨客、才子佳人也都游览过恒山胜地，并留下灿烂辉煌的诗篇。

# 盘古右臂衍化而成恒山

　　传说，在天地还没有开辟以前，宇宙就像个大鸡蛋一样混沌一团。没有天地上下，没有东南西北，也没有前后左右。就在这样的世界中，诞生了一位伟大的英雄，他的名字叫盘古。

　　一万八千多年过去了，盘古就一直在这个"大鸡蛋"中沉睡。终

■ 恒山盛景

■ 恒山上的寺庙

于有一天，他睁开蒙眬睡眼，发现周围一团漆黑，他想伸展一下筋骨，但"鸡蛋"紧紧包裹着他的身子，使他感到浑身燥热，呼吸异常困难。

盘古勃然大怒，他拔下自己一颗牙齿，把它变成了一把威力巨大的神斧，抡起来用力向周围劈去。

一阵巨响过后，"鸡蛋壳"终于破裂了，一股清新的气体散发开来，飘飘扬扬升到高处，慢慢变成了天空。另外一些混浊的东西则缓缓下沉，就变成了后来的大地。

从此，原本混沌不分的宇宙就有了天和地，宇宙间也不再是漆黑一片了。盘古置身其中，只觉得神清气爽。天空越来越远了，大地越来越辽阔了。

盘古担心天地会重新合在一起。于是，他叉开双脚，稳稳地踩在地上，高高昂起头颅，顶住天空，并

**盘古** 或称盘古氏或盘古大帝，中国神话故事中的人物，是唯一可以被称为"顶天立地"的神。在中国古代的神话传说中，盘古是开天辟地的人物，并且为了人类而献身，用自己的身躯创造了世界万物。

■ 恒山雪景

**法力** 指佛法的除妄伏魔之力，后泛指超人的神力。在古代传说中，指人们运用特定的方法及咒语，借用自然力量来祈福避凶、化解凶煞或者操纵事物的方法。

**魂魄** 多指人的精神灵气。中国古代认为魂是阳气，构成人的思维才智。魄是粗粝重浊的阴气，构成人的感觉形体。魂是阳神，魄是阴神。道教有"三魂七魄"之说。

且施展法力，让自己的身体在一天之内变化9次，每次都增高一尺。

就这样，每当盘古身体长高一尺，天空就随之增高一尺，大地也增厚一尺；每当盘古身体长高一丈，天空就随之增高一丈，大地也增厚一丈。

又过了一万八千多年，盘古身体长得有9万里那么长了，成了一位顶天立地的巨人，天空升得高不可及，大地也变得厚实无比了。

但是，盘古仍不罢休，继续施展法术，直到有一天天终于不能再升高了，地也不能再增厚了。而这时，盘古也已经耗尽了全身的力气。

盘古缓缓地睁开双眼，满怀深情地望了望自己亲手开辟的天地。看到天地间的万物再也不会生活在黑暗中了，盘古才长长地舒了一口气，慢慢地躺在地上，闭上沉重的眼皮，与世长辞了。

在临死前，盘古嘴里呼出的气变成了春风和天空的云雾；他的声音变成了天空的雷电；他的左眼变成了照耀大地的太阳，右眼变成了给夜晚带来光明的月亮；千万缕头发变成了点缀美丽夜空中一颗颗闪烁的星星；鲜血变成了奔腾不息的江河湖海；肌肉变成了供给万物生存的千里沃野；骨骼变成了树木花草；筋脉变成了道路，牙齿变成了石头和金属；精髓变成了明亮的珍珠；就连汗水，也变成了霜雪雨露，滋润着万物茁壮成长……

相传盘古倒下时，他的头化作了东岳泰山，他的脚化作了西岳华山，他的左臂化作了南岳衡山，他的右臂化作了北岳恒山，他的腹部化作了中岳嵩山。

而盘古的精灵魂魄，也在他死后变成了人类。所以，后来人们都说，人类是世界的万物之灵。

盘古生前完成开天辟地的伟大业绩，死后留下了无穷无尽的宝藏，成为我们中华民族崇拜的伟大英雄。

而恒山，这座由盘古右臂变成的大山，带着上古英雄不朽的血脉，在这片神奇而古老的土地上，历经沧海桑田，弥久愈坚，孕育了无数的神话和传奇。

阅读链接

相传，恒山生长着几十种名贵中药材，在众多的中药材中，尤以恒山紫芝最为名贵。据《恒山志》记载，恒山灵芝仙草为镇山之宝，状如紫色云锦，服之可延年益寿，起死回生。

当地人传说：每一棵灵芝草，都有一条双头毒蛇看护；又说恒山灵芝平时肉眼看不到，只有祈祷北岳大帝，灵芝才会现形放光。

神奇的恒山灵芝仙草传遍四方，嘉靖二十五年，明世宗委派朝廷大员，指令州衙官吏，摘取真灵芝12棵，留下了《采取玄芝记》的石碑一通。

# 道教和五岳之名的伊始

在上古时期，"岳"原是掌管大山的官吏职称。据后来史书《史记·五帝本纪第一》记载：

■恒山古庙一角

尧曰："嗟！四岳：朕在位七十载，汝能庸命，践朕位？"

这里的"四岳"原指的是上古帝王尧的4个大臣。四岳即四时官，主方岳之事。后来，人们把主管大山的官吏与岳官驻地的大山名称统一起来，便出现了代表四方大山的"四岳"。

在帝尧时，相传掌管天文历

■ 恒山石刻

法的官员羲和氏的4个儿子分别掌管四岳，羲仲为东岳长官，羲叔为南岳长官，和仲为西岳长官，和叔为北岳长官。

到了帝舜时，他曾用了一年时间巡狩四岳，二月东到泰山，五月南到衡山，八月西到华山，十一月北到恒山，并且封北岳为"万山宗主"。据中国最早的史书《尚书》记载帝舜：

十有一月朔，巡狩至北岳。岁二月，东巡守，至于岱宗……五月南巡守，至于南岳，如岱礼。八月西巡守，至于西岳，如初。十有一月朔巡守，至于北岳，如西礼……舜帝北巡时，曾遥祭北岳，遂封北岳为万山之宗主。

**羲和氏** 传说中古代掌管天文历法的人。相传他是黄帝时代的官，当时主要任务是占日、占月，即观测太阳、计算日子等。在关于唐尧传说中，羲和是掌管天文的家族，有羲仲、羲叔、和仲与和叔四人，被尧派往东、南、西、北四方，去观测昏中星，参照物候来定春分、秋分与夏至、冬至的日子，以确定季节和安排历法。

**汤** 商朝的建立者，被尊为"成汤"。成汤，相传为帝喾之子契的十四世孙，姓子，名履，又名天乙。他在夏朝末年一举成为商族的首领，爱护百姓，施行仁政，深得民众的拥护，后建立了中国历史上第二个奴隶制国家商朝，定都于亳。

那时只有东、西、南、北四岳，而无中岳，而且具体说出名称的只有东岳岱宗，就是东岳泰山。之后，大禹治水时也有"河之北属恒山"的记载。

到了商朝时，汤的女儿昌容自幼受异人传授，善知天文地理。她厌倦宫廷，超凡脱俗，背着父王暗离朝廷，隐名埋姓，入恒山修道。

昌容在恒山吃的是树皮草根，饮的是夏泉冬雪。那时恒山上长有一种紫色的草，用这种草染的布不会褪色。昌容每天除修炼外，还沿山四处采紫草，下山卖给染坊，然后把卖得的钱又送与那些生病的人。

有一天，昌容在卖完紫草后，看见一个后生在街头讨钱。她上前一问，后生说家有老母病重，无钱买药。

昌容听后把卖紫草的钱全部给了那个年轻人，吩咐年轻人给他老母亲买些米面。又给了后生一丸药，叫他回去拿给生病的老母亲吃。

老人吃了昌容的药，果然病愈。母子二人万分感谢昌容。

第二天，后生上恒山砍柴，在一个人迹罕至的山崖上发现了一个山洞。

■ 恒山寺庙

洞口旁的石灶还冒着青烟，从锅里散发出一股异样的香气。

他好奇地爬上洞口，掀开锅一看，锅里煮的尽是些叫不出名的树叶草根。他向洞里一望，只见昌容正端坐石上，闭目打坐，宛若一座美人雕像。后生大喜，竟然找到了恩人。

又过了几天，后生用卖柴的钱买了一袋小米，上山给昌容送来。当他来到洞口一看，灶在洞空，昌容不知去向。他等了整整一天也没等着，只好将米留下。过了十几天，后生砍柴又来到山洞，那袋米还在。

从那以后，人们再也没有见到过这位神秘的恒山女神。

后来，相传有众多的仙真出入恒山，他们在恒山修真传道，并开设道场。如此，恒山开始成为道教的福地洞天了。

西周时期政治家、军事家、思想家和教育家周公旦在他所著的讲述西周官制和政治制度的儒家经典《周礼》中的《职方氏》这篇文章中记载了当时的天下形势：

九州各有镇山，恒山，正北并州镇山。

■ 恒山寺庙的屋顶

《周礼》 儒家经典，西周时期著名政治家、思想家、文学家、军事家周公旦所著，所涉及之内容极为丰富。大至天下九州、天文历象，小至沟洫阡陌、草木虫鱼。凡邦国建制，政法文教，礼乐兵刑，赋税度支，膳食衣饰，寝庙车马，农商医卜，工艺制作，各种名物、典章、制度，无所不包。堪称上古文化史之宝库。

■ 恒山寺庙斗拱

中国最早的词典和儒家经典之一的《尔雅》一书中也有关于五岳的记载，称"恒山为北岳"，并且因为它位居北方，能够降伏万物，是恒久不变的地方，所以称之为"恒山"。

西周的周成王，"巡狩至北岳，北方诸侯朝于明堂"，这是历代帝王对恒山祭祀的开始。

到了春秋战国时期，"阴阳五行"之说颇为流行，"五岳"之说也应运而生。

到了秦初时期，"五岳"的内容开始确定下来。后来西汉初期著名经学者伏生所著的《尚书·大传》中写道：

五岳谓岱山、霍山、华山、恒山、嵩山也。

此时不仅有了"五岳"的称谓，而且五岳的山脉名称都有具体的指向，北岳恒山就赫然其中了。秦朝时期专门在恒山设有一郡，就是因北岳恒山在其辖区内而得名。有史书记载：

秦祀官所常奉名山十二，其二曰恒山。

壮美风光的三山五岳

《尔雅》 中国最早的一部解释词义的专著，也是第一部按照词义系统和事物分类来编纂的词典。作为书名，"尔"是近的意思，"雅"是正的意思，在这里专指"雅言"，即在语音、词汇和语法等方面都合乎规范的标准语。

也就是说，秦始皇在位时曾封天下十二名山，那时恒山被推崇为天下第二山。

当时著名的方士茅盈，从18岁开始就到恒山修习道法了：

遂弃家委亲，入于恒山，读老子《道德经》及《周易传》，采取山术而饵服之，潜景绝崖，素挺灵岫，仰希标元，与世永违。

寺庙檐饰及风铃

茅盈和他的弟弟茅固、茅衷一起在山上采药炼丹，济世救民，百姓感其功德，山名也一度被更改为"茅山"。后来，茅氏三兄弟在茅山得道，并开创了茅山道派，被后人尊称为茅山道教的祖师。

**阅读链接**

其实，道教来源于古代的巫术和秦汉时的神仙方术。而鬼神崇拜、神仙信仰与方术及古代哲学确是道教史上的主要思想内涵。

道士所从事的活动内容十分庞杂，有坛醮、布道、符箓、禁咒、占卜、祈雨、圆梦、躯疫、祀神等。布起道来好像玄机无限，显得十分深奥莫测，让人摸不着边际。

道教分为全真道与正一道两大系统。茅山道教是正一道符箓派，茅山道士有一个很特别的地方，就是可以娶妻生子。茅山是正一派道教的主要道场。

# 最为宏伟的北岳庙建筑

在北魏当朝的倡导之下，佛教得到了迅速发展，以至于发展到了危及统治者利益的程度，最终导致北魏太武皇帝拓跋焘于446年下诏宣布"灭佛"。而道教则于此时得到极大的发展，所建造的宫观在大茂山的山阳"褶皱出，随处可见"，北岳庙就是在这个时期兴建的。

■恒山寺庙建筑

北岳庙构筑于天峰岭南坡半山腰上，北依绝壁，面临山谷，依坡而起，雄伟壮观，是恒山庙中最为宏伟的一座。它位于恒山主峰大峰岭南面的石壁之下。

恒宗殿门前有103级石阶通往前下方到达北岳庙门，即崇灵门，崇灵门为单檐歇山式建筑，朱门铜钉，绿瓦红墙，门东有青龙殿，西有白虎殿，两相拱卫。

登上石阶，就是北岳庙的主殿朝殿。朝殿又名贞元殿、元灵宫，又称恒元殿。根据清乾隆年间《恒山志》《浑源州志》记载，朝殿是后来在1502年增建的，正殿面阔五间，进深三间，单檐歇山式屋顶，四周有回廊环绕。黄、绿琉璃瓦覆顶。

朝殿门牌匾上题有"贞元之殿"4个大字，门侧有长联：

恒岳万古障中原唯我圣朝归马牧羊教化已隆三百载；

文昌六星联北斗是真人才雕龙绣虎光芒雄射九重天。

朝殿殿内供奉北岳大帝金身像。神座上方高悬康熙御书匾额"化垂悠久"。两旁恭立四位文官和四大元帅像。殿前有元代铁铸云牌一面，殿外则有历代石

■ 寺庙雪景

**北岳大帝** 五岳大帝之一，道教对北岳大帝颇为尊崇。北岳大帝有说是颛顼氏的，有说是姓登名僧的，也有人认为叫莫惠的，众说纷纭，不一而足。据传说，北岳大帝服元流之袍，戴太真冥冥之冠，佩长津悟真之印，乘黑龙，领仙人玉女7000人。

■ 恒山寺庙

壮美风光的三山五岳

碑数十通。正殿东西两侧有东西耳房、更衣室、藏经楼和钟鼓楼等建筑。

北岳庙的寝宫，隐于幽深之处，嵌于石窟之中。而三清殿，则巧妙地建在绝壁之上，下面则是万丈深渊。魁星阁，独立于险峰，而与北斗相应。明朝李梦龙曾赋诗一首《谒岳庙》，诗中写道：

嵯峨恒岳锁云中，望秩何车有閟宫。

片石飞来明月冷，六龙归去碧山空。

松杉晚挹浮岚翠，殿客晴摇旭日红。

敬谒瓣香修岁事，满庭霜叶起秋风。

浑源南去是恒山，路阻千岩万壑艰。

一自重华移望后，便传飞石落人间。

彩云缥缈龙旌远，紫盖茏葱鹤驭还。

时雨时肠帷帝念，愿分和气散尘寰。

**魁星** 也叫"奎星"，是中国古代星宿名称，也是中国古代传说中的神话人物，主宰文运，在儒士学子心目中，魁星具有至高无上的地位。中国很多地方都建有祭祀魁星的魁星楼，香火鼎盛。

围绕着北岳庙周围，还有许多建筑与名胜。离北岳庙不远的元灵宫，也是有名的北岳祠庙之一。

元灵宫倚岩为壁，内外共有三进。殿阶共有98级台阶，台阶两旁栽植着有数百年树龄的松柏，苍苍郁郁，分行鹄立，像两排忠实的侍臣。

在元灵宫的西边是会仙府，因里面排列着许多神仙的塑像而得名。会仙府建立在一片高平的岩石之上，位于一个形如弯月的石窟内，内塑上、中、下八洞神仙以及福、禄、寿三星。

府外东西两侧悬崖，布满了宋、辽、金、元、明、清历代名人称颂恒山的摩崖石刻，各体书法，异彩纷呈，有相当高的艺术造诣。

在会仙府西北的山岩上就是著名的琴棋台。琴棋台像半轮山月凸出于悬崖峭壁。该台极其平坦，活像一个大棋盘。

琴棋台西边就是通元谷，位于入谷处有一巨大的石门。谷内云蒸霞蔚，草木含翠，蕴藏着无限的生机和灵气。此谷就是八仙之一的张果老炼丹的地方。因为张果老被赐封为通元先生而得名。

由通元谷往南即到九天宫。九天宫殿庭楼阁，规划整齐。宫门外药草丛生，春天带露的杞树苗壮清纯，秋际着霜的野菊高洁挺立，采摘回来配成茶食之作料，芳芬清神。当月凭栏，山中烟云弥漫。和宫中道士把茶而谈，极尽人间悠闲之乐。

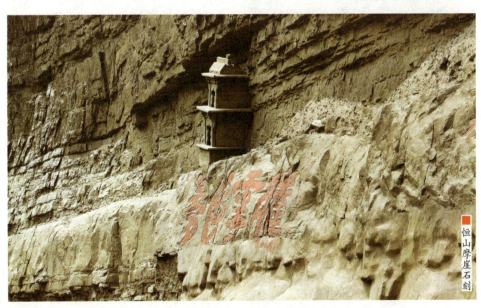

恒山摩崖石刻

唐玄宗 （685—762），名隆基，712年至756年在位。唐睿宗李旦第三子，母窦德妃。710年李隆基与太平公主联手发动"唐隆政变"诛杀韦后。712年李旦禅位于李隆基，取得了国家的最高统治权。前期注意拨乱反正，任用姚崇、宋璟等贤相，励精图治，他的开元盛世是唐朝的极盛之世。

■ "恒宗"石刻

在九天宫的前面则是纯阳宫，相传吕洞宾曾在此降乩卜卦，因而以吕洞宾道号纯阳得名。

北岳庙的右下方有两口古井，两井相距不过一米，而水质却是一苦一甜，区别极其明显，被称为"苦甜井"。

相传，恒山过去只有苦井一眼，唐朝时有一个姓魏的道人，在恒山修道讲经数十年。

有一天，魏道人讲经完毕，看到一个老人一直不走，问其缘由，老者据实以告："我乃本山黑龙，玄武化身，听道已有数年，深得其意，当为本山尽绵薄之力。"

恰好这一年恒山附近久旱不雨，魏道人就求助于黑龙。黑龙面露难色，说道："降雨救民乃我本职，苦于玉帝禁令，违者诛戮，最轻也得囚于山底，永不超生。"

魏道人只好作罢，又拜谒张果老，张果老作法普降喜雨。玉帝误以为是黑龙所为，便欲诛之，张果老为其求情，才未受诛。

但死罪可免，活罪难逃，黑龙感恩张果老，想到恒山只有苦井一眼，便主动囚于井底，将自己的口水吐出，供人饮用。天长日久，苦井旁受冲刷之力，形成水井一眼，便是"甜水井"。

甜井很深，从不干涸，水味清

洌甘甜，道家弟子奉为圣水。唐玄宗曾为甜井题匾，名为"龙泉观"。

北岳庙的西侧有一块"鸡叫石"，相传，恒山停旨岭村有一对兄弟，弟弟为人忠厚，心地善良；哥哥好吃懒做，不求上进。父母死后，哥哥分给弟弟一只公鸡，便将其踢出家门。

这一年，天下大旱，虫满为患，上苍因弟弟好善积德，便将公鸡点化，为其捉虫除害。弟弟的庄稼在大旱之年长势良好。

▮ 恒山石刻"公输天巧"

哥哥的庄稼却遭虫害咬食，哥哥便向弟弟借鸡一用。但是，公鸡无论如何也不愿意走，哥哥便气急败坏地追着公鸡猛打，当追到恒宗殿右侧，哥哥用石击之，公鸡魂魄便向对面山体飞去，只留下一块石头。

这块石头就叫"鸡叫石"，击打其上便作鸡叫之声。清晨敲击鸡叫石，引起山谷回声，如群鸡争鸣，所以被称为"金鸡报晓"。

**阅读链接**

曲阳历史悠久，因地处古代北岳恒山弯曲的阳面而得名。那是在上古时期，恒山所在位置最先认定为曲阳。战国时期，曲阳曾先后为鲜虞、中山和赵国地，秦始皇统一六国后，开始设置曲阳县。

公元前206年，汉朝设恒山郡，后又设常山郡，曲阳县属之。公元前179年，曲阳改称"上曲阳"。

元朝曾一度将曲阳提升为恒州，故曲阳也有"恒州"之称，可见曲阳与恒山的历史渊源之深，恒山胜景之一的北岳庙，原名"北岳安天元圣帝庙"，俗称"窦王殿"，就建在曲阳。

# 佛道儒三教合一的悬空寺

公元491年，北魏朝廷把道家的道坛从平城移到恒山，当时的工匠们根据道家"不闻鸡鸣犬吠之声"的要求建了悬空寺。

在建造悬空寺时，工匠们首先要布置横梁，然后再在山脚下制造

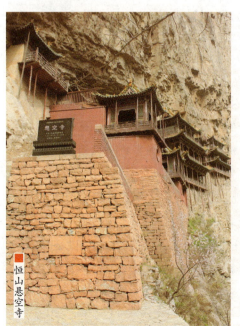

恒山悬空寺

出每一个建筑上使用的木质构件。所用的木材是经过桐油泡过的，能够有效地防止虫蚁的腐蚀。

用的木头也是当地产的铁杉木，这种木头适合于建筑、造船等，以保证悬空寺千年不坏。等所有的木构件都造完后，再把它们搬运到山顶拼接起来，最后再用绳索把这些部件放在山腰。

另外，悬空寺的选址也颇有讲究。悬空寺所在的翠屏峰从高处看

■ 恒山悬空寺正面

是一个内收的弧形，对面的横山主峰也是一个内收的弧形。两座山的山峰就像两只手一样包拢着悬空寺，使悬空寺的日照时间很短，避免了暴晒。

建成后的悬空寺距地面约60米，整个寺院上载危崖，下临深谷，龛依背岩，寺门向南，以西为正。全寺为木质框架式结构，半插横梁为基，巧借岩石暗托，梁柱上下一体，廊栏左右紧连。

远观悬空寺，其总体布局对称中有变化，分散中有联络，曲折回环，虚实相生，小巧玲珑，空间丰富，层次多变，小中见大，不觉为弹丸之地，布局紧凑，错落相依，其布局均依崖壁凹凸，审形度势，顺其自然，凌空而构，看上去，层叠错落，变化微妙，使形体的组合和空间的对比达到了井然有序的艺术效果。

近看悬空寺，寺内共建有大小房屋40间，全寺主

道家　中国古代的主要思想流派之一，后世道教理论的重要基础，代表人物有老子、庄子、慎到、杨朱等。道家以道、无、自然、天性为核心理念，认为天道无为、道法自然，据此提出"无为而治""以雌守雄""以柔克刚"等策略，对中国乃至世界文化产生了较大影响。

要建筑有三宫殿、三圣殿和三教殿三组，三宫殿为道教天地，是奉祀道教之所。殿内几座塑像都是墨面乌眉，衣袖飞舞，飘飘欲仙。

三圣殿是佛教世界，殿内的释迦牟尼、韦驮、天女等塑像，正襟危坐，两旁弟子拱手侍立，形体丰满，神态感人。

三教殿集中国建筑文化之大成，中为佛祖释迦牟尼，右是圣人孔子，左是道教老子，他们形态各异，集佛教、儒家和道教于一体，充分表现出了各派宗教之间的雍容大度，十分难得。

■悬空寺李白题刻

悬空寺内还有朝殿、会仙府、碧霞宫、纯阳宫、楼台亭、寝宫、梳妆楼、御碑亭等古建筑。有古诗生动描绘了悬空寺惊险神奇和动人心魄的景象：

谁凿高山石，凌空构梵宫，
蜃楼疑海上，鸟道没云中。

后人把恒山悬空寺建筑特色概括为"奇""悬""巧"3个字。

悬空寺之"悬"，是指表面看上去支撑它们的是十几根碗口粗的木柱，但有的木柱根本不受力，而真正的重心撑在岩石里，利用力学原理半插飞梁为基。

悬空寺之"奇"，在于建寺设计与选址。悬空

**三教合一** 指佛教、道教、儒教三个教派的融合。儒、道、佛是中国传统文化的主体，三教的分合是贯穿近2000年中国思想文化史中一股重要的主流，对中国文化乃至社会变迁产生过巨大影响。对于这种现象，学者多以三教合一统而论之。然而，从三教并立到三教合一，则有一个漫长的过程。

寺处于深山峡谷的一个小盆地内，全寺悬挂于石崖中间，石崖顶峰突出部分好像一把伞，既能使古寺免受雨水冲刷，也能在山下洪水泛滥时免于被淹，还能减少阳光的照射时间，使得悬空寺历经数千年的风雨、地震等灾害的侵袭仍然完好无损，是华夏文明的奇迹。

悬空寺之"巧"则体现在建寺时因地制宜，充分利用峭壁的自然状态布置和建造寺庙各部分建筑，将一般寺庙平面建筑的布局、形制等建造在立体的空间中，山门、钟鼓楼、大殿等都设计得非常精巧。

公元735年，诗仙李白游览悬空寺后，在岩壁上写下"壮观"两个大字，但仍觉得不能表达自己激动的心情，便在"壮"上多加了一点。

悬空寺就像一幅玲珑剔透的浮雕，镶嵌在万仞峭壁间，庙宇阁台，凌空欲飞，因而悬空寺被后人称为"挂在天上的'空中楼阁'"。

悬空寺虽然名为"寺"，却以独特的"三教合一"的宗教文化内涵而闻名于世。悬空寺是从金代开始，由单一的佛陀世界变成三教合一的寺庙。后来，悬空寺时僧时道，僧道融合。明代以前是僧，明清两代时僧时道，清末以后都是道人，以后又一直是僧人。正因为这种宗教融合的文化，使得悬空寺在历代战争此起彼伏的金戈铁马格局中历经千年而完好无损，堪称奇迹中的奇迹。

**阅读链接**

悬空寺的来源还有一个传说。古时候，金龙峡谷中的唐峪河历来难以驯服，每当大雨来临，洪水顺着陡峻的山势俯冲而下，翻江倒海，奔腾呼啸，以惊人的速度冲出峡口，淹没山外的村舍田野，一片汪洋，历朝历代对此河束手无策。

有一位仙人云游到此，对人们说，如果在金龙峡谷峭岩上建一座空中寺院，就能锁住蛟龙，消除水患。因而人们就修建了悬空寺来镇住此河。

# 驰名天下的永安寺壁画

山西省浑源县坐落在北岳恒山脚下一块狭长的川地里，浑河从县城边流过。最早建于秦，历代都是据守太行的军事和交通要地。

山西浑源永安寺的明代壁画

在辽金时代，恒山是当时的文化之邦。书院学舍、摩崖题刻、楹联碑碣很多。再加上恒山山高风大，气候变化剧烈，故建筑多依悬崖峭壁而建，或开凿石岩而成，形成了独有的奇险特色。

永安寺是一处极为恢宏壮观的古典建筑群。全寺布局工整，古朴壮观，殿宇雄伟，壁画精奇。因占地广阔、规制高大，被当地人称为"大寺"。

据《寰宇通志》和《大永安禅寺

铭》记载，永安寺始建于金代，后毁于一场火灾。直到元代，才在永安寺的遗址上重新建造了起来。

元朝初年，曾任永安节度使的浑源人高定解甲返乡后，邀请当时一位法高望重的归云禅师主持重建寺院。因高定回乡后自号永安居士，因而由他捐建的这处寺院便沿用了原来的名字，定名为永安寺。

公元1315年，高定的孙子高璞又捐款在寺内建造了传法正宗殿。后来，到了明清时，又修建了寺内的其他建筑，如山门、天王殿、东西朵殿、配殿等建筑。

永安寺坐北向南，面迎恒山，背靠浑水。主要建筑沿中轴线主次分明，左右对称。寺院山门建在正中，气势雄伟，中开三门，琉璃盖顶，两旁又有两小门，共计五门，五门两旁有琉璃八字墙。山门前雄踞石狮一对，高耸金碧辉煌的牌楼一座，进入山门后两座塑像哼哈二将，十分威武森严。

寺院分前中后三院。进入前院，钟、鼓楼两面对峙，正中为护法殿，内塑四大护法天王，两面厢房分别是方丈堂、云堂。前院正中是护法殿，内塑东方持国天王、南方增长天王、西方广目天王、北方多闻天王四大护法天王。

东西朵殿分别为方丈室和云堂，东西厢房为库

■ 山西浑源永安寺的明代壁画

节度使 古代官名。唐初沿袭北周及隋朝旧制，是重要地区设置的总管统兵，因受职之时，朝廷赐以旌节，故称节度使。后改称都督，唯有朔方仍称总管，其他州设置经略使，有屯田的州设置营田使。

房，厢房正中为全寺的主殿传法正宝殿。东西配殿各7间，为观音殿、伽蓝殿、达摩殿、霜神殿、关帝殿等。配殿南端，对峙着钟鼓二楼，悬檐飞角，建筑艺术较高，大殿东南两侧分别为钟鼓楼。

沿着护法殿两侧可入中院。中院是全寺的主要部分，正中是全寺的主殿传法正宗殿。殿前檐下正中高悬匾额，刻写"传法正宗之殿"6个大字，遒劲典雅，是元代著名书法家雪庵和尚题写。

殿下门两侧的砖墙上雕刻高达3米多的"庄严"两个大字，殿后板门两侧壁上雕刻"虎啸龙吟"4个大字。字体庄严大方，出于太原名士段士达之手。

整个大殿，采用中国传统的木骨与斗拱相结合的建筑手法，稳固庄重，风格疏朗简朴。殿内支柱排列较特殊，明间最宽。沿袭金代做法，减去前槽金柱，在保持合理承重的同时，最大限度地扩展建筑物的内部空间，既适应宗教活动的需要，又可节约木料，设计是非常科学合理的。

■ 永安寺壁画

大殿下斗拱式样简单，全无繁复支离之弊病，尺度比例适中，与建筑物整体协调，主次分明，华丽美观；大殿内梁架制作规整、严谨，也显示出高超的技法。

传法正宗殿殿堂内正中

砌须弥座，上塑金身三世佛、阿难、迦叶，东西两旁塑四菩萨和二天王像，佛像高大雄伟，姿态生动。

殿顶有精美的佛龛和方形藻井，佛龛有数以千计的贴身金佛，四周为天宫楼阁，结构精巧，玲珑美观。

传法正宗殿殿内四壁斗拱布满了巨幅工笔重彩画，彩画高3米、长56.7米，共有800多个

253

塞北之尊

北岳恒山

人物形象。永安寺殿内正面的元代壁画画的是佛教密宗十大明王彩绘，最为考究，绚丽多姿，表现手法新奇，技艺高超，笔力飞动，给人强烈的艺术感染力。

■ 山西浑源永安寺
的明代壁画

这组壁画造型匪夷所思，面目狰狞，神态凶恶，令人遐思无限，叹为观止。明王为佛教密宗护法神，因其有智力摧毁一切魔障，故云明王。常见的有五大明王、八大明王、十大明王。

据说，明王为使世人醒悟痴迷，常以狰狞面目出现，如同棒喝，使人迷途知返。在传法正宗殿内正北面北壁上可看到有一明王，蓝颜赤发，面目狰狞，但其双手做揭开自己面皮状，显示撕开面皮后露出的是一副大慈大悲的神容，让人联想到世间万物纷繁的表象和实质的耐人寻味处，其哲理意蕴令人深思。

东西两壁和殿门两旁画着佛道合一的水陆道场，绘有各种神像474个。这些神像彩画分为天、地、人

山西浑源永安寺的明代壁画

三层：上层为天界，绘有四方天王和日月金木水火土七曜星诸君像；中层为天干地支，二十八星宿及北斗星像；下层是人间帝王嫔妃、文武百官、黎民百姓、僧尼道姑，以及贤儒烈女、孝子贤孙等像。

西壁和西南壁绘有各种神像397个，也分为三层：上层是五岳圣帝、四海龙王及五湖百川、风云雨雷电诸神像；中层是十殿阎君及地府诸百官像；下层是十八层地狱以及地狱中众鬼像。

永安寺传法正宗殿大殿的彩绘笔法娴熟，笔力遒劲流畅，色泽绚丽协调，人物刻画细致，表情栩栩如生，是中国古代的壁画杰作。

## 阅读链接

永安寺传法正宗殿殿顶覆盖着黄琉璃瓦。这在封建社会是帝王的专利，不可僭越，这里却堂而皇之地存在，当时的建寺者高氏父子是如何想的呢？身为朝臣，难道不知这是一个大忌讳吗？

当地人传说高定原想造反，意欲将此殿作为宫殿。后朝廷派人调查，便改作寺院了。其实，高定在仕途巅峰时急流勇退，已充分说明他超然物外的个性，岂能冒天下之大不韪？

也许，还是清代《浑源州志》说得妙：永安寺用黄瓦不合制度，但殿上又设置皇帝万岁之牌位，文武官员在此朝贺，用黄也就合适了。因此，永安寺才安然得以保存。

# 绝塞名山览恒山胜景

北岳恒山也叫"太恒山",又名"元岳""紫岳""大茂山"等,它西接雁门关,东跨太行山,南障三晋,北瞰云、代二州,莽莽苍苍,横亘塞上,巍峨耸峙,气势雄伟,被誉为"人天北柱"和"绝塞

恒山寺庙彩绘门

**玄武** 是一种由龟和蛇组合成的灵物。玄武的本意就是玄冥，武、冥古音是相通的。玄，是"黑"的意思；冥，就是"阴"的意思。玄冥起初是对龟卜的形容：龟背是黑色的，龟卜就是请龟到冥间去谙问祖先，将答案带回来，以卜兆的形式显给世人们。因此说最早的玄武就是乌龟。

名山"。据说古时恒山有十八景，到了明清时，有"三寺四祠九亭阁，七宫八洞十二庙"的盛况。

恒山主峰天峰岭与翠屏峰，两峰对望，断崖绿带，层次分明，美如画卷。其著名景观如果老岭、姑嫂岩、飞石窟、还元洞、虎风口、大字湾等处，充满了神奇色彩。悬根松、紫芝峪、苦甜井更是自然景观中的奇迹。

恒山以自然景色之美而著称，苍松翠柏、庙观楼阁、奇花异草、怪石幽洞构成了著名的"恒山十八景"，犹如十八幅美丽的画卷：

磁峡烟雨、龙泉甘苦、云阁虹桥、虎口悬松、果老仙迹、云路春晓、断崖啼鸟、危岩夕照、金鸡报晓、茅窟烟火、弈台弄琴、玉羊游云、脂图文锦、岳顶松风、幽窟飞石、仙府醉月、紫峪云花、石洞流云。

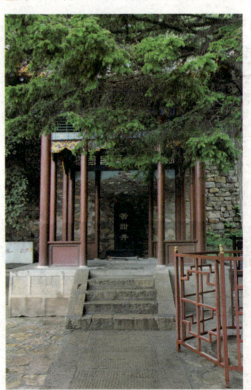

■ 恒山苦甜井

磁峡烟雨就是金龙峡，位于天峰岭与翠屏峰之间，其间石壁万仞，青天一线，在细雨蒙蒙时晴岚缥缈，烟雾纷飞，妙趣横生，涧底流水，夺口而泻。

龙泉甘苦就是苦甜井，位于白云堂东侧，有一玄武亭，亭内并列双井，名"玄武井"，一井水如甘露，清凉爽口；一井水味苦涩，人不能饮，人称"苦甜井"。

唐明皇亲手赐匾"龙泉观"，历代游客争先品尝龙泉圣水、恒山奇茶，求取吉利。

云阁虹桥就是古栈道，位于金龙峡最窄处，是南北交通要道。古人沿峡东崖绝壁间凿崖插木，飞架栈道，同时建有一座连接东西的高空飞桥，合称"云阁虹桥"，民间传说是鲁班妹妹一夜所建。峡壁一直残留着修栈道时的行行方窟。

■ 北岳恒山张果老塑像

虎口悬松就是虎风口与悬根松，在步云路的石阶风口上，人到此处，清风飕飕，松涛阵阵，犹如虎啸龙吟，临风屹立着一棵参天古松即悬根松，根茎盘露，紧抱岩石，遮日留荫。相传松根外悬是因为张果老拴在树上的神驴受惊而拔起的。

果老仙迹就是果老岭，位于悬根松北的登山途中，石径上陷有行行小圆坑，形似驴蹄印，据说是张果老在恒山修仙时倒跨驴留下的蹄印。

云路春晓就是步云路，从岳门湾至恒宗殿，称十里步云路。旧时一里一亭，一步一松，亭亭不同，步步入云。沿路有大字湾、四大夫松等景观。

据说云路春晓来源于一个神奇的传说。传说茅氏三兄弟在恒山茅氏窟修仙时，不慎失落了两粒金丹，

鲁班 （前507—前444），姓公输名般，又称公输子、公输盘、班输、鲁般。故里在山东滕州。春秋末期到战国初期鲁国土木工匠。鲁班是中国古代一位出色的发明家，2000多年以来，他的名字和有关他的故事，一直在广大人民群众中流传。中国的土木工匠们都尊称他为"祖师"。

■恒山北岳灵宫

正好被一只黄山鸡和一只山羊各吃了一粒。

茅氏三兄弟发觉这山鸡和山羊得了仙体，就指派它们一个在朝殿西侧钟楼当值，司晨报晓；一个在朝殿东侧紫芝谷内当值，看管灵芝草。

数十年后，茅氏三兄弟南下江南，让金龙童子谨慎看守洞府。

金龙童子本性贪玩，开始还小心地守着洞门。日子一久，觉得枯燥乏味，又因无人管而渐渐地离开洞门到附近玩。回来后见洞中还是安然无恙，胆子也逐渐大起来，有时三五天外出不归，最后发展到数十天也不回来一次。

一天，从山下上来一个妖道。他听说恒山有一只金鸡和一只山羊，一直想偷到手，他悄悄地来到茅氏三兄弟的山洞前后左右窥看了一阵，静听一会儿，即在洞口念起咒语，不久，从北岳大殿的西侧走出一只金光闪闪的大公鸡，紧接着又从东侧出来一只浑身雪白如玉的山羊。

妖道忙把金鸡抓住，赶上山羊下山，这时，正好有一群羊在吃草，山羊一见羊群便钻入群内，妖道忙寻找，一着急，没抓袋口，连金鸡也从手中飞跑了。

这时，山下居民见山上金光闪闪，以为恒庙失火，数百人拿着铁锹，担着水，上山灭火。妖道一见

灵芝草　自古以来就被认为是吉祥、富贵、美好、长寿的象征，有"仙草""瑞草"之称，中华传统医学长期以来一直视其为滋补强壮、固本扶正的珍贵中草药。民间传说灵芝有起死回生、长生不老之功效。

大事不好，便赶紧念咒把金鸡和山羊变成石头。

事后，金龙童子因看守宝物失职，被茅氏三兄弟贬为一条木龙，永远固定在悬崖峭壁之上。

后来的人们能看见一块状如古磬的青色岩石，南向而立，以石击之，便发出"咕咕"之声震谷，酷似雄鸡报晓，情趣绝妙。

断崖啼鸟就是姑嫂崖，又称舍身崖、夕阳岩，位于夕阳岭中段极陡峭的一段山崖。在果老岭的东侧，一座万仞险峰面西而立，直插云端。翘首而望，看那古松摩云，危崖欲倾，确实雄伟壮观。

关于这美丽如画的舍身崖，还流传着一个悲壮动人的爱情故事。

传说在很久很久以前，浑源城里有一个十分美丽的少女。有一年夏天，她年迈的母亲患病，姑娘便和嫂子一起上恒山为老人寻取治病的草药。

谁知刚刚走进那幽深的松林，便撞见了一头恶狼。那恶狼张开血盆大口，向她们扑了过来。正在这危急万分之时，有一个年轻人从后面赶来，挥舞木棒，赶跑了恶狼。姑嫂二人非常感激，连连向青年道谢。

恒山北岳灵宫

北岳恒山寺庙内的佛像

言谈之中，得知这青年是在恒山修庙的画匠。少女见他容貌英俊，言谈举止又十分稳重干练，便产生爱慕之情。好心的嫂嫂看出了小姑的心思，便在一旁穿针引线，帮助小姑与画匠订了终身。

不料祸从天降。浑源知府老爷的公子久闻少女美貌出众，便要强行霸娶。

而少女的母亲也嫌贫爱富，贪图知府家的钱财，又是打，又是骂，逼迫着女儿应允知府公子的婚事。少女无法忍受，便连夜逃出家门，上恒山去寻找画匠。贤惠的嫂嫂怕小姑发生意外，也急急忙忙地跟随上山，暗中保护小姑。

姑娘跑遍恒山的山山岭岭，却不见情人的身影。这时，知府公子又率领家丁追来。眼看着如狼似虎的家丁们步步逼近，少女把牙一咬，从万丈峰顶跳了下去。嫂嫂赶到崖顶，不见小姑踪影，也从这里跳崖身亡。

姑嫂二人的壮烈行为感动了北岳之神。北岳神便施展神法，使少女化为百灵鸟，嫂子化为找姑鸟，日夜形影不离，飞绕此山，凄凉的叫声不绝。据说舍身崖和姑嫂崖便由此而得名。

危岩夕照就是夕阳岭，位于果老岭东侧，是一段插入云天的万仞绝壁，面西峭立，每当夕阳西下，余晖反照千山色，满峪参差入画中，奇光异景，令人神往。

金鸡报晓就是金鸡石，位于朝殿西古楼外，有一状如古磬的青石，以石相击，声震幽谷，如金鸡鸣叫，情趣绝妙。传说是黄山鸡吃了三茅真人失落的金丹而变。

茅窟烟火就是三茅窟，位于白虚观紫微阁旁的断崖上，是三茅真人修仙得道处。传说三窟有怪异现象，一窟点火，另两窟冒烟，两窟点火，另一窟冒烟，三窟同时点火，即三窟都不往外冒烟了，成了自然之谜。

弈台弄琴就是琴棋台，位于会仙府西北处，有巨石迸裂，西南有条崖缝，沿石缝而上，陡壁高处有一片风蚀岩石，台上刊棋一局，崖壁上是双钩书"琴棋台"3个字，此处传说是仙人对弈弄琴之所在。

玉羊游云就是从朝殿瞭望东峰峭崖翠顶上，有白石累累，如群羊吃草，在云雾的推动下，别生情趣，称为玉羊游云。

脂图文锦就是石脂图，位于主峰东崖上，由五色

琴　　古代弦乐器，又称瑶琴、玉琴。最初是五根弦，后加至七根弦。古琴的制作历史悠久，许多名琴都有可供考证的文字记载，而且具有美妙的琴名与神奇的传说。琴，作为一种特殊的文化，概括与代表着古老神秘的东方思想。古琴，目睹了中华民族的兴衰，反映了华夏传人的安详寂静、洒脱自在的思想内涵。

■北岳恒山纯阳宫

卵石天然结成，约四尺见方。一般时值中午，松荫翠柏蒙图上，远望状如剥落之古碑，中有蝌蚪文字，又似锦绣画图，实为奇景一绝。

岳顶松风就是天峰岭。登上峰顶，极目不知千里远，举头唯见万山低，晴岚缥缈，松涛贯耳，北国风光，气象万千，恒山十八景尽收眼底，吸引着万千人士前来观光，北岳恒山简直美不胜收。

幽窟飞石就是飞石窟，位于姑嫂崖北端，为一天然大石窟。据传说，舜帝北巡至恒山下，忽有一石从恒山飞来，坠于舜帝前，舜帝起名为"安王石"。5年后，舜帝又北巡至曲阳被大雪阻路，便望祀恒山，此灵石又飞到曲阳。窟内有寝宫、梳妆楼等。

仙府醉月就是会仙府，位于朝殿西侧，为恒山最高庙观，置身府院，如临仙境，夜宿仙府，倚栏望月，饮酒作诗，真有点起坐出世之感。传说是仙人聚会之地。

紫峪云花就是"紫芝峪"，位于恒宗殿东侧，是一道草木丛生、曲折幽奇的沟峪。恒山旧志记载，峪内长着灵芝仙草，为恒山的镇山宝草，状如云锦，有起死回生、益寿延年之功效。后来被明世宗采去了12棵。

石洞流云就是出云洞，位于紫芝峪东崖上，洞口上刻有"白云灵穴"4个字。传说此洞深不可测，下通地海龙宫，白龙公子掌管北国云雨，每逢降雨时，洞内吐出团团白雾，霎时风雨来临，甘霖遍野。俗话说："恒山戴帽，大雨必到。"

再加上千古一绝的天下奇观悬空寺，整个恒山美景如诗如画，令人如置身于世外桃源，流连驻足。

恒山松风格别致，形状奇特。其中，有4棵形状奇特的唐代古松，人称"四大夫松"。这4棵古松，根部悬于石外，紧抓岩石，傲然挺立，气势不凡，别具风格。

恒山十二庙以北岳庙为首，寝宫、后土夫人庙、紫微宫、官亭、白虎观、龙王庙、灵官府、关帝庙、文昌庙、奶奶庙、纯阳宫、碧霞宫等庙宇建筑，稳坐于西峰之上、苍松之间，或隐或露。

恒山之云变幻无穷。出云洞在后土夫人庙的不远处山腰，晴日明朗，洞口寂静，阴雨来临，洞口便游出缕缕白云，引人遐思。

恒山之寺星罗棋布。恒山

263

塞北之尊

北岳恒山

■北岳恒山出云洞

■ 北岳恒山寺庙里
的佛像

**北魏**　（386—557），由鲜卑族拓跋氏建立的封建王朝，是南北朝时期北朝第一个朝代。386年，拓跋部首领拓跋珪建国，国号为大魏，建都平城。439年，统一北方。493年起孝文帝拓跋宏迁都洛阳，皇帝改姓元。534年，分裂为东魏与西魏。西魏于恭帝三年被权臣宇文护逼迫禅位于其侄宇文觉，北魏历史正式宣告结束。

脚下的悬空寺、应县佛宫寺的释迦木塔、浑源城内的圆觉寺砖塔、永安寺等，在中国古建筑史上都占有重要地位。

出浑源县城，南行约4千米，顺路而上，便进入了一条幽深的峡谷，峡谷长约1500米，从北至南，分为金龙口、石门峪口、磁窑口三段。

金龙口谷深山崇，两岸悬崖壁立，斗崎如门。群峰突起，争相为高。最窄之处不足10米，仰首只见一线之天。人立其中，颇有巨岩压顶之感。

金龙口中，浑河之源的唐峪河集千沟万壑之水，自南向北穿峡而去。平日在谷底静静流淌，水势不大，一到阴雨时节，河水猛涨，浊浪排空，奔腾咆哮，恰似一条奔驰的金龙，一泻而下，势不可当。正如古诗所说：

八月涛声吼地来，头高数丈触山回。

从金龙口再上，为石门峪口。这里地势更为险要，有诗道：

高排石壁悬双阙，独耸危峰接九霄。

在东岸悬崖的半山腰里，有北魏道武帝年间修建的云阁虹桥，它是恒山著名一景。后来，云阁仅有在崖间插横梁的石孔遗迹尚存，而虹桥则早已毁坏了。著名的云阁虹桥胜景后来只有"云阁"两个大字，还镌刻在陡峻直立的石壁之上。

从石门峪口再往上，就是磁窑口。磁窑口峡谷的东岸，在原来半坡村旁，曾建有恒山山门。山门切石坡筑台基上下二层。上层台上建西向券洞门三道，檐

265

塞北之尊

北岳恒山

■ 恒山古建筑

饰瓦顶都为琉璃烧造。门洞上方的龙凤板上大书"北岳恒山"四字。

台前砌三出踏道，共10级。下层台基的中部建四柱三路木牌坊，当中横匾上书"屏藩燕晋"。牌坊东面竖一座石碑，上面刻着"塞北第一山"。

磁窑口西岸崖下，有一罗汉洞。洞深而广，能容二三百人。洞内石壁上，塑有十八罗汉像，神态各异，造型生动，向有"南罗汉，北悬空"之称。

越过小桥流水，攀上石壁栈道，拾级而上。进入山门后，爬悬梯，钻石窟，绕长廊，进入悬空寺。悬空寺不仅奇在悬空，而且殿回楼转，一步一景，建造奇特。全寺大小40座殿庙楼阁，高低错落，对称中有变化，转折升降，分散中有特色。

从悬空寺庙门南望，恒山水库把天峰、翠屏二山连接起来，群山环抱，碧波荡漾，气势不凡，巍峨壮观。

阅读链接

从金龙口再上，为石门峪口。这里"高排石壁悬双阙，独耸危峰接九霄"，地势更为险要。

在东岸悬崖的半山腰里，古时候筑有栈道，名为"云阁"。云阁与西岸半山之中的悬空寺之间，曾有一座架空悬桥，名为"虹桥"。这两者合称为"云阁虹桥"，为当时恒山著名一景。

据说，"云阁虹桥"是北魏道武帝年间修建的。但是在后世的风雨中，云阁仅有在崖间插横梁的石孔遗迹尚存，而虹桥则早已毁坏。

由于唐峪河水夹带大量泥沙，长年淤积，谷底河床越来越高，现在云阁的石孔遗迹只能看见一排，而且已离谷底很近了。著名的"云阁虹桥"胜景也只有"云阁"两个大字还镌刻在陡峻直立的石壁之上。

# 中岳嵩山

　　中岳嵩山，位于河南省登封市西北，它东西横卧，雄峙中原，群峰耸立，层峦叠嶂，风光秀丽，景色宜人。

　　嵩山的建筑群，规模宏大，气势雄伟，为中国现存规模最大最古的建筑群之一。北魏嵩岳寺塔，元代登封观星台，宋代四大书院之一的嵩阳书院以及将军柏和驰名中外的嵩山石碑等一起构成了嵩山"八景、十二胜"之盛观。

# 因山高镇守中原而得名

　　古老相传，天地万物，风雨雷电，都是由天上的玉帝掌管。他叫天下雨，天就得下雨；他叫地生金，地就得生金。

　　有一天，天府巡官急步走进天宫，向玉帝禀报，说东方出了水兽，西方出了风妖，南方出了火魔，北方出了冷怪，闹得天下大乱，黎民不得安宁，请求玉帝快快发兵为民除害。

■嵩山"名山第一"牌坊

玉帝听罢，急忙把天将招到教场比武选将。谁的本领高就派谁去降魔。天将们来到教场，经过一番比试，玉帝平日心爱的5个天将中有4个选上了。

玉帝传下圣旨，命一个到东方去镇水兽，一个到西方去挡风妖，一个到南方降火魔，一个到北方伏冷怪。四员天将领旨，分别带领天兵离开天宫。

5个天将中，唯有一个名叫山高的没有选上。为什么呢？这个山高身体有些单薄，武功虽然也行，但不及其他四将。可是这位山高天将怀有满腹文才，能书善画，智足谋广。

山高看到其他4位天将下凡去了，便到灵霄宝殿向玉帝说："陛下！下界东西南北四方，都有人把守了，陛下就不怕中原出事吗？倘若中原出了大事，东西南北四方把守再严，也是枉然啊！比如一个人残手废脚尚能活下去，若是心脏坏了，可就完啦！"

玉帝听他一说，觉得山高说得也有道理，可是派谁挂帅去镇守中原呢？玉帝发了愁。

■ 嵩山庙宇内石碑

**军令状** 原为戏曲和旧小说中所说的，接受军令后写的保证书，表示如果不能完成任务，愿依军法治罪。"军令状"是中国的一种传统文化。顾名思义，"军令状"的起源和军队行军作战有着密切的关系，其目的是为了加强指挥官的责任感，确保战斗的胜利。

山高一看时机已到，便说："末将愿去镇守中原。"

玉帝知道他武艺不及那4个天将，迟迟没有说话。山高猜知玉帝的心思，就当面立下"军令状"，玉帝这才勉强传旨，让山高天将下凡。

玉帝带着随从来到南天门，拨开云头向东看去，只见一员天将把斩兽宝剑挥了三挥，突然出现了一座大山立于海岸。张牙舞爪的水兽来到山跟前，"砰"的一声，撞得粉身碎骨，翻下海去。玉帝看罢，哈哈大笑，封这座山为"东岳泰山"。

他又拨开云头，向西望去，见一员天将把捆妖绳抡了三抡，突然出现一座大山站在那里。风妖"呼呼"来到它身边，撞得头破身软，败下阵去。玉帝看着拍手大笑，封这座山为"西岳华山"。

接着，他拨开云头看南方，见一员天将把劈魔铜挠了三挠，突然出现一座大山站在那里。火魔扑来，浑身发抖，掉头就逃。玉帝高兴地封这座山为"南岳衡山"。

他又转过头来看北方，见一员天将，用长矛刺了三刺，突然出现一座大山。冷怪"嗖嗖"飞来，看见大山毛骨悚然，缩身不敢动弹了。玉帝便封这座山为

"北岳恒山"。

最后，玉帝拨开云头俯视中原，只见山高天将一手拿着天书，一手拿着镇世宝刀，把书和刀一上一下，端了三端，突然出现一座大山。又上下端了三端，山又分为两支。接着，两个山脊，慢慢出现七十二峰，有的像老翁，有的像白鹤，有的像青童，有的像玉女……山上山下，好似一卷美画，展现开来。

玉帝越看越高兴，可到封山的时候，他却发了愁，封什么呢？一个贴身随从悄悄地说："陛下，你看山高天将，长得与山一样俊美啊！"

玉帝灵机一动，"山"与"高"合在一起不就是"嵩"字吗？于是封为"中岳嵩山"。

嵩山北依黄河，南绕颍水，层峦叠嶂，东西绵延百里，如果说黄河是中华民族的母亲河，那么嵩山便是峻极于天的父亲山。

远在旧石器时代，古人类就在嵩山一带繁衍生息，位于嵩山腹地的织机洞遗址，有大量的旧石器时代遗存和人类用火遗迹。新石器时代，这里是中国史前文化最为灿烂的地区之一，孕育了著名的裴李岗文化和

嵩山古建筑

大河村文化。

在夏朝建立以前，禹是舜帝臣下的一个部落酋长，居住在嵩山与箕山之间。因此，关于大禹治水的神话和传说是以嵩山为基础的。据《史记》记载：

> 禹之父名鲧，鲧之父名曰颛顼，颛顼之父名曰昌意，昌意之父名曰黄帝。

嵩山寺庙龙纹雕刻

据说，上古时期炎帝部落从西北迁入黄河中游后，曾长期居住在嵩山附近的伊水和洛水流域。其中一支以伯益为部落首领，以崇拜山岳为特征，号称"四岳"。

《庄子》写道："尧让天下，许由遂逃箕山，洗耳于颍水。"现在还有"挂瓢崖"和"洗耳泉"。

据说，许由正在山泉之下喂牛饮水之际，大尧与之商谈禅天下，许由听说此事，马上把饮牛喝水的瓢挂在山崖上，把自己的耳朵用此水洗了洗，以示去其污秽之言，后来逃入深山林去了。这个事情，嵩山脚下的童叟皆知。

据古书《竹书纪年》和《世本》记载：舜十五年命禹主祭嵩山，舜禅位禹后，禹居阳城，后来人们认为当时的阳城就是嵩山附近的阳城。夏代自禹至桀，共传17王、14世，历432年，王都自阳城数迁，但均

《庄子》 又名《南华经》，是战国中期思想家庄周和他的门人以及后学所著。书分内、外、杂篇，所传33篇，内篇大体可代表战国时期庄子思想核心，而外、杂篇发展则纵横百余年，掺杂黄老、庄子后学，形成复杂的体系。

在嵩山周围。

殷周时，崇拜嵩山的有申、吕诸国，即四岳的后裔齐、吕、申、许4个姜姓国。

据《史记·周本纪》和《逸周书·作雒篇》中记载：周武王初灭商，曾计划建城邑于伊、洛，以近"天室"，定保天命。天室即古人认为能够沟通人与天神的嵩山太室。

后来周公在嵩山附近建造了洛邑，作为周朝的统治中心，西周灭亡后，洛邑遂成为东周都城。当时，嵩山如同关中终南山一样，是人们心目中的神山。

嵩山地区是夏、商、周三代的建都之地、立国中心。《史记·封禅书》中记载：

昔三代之居，皆在河洛之间，故以嵩山为中岳。

那时，嵩山的名称叫作"外方"，夏商时则有了"崇高"的称呼。中国最早的一部国别体著作《国语·周语》中称禹之父鲧为"崇伯鲧""崇高"之名缘于此。

《周礼·地官司徒》记载，周公为寻找天地之中营建东都，在嵩山脚下的阳城"以土圭之法，测土深，正日影，以求地中"。

后来的登封观星台的周公测景台，即从侧面反映了嵩山地区为"天地之中"的历史传承。

自古以来，嵩山被认为是万

■ 嵩山寺庙一角

山之祖和神仙居住之地，在"君权神授"的古代，嵩山就成为历代帝王接天通地、永固江山、昌盛国运的祭祀、封禅对象。

《史记·封禅书》中记载，黄帝就常到嵩山"与神会"。帝尧、虞舜、大禹都曾到此巡狩。

最迟在西周初年，嵩山已经成为人们祭祀的对象。武王在嵩山举行的封天祭地大典，开创了中国古代最盛大、最高等级的封禅礼制的先河。秦汉之后，帝王祭祀嵩山连续不断。

据后世人们统计，从周武王开始至清末，历史上有史可查的巡狩、祭祀、封禅嵩山的帝王就有68位。

嵩山以其地处京畿的优势位置、自然景观和人文景观的完美结合，成为中华文明最早、最重要的圣山之一。

**阅读链接**

黄帝到嵩山"与神会"，开创了祭祀嵩山的先河。之后，帝尧游于嵩山，帝舜制定五年一巡狩嵩山的制度，周穆王巡游太室山，周幽王会盟于太室山。

铸造于西周初年的《天亡簋》铭记载：周武王在灭商后"祀于天室"。公元前1046年，为了庆贺新王朝的诞生，周武王决定举行祭祀天神大典。

嵩山地区曾长期做过夏人和商人的王都，又处于天下之中，周武王认为高耸于天下之中的嵩岳，就是天神之室，他们受天命而克商夺取天下，应当礼拜高大的嵩山。

周武王在完成灭商大业后，便在太公望的陪同下，登上嵩山太室之巅，举行了盛大的封天祭地大典。这次在嵩山举行封禅和望祭山川的重大典礼，无异于周王朝的开国大典，开创了中国最盛大、最高等级封禅嵩山的先河。

# 弥足珍贵的中岳汉三阙

东周时周平王迁都洛阳，定嵩山为"中岳"，五代以后称"中岳嵩山"。

秦汉之后，帝王祭祀嵩山连续不断。公元前110年，汉武帝率18

嵩山之峭

寺庙及古树

万大军从长安出发东巡，到嵩山祭中岳。

汉武帝亲临太室山礼祭太室神祠，封太室山为嵩高山。后来，汉武帝再至中岳太室山，亲率群臣，礼登嵩顶。

据传，当武帝登山时，随从官员听到山间有呼"万岁"之声，又在山上建万岁亭，山下建万岁观，命名山峰为"万岁峰"，以应山呼之奇。

据说祭典完成后，汉武帝觉得意犹未尽，还想听听华夏先民的故事，就找大臣问话。这大臣小时候常听爷爷讲故事，于是就活灵活现地给皇帝讲起了"启母石"的传说。

汉武帝一听，太感动了，大笔一挥，下旨为启母石建了一座庙。大臣也受了封赏，皆大欢喜。

这个传说还与大禹有关。《汉书·武帝记》颜注引《淮南子》中的记载：

　　禹治水，通辕辕山，化为熊，谓涂山氏曰：归欲饷，闻鼓声乃来。

　　禹跳石，误中鼓。涂氏往，见禹方作熊，惭而去。至嵩高山下，化为石，方生启。

　　禹曰：归我子！石破北方而生启。

那时候，洪水横流。为了使人民安居乐业，大禹跑遍了九州四

壮美风光的三山五岳

野。在嵩山南面，西自龙门，东到禹县，有一条大河叫颍河，颍河一泛滥，两岸就变成一片汪洋，什么庄稼也不能生长。

大禹为了把洪水排出去，就在登封西北的轘岭口一带，凿山治水。他打算把嵩山南面的洪水引进北面的洛河，然后再让它流到黄河里去。禹的妻子叫涂山娇，涂山是夏的邻邦，位于安徽寿县一带。夫妻俩一起到嵩山治水。

这一天，大禹来到轘岭口附近一看，这里山势险峻，凿通轘岭口工程很大。他为了尽快开通河道，在凿山时，就变成一只巨大的黑熊。大禹每天忙着开山凿石，没工夫回家，也顾不上吃饭，就叫妻子涂山娇给他送饭。

大禹为了不让妻子知道自己变熊的事，就跟妻子约定：只要她听见敲鼓的声音就去给他送饭。涂山氏就按照他的嘱咐办事。每天，当她听到"咚咚"的鼓声时，就赶快撑着木筏子，把饭给大禹送到开山的工地上去。这样，夫妻二人虽说都很辛苦劳累，但心里很快活。

有一天，大禹在山坡上行走的时候一不留心，脚下踩动的几块石头从山上滚下来刚好掉在鼓面上，发出了"咚咚"的响声。大禹因为忙，走得急，也没在意，只管上山去了。

涂山娇一听到鼓声，心里纳闷，今天丈夫为什么吃饭早了呢？大概是特别累，饿得也快了吧！于是，她就赶紧把饭做好，急急忙忙撑着木筏子给大禹送饭去了。

大禹雕像

■ 衡山嵩阳书院大禹塑像

**蹴鞠** 指古人以脚蹴、蹋、踢皮球的活动。据史料记载，早在战国时期汉族民间就流行娱乐性的蹴鞠游戏，而从汉代开始又成为兵家练兵之法，宋代又出现了蹴鞠组织与蹴鞠艺人，清代开始流行冰上蹴鞠。蹴鞠是一种民间盛行的体育和娱乐活动项目。蹴鞠已列入中国第一批《国家级非物质文化遗产名录》。

谁知道，当她来到山坡前，左等右等，也不见大禹回来，就往山上爬去。她来到山上往下一看，只见有一头大黑熊，正在山下用力凿石推土，开挖河道。

它伸出两条巨臂，用力朝山岩上一推，只听"轰隆"一声响，山石塌下了一大片，倒在水里，溅起几丈高的浪花。大黑熊这才直起腰来，看着新开出来的山口，乐得眉开眼笑。

涂山娇一见，大吃一惊，心想：自己的丈夫大禹，怎么是一只大黑熊呀！平时自己为什么没有发现呢？一时间，她不知道怎么办才好，就提起饭篮赶快往家跑。一路上，她又羞又急又气。当她快到家门口时，心里一阵难过，往那里一站，就变成了一块石头。

再说大禹，晌午时来到大鼓跟前，敲起鼓来。可是，他敲敲等等，等等敲敲，好久也不见妻子送饭来。他想，一定是出事了，就赶紧往家走。

大禹回到家里后，里里外外找不着妻子的影子，只见家门口的山坡上，多了一块巨大的岩石，旁边还放着饭篮子。大禹这才明白：原来妻子早已经变成岩石了。

这时，大禹后悔不该把自己变熊的事瞒着妻子。他又想：妻子已经怀孕很久了。这一来，咋办呢？我没有儿子，谁继承我的治水大业呢？想到这里，他就急匆匆地走到巨石前面，大声喊道："孩子他娘啊！你就这样离开我了吗？你要把儿子交给我呀！"

突然，"轰隆"一声响，这块巨大的岩石裂开了，跳出一个孩子。大禹急忙把儿子抱了起来。后来，大禹给他起名字叫"启"。所以，那块巨石就叫"启母石"。

涂山娇死后，其妹涂山姚嫁给了禹，并负责照顾启，后人就把涂山娇住过的山叫太室山，涂山姚住过的山叫少室山。后来，人们分别在太室山和少室山修建了启母庙和少姨庙纪念她们。

在离"启母石"不远的地方，还立着两根由大块方石头垒成的门柱，上边刻着打猎、农耕的浮雕画。这就是当时大禹的家门口，后人叫"启母阙"。

启母阙阙身用长方形石块垒砌而成，上面有长篇小篆铭文。阙的下部是东汉嘉平四年中郎将堂溪典所书《请雨铭》。

启母阙阙身的四周雕刻有宴饮、车马出行、马戏、蹴鞠、驯象、斗鸡、猎兔、虎逐鹿，以及"大禹化熊""郭巨埋儿"等历史故事画像60余幅，其中的蹴鞠图，刻画有一个头绾高髻的女子，双足跳起，正在踢

■嵩山启母阙

剑舞　唐宋时的舞蹈。因执剑器而舞，故名。又称剑器舞，是手持短剑表演的舞蹈。短剑的剑柄与剑体之间有活动装置，表演者可自由甩动、旋转短剑，使其发出有规律的音响，与优美的舞姿相辅相成，造成一种战斗气氛。舞蹈节奏为"打令"。

球，舞动的长袖轻盈飘扬，女子两旁各站立一人，击鼓伴奏，展现了汉代蹴鞠运动的真实场面。

除了古老的启母阙，还有嵩山太室山的太室阙、少室山的少室阙，它们一起被称为"中岳汉三阙"，具有悠久的历史。

阙是一种装饰性门观，它是尊贵的符号，是华表的前身。阙由浅浮雕青石垒砌而成，顶部仿屋檐，称为"四阿顶"。每座阙分正阙和子阙，两者连为一体，只是子阙要矮正阙一截。

早在秦代时，就有人在少室山设立寺庙祭祀山神。公元118年，当时的阳城长吕常在河南登封嵩山南麓中岳庙前500米处建太室阙，那时候太室阙还是太室山庙前的神道阙。隋唐时期香火最为旺盛，到明末被大火毁坏，清顺治年重修，基本上恢复了宋金时期的布局和规模。

太室阙分东西两阙，分布在中岳庙门前500米的中轴线两侧，阙门间距6.7米，东阙高3.9米，西阙高3.9米。两阙的结构完全相同，由阙基、阙身和阙顶

■ 嵩山少室山

三部分组成。

每阙又分正阙和子阙，正阙
和子阙阙身连为一体，从立面看
正阙高，子阙低，正阙在内，子
阙在外。阙身的石面除了镌刻有
铭文外，其余都是以石块为单位
雕刻画像。

阙身用长方形石块垒砌而
成，共8层，阙的上部用巨石雕砌
成四阿顶，南面刻有"中岳太室

嵩山"启母石"

阳城"6个篆字。阙身四面用平雕的雕刻方法刻出了人物、车马出行、马
戏、剑舞以及动物等画像50余幅，再现了汉代朝廷的生活场面。

少室阙是汉代少室山庙的神道阙，在登封少室山下。少室阙阙上
有铭文，叙述了大禹在治理洪水时"三过家门而不入"的故事。

少室阙较为完整，东西两阙的结构基本相同，两阙一南一北，相
互对峙。阙身由正阙和副阙两部分组成，正阙以长方形石块垒砌而
成。北阙雕刻有篆字"少室神道阙"题额，南阙的隶书题铭内容大部
分都已剥落，模糊不可辨识。

阅读链接

关于启母石，在民间还有这样一个传说。

相传，大禹娶了涂山氏女之后的第四天，就离别新婚的妻
子治水去了，这一别，就是整整13年，在这期间，大禹一次也
没有回过家园。

涂山氏女想念丈夫，每天都引颈南眺，盼望丈夫归来。但
是，望穿秋水，也不见大禹归来的身影。由于朝思暮想，精诚
所至，终于化而为石，端坐于昔日与禹幽会之所。

# 规模最大的嵩山古建筑群

　　中岳庙建在嵩山南麓黄盖峰下，是嵩山古建筑群的杰出代表之一。中岳庙在秦代下半期称为"太室祠"，内设祠官专事祀典。

　　西汉时，武帝游嵩岳，中岳庙得到了较大规模的发展。清代乾隆帝重修中岳庙时，以北京皇宫为蓝本，按宫中的布局和建筑来设计，其规模的宏大由此可知一斑。

中岳庙门前的石狮子

■ 嵩山中岳庙

中岳庙从庙前的中华门到庙后的御书楼、殿楼阁宫、亭台廊碑，排列井然有序，青石板铺成的甬道是中岳庙古建筑群的中轴线。

沿中轴线由南向北，由低而高，依次为中华门、遥参亭、天中阁、配天作镇坊、崇圣门、化三门、峻极门、崧高峻极坊、中岳大殿、寝殿、御书楼。

中华门是嵩山的第一坊，最初建成的时候为木建牌坊，历经风雨，依然不倒。后来，人们在改建的时候，将这座木建牌坊改成了砖瓦结构的殿式牌坊。

坊下开三道拱券门，"中华门"3个大字题在门额之上，苍劲有力。内外分别题写有"嵩峻""天中""依嵩"和"带颍"8个大字，寓意其得天独厚的自然环境。

遥参亭是过往行旅拜岳神的地方，是重四角亭，亭基高出地面1.58米，亭高5米。亭子四周有砖砌花墙，亭下有明柱撑顶，顶为绿色琉璃瓦覆盖。整个建

琉璃瓦　是中国传统的建筑物件，通常施以金黄、翠绿、碧蓝等彩色铅釉，因材料坚固，色彩鲜艳，釉色光润，一直是建筑陶瓷材料中流芳百世的骄子。中国早在南北朝时期就在建筑上使用琉璃瓦件作为装饰物，到元代时皇宫建筑大规模使用琉璃瓦。

中岳庙铁人像

筑巧夺天工，异常精彩。

天中阁原名"黄中楼"，是中岳的正门。明嘉靖年间重修之后，以"正当天中"之意，易名为"天中阁"。

重修之后的天中阁，形似北京天安门。台上楼阁为重歇山顶，面阔五间，绿瓦回廊，雪花棂门间的"中岳庙"3个大字赫然醒目。

门前月台两侧蹲卧虎视眈眈的石狮各一对，雕工十分精细。门后有3条磨光的青石神道，笔直地通向中岳大殿。

崇圣门因"中天崇圣帝"而得名，原为过往门庭，面阔三间，形制稍大。门后两侧有相对应的两座小亭，东亭为古神库，宋太祖修中岳庙时，将原神像泥土土葬于此，上建坛亭，以示敬意。

崇圣门四周立四铁人，为宋代治平元年铸造，梳发缩髻，阔领长袍，握拳振臂，怒目挺胸，形象十分威武，被称为"守库铁人"或"镇庙铁人"。

这些铁人不仅是研究宋代铸造艺术的珍贵文物，而且寄托着人们祈福祛灾的美好愿望。

化三门取"四气化三才"之意，形制类似崇圣门。门后东有东华门，西有西华门，门内有宋代状元王曾撰文的《重修中岳庙碑》、金代状元黄久约撰文的《重修中岳庙碑》、宋代状元卢多逊撰文的《新修嵩岳中天三庙碑》、陈知微撰文的《增修中岳中天崇圣帝庙碑》，号称"四状元碑"。碑制高大，字体雄健，挺立庙院，蔚然可观。

再后面两侧各有形制相同的砖石殿台两座，按顺时针方向为东岳殿台、南岳殿台、西岳殿台、北岳殿台。各台上原有殿堂五间，内有

壮美风光的三山五岳

风、雷、雨、云神像。殿堂后来被焚毁，现在仅存平台、柱基和台边石栏。

南岳殿台西北有《中岳高灵庙碑》，碑文记载北魏文成帝太安年，寇谦之修建中岳庙的活动情况。

峻极门因中门两侧塑有4米多高的两尊将军像，所以又称"将军门"，为中岳大殿中心院落的"广庭"三门。"峻极门"3字悬在阁额，在峻极门北的走廊内有《五岳真形图碑》，高3米，是明代万历年间刻成。

峻极殿又叫"中岳大殿"，是中岳庙中规模最大的建筑。歇山式殿顶，黄琉璃瓦顶，七踩和九踩斗拱，透花棂子门窗，金碧辉煌，素有"台阁连云，甍瓦映日"之称。

大殿内吊游龙天花板，下铺磨光青石地面。殿内正座为5米高的中岳大帝塑像，即殷朝"闻骋"，经历代帝王加封为"崇圣大帝天中王"。

状元　科举考试以名列第一者为"元"，乡试第一称解元，会试第一称会元，殿试第一称状元。唐制，举人赴京应礼部试者皆须投状，因称居首者为状头，故有状元之称。

285
天地之中
中岳嵩山

■ 嵩山中岳庙峻极门

御书楼是中岳庙最后的殿宇，原名"黄箓殿"，为贮放道教经典的地方。始建于明万历年间，清代重修，并为皇帝祭祀岳神的时候在此批阅文书奏章之地，所以名叫御书楼，楼内敬奉着玉皇大帝神像。御书楼两侧顺山房为储藏祭器的地方，并存有历代帝王拜谒中岳时留下的碑石。

崧高峻极坊又名"迎神门"，和北京故宫的承光门相似，是清代建筑的精品。坊起三架，正楼和次楼分别施九踩、七踩斗拱，黄色琉璃瓦盖顶，画栋雕梁，额题"崧高峻极"4字。

坊后有拜台，为砖石砌造而成，寓中岳方位在五岳之中之意。拜台两边分别建有八角重檐黄琉璃瓦亭，东称"御香亭"，西称"御帛亭"。

庙的东西两路，还分别建有太尉宫、火神宫、祖师宫、小楼宫和龙王殿等独立的小院落。庙内有330棵古柏、100多通石碑及神鼎、铁人等众多文物，被誉为"文物之乡"。

**阅读链接**

中岳庙既是祭祀岳神的场所，又是重要的道教官观。道教虽然兴起于东汉时代，其来源却是中国远古时代的巫术，后来继承了秦汉以来的神仙方士之传统，历史渊源较长。

中岳庙是道教在嵩山地区的最早基地，原是为了祀奉中岳神而设的。道家尊中岳庙为"第六小洞天"，他们认为这里是周朝的神仙王子晋的升仙之处。

王子晋又名王子乔，传说是周灵王的太子。他喜欢吹笙学凤凰鸣声，游于伊水和洛水之间。那时嵩山有一个道士叫浮丘公，接他上嵩山。

几十年后，有人在山中见到他，他说："告诉大家，七月初七，在缑氏山头等我。"那日，果然见他乘白鹤，盘旋数日后才离去。于是后人在缑氏山和嵩山的顶上都建立了神祠纪念他。嵩山峻极峰以东的白鹤观，背负三峰，左右皆绝壁，即为纪念王子晋而建。

# 道佛两教传入和大法王寺

经过秦汉两代的发展，嵩山中岳大帝的雏形逐渐形成，并不断趋向人格化，虽然其在宗教方面的特殊地位让于五岳之首的岱宗，但仍是国家祀典的五岳之一。

据史称，秦始皇笃信神仙，曾在嵩山上立祠祭祀岳神。公元前116

嵩山山崖上的亭阁

**印官** 明清制度，从布政使到知州、知县等各级地方官皆用正方印，故称"正印官"或"印官"。其他临时差委以及非正规系统官员，则用长方印。

**京畿** 是指国都及其附近的地区。这一词出现于唐朝，当时将唐长安城周边地区分为京县和畿县，京城所管辖的县为赤县，京城的旁邑为畿县，统称京畿。

年，方士公孙卿利用的大鼎被发现，向武帝授成仙之道，遂被拜为印官，去嵩山太室山供神仙。

也有方士进入嵩山寻仙采药，或存思诵神以治病驱邪。《后汉书·刘根传》写道："刘根者，颍川人也，隐居嵩山中。诸好事者自远而至，就根学道。"

因此，随着神仙家和方士在嵩山的开拓，中岳大帝的人格化更为明显了。嵩山的圣山地位，是嵩山历史建筑群形成和发展的直接动力。

自汉武帝封禅中岳之后，中岳成为仙人道士的修炼之地。西晋有个著名的道士鲍靓曾登嵩山，入石室，得古《三皇文》，修炼成仙。

后来，成公兴、寇谦之接踵随前人来到嵩山，他们选定太室山中石室住下修炼。成公兴将全部修炼秘诀传给寇谦之，寇谦之聪明好学，日益长进。

■ 寺庙建筑

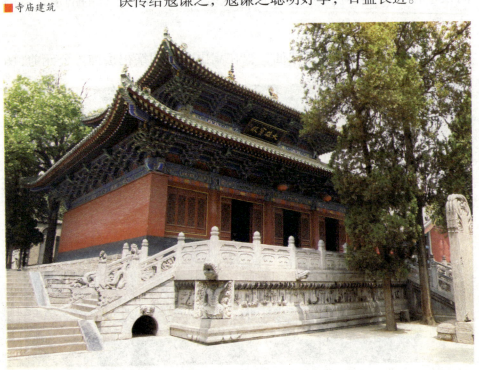

寇谦之在嵩山修炼长达30年，一副道貌岸然的气派，仙风飘然的神韵，后来寇谦之在嵩山创立了北天师道，并以"天师"的身份，宣扬道教，经宰相引荐跃身国师，寇谦之以其道术、法术和权术、谋术，环环相扣，术术应手，终于在鲜卑族的大魏，站稳了脚跟，实现了"国师"之梦。

东汉初年，佛教正式传入中国，首先在东汉都城洛阳和地处京畿的中岳嵩山落迹，并且开始由洛阳、嵩山地区向全国传播。

公元71年，汉明帝下令，在风景如画、清静幽雅的嵩山玉柱峰下，为迦叶摩腾、竺法兰建造大法王寺。此为佛教传入中国后专为佛教建寺之始。

法王寺是中国最早的寺院之一，全部面积约为5000平方米。大法王寺成为中国的第一所菩提道场，兴盛于唐宋时期。古人称颂法王寺为"嵩山第一胜地"，经历代修缮扩建，成为后来人们看到的规模。

大法王寺依山而建，从低到高七进院落，有山门、金刚殿、天王殿、大雄宝殿、地藏殿、西方圣人殿、藏经阁。规模宏大，结构严谨，殿堂楼阁，金碧辉煌。环境幽美，风景如画，登封八大景之一的

■ 嵩山建筑彩绘

壮美风光的三山五岳

"嵩门待月"就在这里，人称"嵩山八景之首"。

大雄宝殿内正中佛龛额题"恩光普照"，内彩塑释迦牟尼、阿难、迦叶、药师佛、阿弥陀佛。龛后塑观世音和善财龙女像。其左右两侧绘文殊、普贤菩萨，风度典雅，慈祥端庄。

西方圣人殿的殿内正中佛龛内供毗卢佛像，梵语名叫"毗卢遮那佛"，为释迦牟尼的法身像，代表了佛的绝对真理。

在法王寺还有很多的古塔、古树和古石刻，非常珍贵。

在法王寺的寺内甬道两侧，有两棵千年以上的银杏树，均高30米，周长5米。盛夏之际，树叶茂密葱绿，犹如大伞遮掩。深秋时节，满枝黄叶，累累硕果，山风掠过，落叶撒金，银果落地，将寺院点缀得古朴清幽，分外妖娆。

春暖花开之时，寺院内外阵阵喷香，爽人襟怀，荡涤邪秽。法王寺周围存有和尚塔6座，其中，有密檐式唐塔1座，单层唐塔3座，元塔和清塔各1座。

密檐式唐塔位于法王寺后山坡上，15级方形砖塔，高约40米，周长28米，塔体壁厚2.13米，黄泥砌缝，外涂白灰。塔身密檐层层外叠，叠出塔身最宽者约90厘米。另外，塔身的高度和宽度由下而上递减，呈抛物线形。

**密檐式** 为中国佛塔主要类型之一，完全用砖依照木结构的形式在塔的外表做出每一层的出檐、梁、柱、墙体与门窗，在塔内也用砖造出楼梯可以登上各层；也有的砖塔塔内用木材做成各层的楼板，借木楼梯上下。因屋檐呈密叠状，檐与檐之间不设门窗，使全塔分为塔身、密檐与塔刹三部分，因而称为"密檐式"砖塔。

塔南面辟一塔门，可直入塔心室。塔心室为方形，上部是空心建筑，从底层可视塔顶。塔心室内供汉白玉佛像一尊，是后来周王为生子所送，称"南无阿弥陀佛"，玉佛之右下角和双手已残损。

单层唐塔在密檐式唐塔的东边百余米，共3座，均为四角形单层砖塔。虽然铭记已丢失，塔刹和塔基有所剥落，但仍可看出它的造型和制作手法。

南面一座塔高约10米，周长17.5米，壁厚1.3米。塔刹上置覆钵，一半球形砖砌台墩，四周镶砌8块雕花石。为覆钵之上有仰莲式石刻圆盘绶花，绶花之上轩置鼓镜式相轮，最上端为一石雕宝珠。塔刹一周雕刻有莲花卷草、飞天等浮雕，图案精美，为嵩山古塔中仅见。

这3座唐塔全都用黄泥混溶凝固，千百年来，虽历经沧桑，但仍旧傲然屹立，并保持着初建时面貌，为研究唐代的建筑艺术提供了重要的资料。

元塔是一座六角形七级砖塔，高约6米，周长7.2米，全部用水磨砖垒砌，饰有多种砖雕图案。塔身第一层南北辟假门，饰雕扇门，迭涩檐下置砖雕斗拱一周，以上各层均为迭涩出檐。

塔身嵌塔铭一块，高0.98米，宽0.5米。据寺前《月庵海公道行

嵩山千年古树

嵩山古塔

碑》记载，该塔建于1316年，为月庵海公圆净之塔。这是嵩山地区雕刻最为精细的一座元代砖石墓塔。

清塔名曰弥壑澧公和尚塔，六角形七级砖塔，高约11米，周长7.8米。塔身刻有各种花卉图案，嵌有青石塔铭1块，塔刹为青石雕刻，高约1.2米。

与此同时，明帝刘庄为了使佛教在中国得以传播，特许阳城侯刘峻落发出家。刘峻出家是"嵩山度僧之始也"，从而为佛教在嵩山乃至全国的传播与发展拉开了序幕。

此后，在佛教传入中国的最初数百年里，随着禅宗初祖达摩在少林寺传法故事的渲染及禅宗的广传，嵩山成了佛教的繁荣圣地。

壮美风光的三山五岳

阅读链接

嵩山大法王寺相传建于公元71年，名称在后世一再变更。魏明帝青龙年间改为护国寺，西晋时于寺前增建法华寺，隋初造舍利塔，改名舍利寺。

唐太宗贞观年间，敕命补修佛像，赐予庄园，改为功德寺。玄宗开元年间，改称御容寺。代宗大历年间，重修殿堂楼阁，改名文殊师利广德法王寺。至五代时废坏，而分为五院，仍沿袭护国、法华、舍利、功德、御容等旧称。

北宋初，合称五院。仁宗庆历年间增置殿宇、僧寮，重造佛像，改称"嵩山大法王寺"。后存毗卢殿、大雄殿及方形十五层砖塔等。寺据嵩山之胜，为天下名刹之一。

# 著名的儒教圣地嵩阳书院

嵩阳寺创建于公元484年，为佛教活动场所，寺僧多达数百人。公元605年更名为嵩阳观，为道教活动场所。

唐弘道元年，高宗李治游嵩山时，辟为行宫，名为"奉天宫"。

嵩阳书院匾额

■ 嵩阳书院内的"道统祠"

五代周时改为"太乙书院"，宋仁宗更名为"嵩阳书院"，此后一直是历代名人讲授经典的教育场所。

宋代理学的"洛学"创始人程颢、程颐兄弟都曾在嵩阳书院讲学，此后，嵩阳书院成为宋代理学的发源地之一。

嵩阳书院在历史上曾是佛教和道教的场所，但时间最长、最有名气的是作为儒教圣地。

嵩阳书院经历代多次增建修补，规模逐渐形成，布局日趋严整。书院的建制，古朴雅致，大方不俗，中轴线上的主要建筑有五进，廊庑俱全。经历代重修，书院基本上保持了清代建筑布局，占地面积9900多平方米。

中轴建筑共分五进院落，由南向北依次为大门、先圣殿、讲堂、道统祠和藏书院，中轴线两侧有配房

周公　为周代的爵位，得爵者辅佐周王治理天下。历史上的第一代周公姓姬名旦，亦称叔旦，周文王姬昌第四子。因封地在周，故称周公或周公旦。为西周初期杰出的政治家、军事家和思想家，被尊为儒学奠基人，孔子一生最崇敬的古代圣人之一。

和西院敬义斋等，共有古建筑25座108间。

先圣殿内祀孔子及四大弟子像，道统祠内有周公、大禹、尧帝像。藏书楼原为存放儒家经典的书房。在讲堂之后有泮池，为儒家弟子中举之后回来绕行怀念宗师孔子的地方。

中轴线两侧的配房，均为硬山式建筑，分别为程朱祠、丽泽堂、博约斋、碑廊等。纵观嵩阳书院的建筑，古朴典雅，蔚然壮观。

此外，嵩阳书院内还有《汉封将军柏碑》、北宋黄庭坚的《诗碑》、明代的《四箴碑》及《汉封将军柏图碑》《石刻登封县图碑》等50余通。

嵩阳书院内原有古柏3棵，西汉汉武帝刘彻游嵩岳时，见柏树高大茂盛，遂封为"大将军"。大将军柏树高12米，胸径5.4米，树身斜卧，树冠浓密宽厚，犹如一柄大伞遮掩晴空。

穿过二进院，又见一棵柏树比"大将军"还要高大，因皇帝是"金口玉言"，大将军已经封过，无奈只好封其为"二将军"。

二将军柏树高18.2米，胸径12.5米，虽然树皮斑驳、老态龙钟，却生机旺盛、虬枝挺拔。树干下部有一南北相通的洞，好似门庭过道，树洞中

硬山式 常见古建筑屋顶的构造方式之一。屋面仅有前后两坡，左右两侧山墙与屋面相交，并将檩木梁全部封砌在山墙内，左右两端不挑出山墙之外的建筑叫硬山建筑。硬山建筑是古建筑中最普通的形式，无论住宅、园林、寺庙中都有大量的这类建筑。

■ 嵩阳书院内的大将军树

嵩阳书院内的
"二将军"树

可容五六人。两根弯曲如翼的庞然大枝，左右伸张，形若雄鹰展翅，金鸡欲飞。每当山风吹起，枝叶摇动，如响环佩，犹闻丝竹之音。

有诗曰"嵩阳有周柏，阅世三千岁"，这两棵树的树龄可追溯到周代以前，堪称中国古柏之冠。

随从的官员觉得汉武帝的加封不合情理，就想向皇帝建议，但又不敢直讲，只好从侧面向皇帝提示说："皇上，这棵树可比前院那棵大得多呀！"

汉武帝固执己见，说："什么大呀小的，先入者为主！"随从官员一时无语。汉武帝继续向后走，又见一棵更为高大的柏树，他便一错再错，封之为"三将军"。

由于汉武帝不公，封的3个将军都有情绪，"大将军"感觉自己名不副实，受之有愧，没脸抬头见人，久而久之，慢慢地变成了衰腰树；"二将军"心生闷气，连肚子都气炸了，变成了空心树；"三将军"更为恼怒，于是自焚而死。

为此，登封县内流传着一首脍炙人口的民谣，更为生动地阐明了这件事：

**民谣** 民间流行的、富于民族色彩的歌曲，称为民谣或民歌。中国民谣的历史悠远，故其作者多不知名。民谣的内容丰富，是表现一个民族的感情与习尚，因此各有其独特的音阶与情调风格。中国民谣的缠绵悱恻，表现了强烈的民族气质与色彩。

　　大封小来小封大，先入为主成笑话。三将军恼怒自焚死，二将军不服肚气炸。大将军笑倒墙头上，自觉有愧头低下。是非颠倒两千载，金口玉言谁评价？

嵩阳书院还留有明代的石刻"登封县地图"，刻于1593年，图上详细刻制着嵩山地区名胜古迹的分布情况和山川、河流、道路、村镇等名称，是登封唯一的一块石刻地图。

这块石刻地图轮廓清楚，位置准确，一览此图，对登封县的全貌和分布一目了然。明代石刻登封县地图是难得的艺术珍品，也是研究登封地理、文物和历史不可多得的宝贵资料。

在嵩阳书院大门南侧，有一高大的《大唐嵩阳观纪圣德感应之颂》碑，也就是唐碑，碑高9米，宽2米，厚1米左右，为嵩山地区碑刻之冠。

碑是在唐玄宗时期的744年刻立的，主要记述嵩阳观道士孙太冲，为唐玄宗李隆基炼丹九转的故事。李林甫撰文，唐代书法家徐浩八分古隶楷书，其字态端正，一笔不苟，刚柔适度，笔法遒雅，是书法之珍品。碑的背面和两侧有欧阳永叔的跋文。

相传，这通石碑原来并不在这里，原址在西北大约35米靠近悬崖的地方，那里的一通小石碑就是为纪念原址而留的。

传说当年石碑立起来之后，老百姓由于十分痛恨李林甫的为

嵩阳书院内的唐代碑刻

嵩阳书院古碑

人，纷纷指着石碑上面的文章痛骂，时间长了，惊动了玉帝。他便派一条神龙下界来摧毁石碑，不让他的文章立在嵩山下。

可是神龙来到石碑跟前，却发现上面的字写得太好了，不忍心下手。左思右想没办法交差，就在没有字的背面击下了一条痕迹。在背面可以发现一条清晰的雷击痕迹，上面的碑帽也被毁坏了一半。据说当时因为难以将碑帽移到石碑上，连续耽误工期，负责监工的大臣实在无奈，就对所有工匠说："我又向皇上争取了100天时间，不能再延期了。"

就在大家一个个愁眉不展的时候，一个衣衫褴褛的老人身背木工工具，笑眯眯地来到工地，对领工师傅说："师傅，念我年迈可怜，给份活干，以便混口饭吃。"

领工师傅心地善良，他对老头说："大爷，我们都拿这个石碑没办法，眼看要延期了，您还是赶紧到别处发财吧！"

老头问清了情况，指点他们用黄土把石碑围起来，从石碑的脖子处向下做一道斜坡，将碑帽拉到石碑上面就可以了。他们就这样完成了这个任务，石碑的帽子终于戴了上去。后来，人们都说那个老头就是鲁班，为救一帮工匠的性命化身来点化他们的。

大唐石碑石质坚硬细腻，雕工极为精细，是中国唐碑的优秀代表作之一。此碑由碑首、碑身和碑座组成。碑首分三层，上层为素面的束腰带座宝珠，各有一只卷尾石狮位于宝珠两边。

石狮前爪把持宝珠，后脚盘蹬于宝珠的基座上，嘴唇吻于宝珠，堪称奇妙。这不仅是装饰，使碑首不至于显得单调，而且起着平衡碑顶重心的实际作用，使碑身牢固稳当。

碑首的中层比上、下层和碑身都要宽大，四面较碑身凸出，从上往下逐渐收缩，略带弧形，上边有大朵云气图案的浮雕。碑首的第三层上下平直，正面中间篆刻有额文，额文两边有双龙飞舞的浮雕，两侧是浮雕的麒麟。

这种碑首较那种盘龙式或半圆顶的碑首要别致得多，象征着升腾的云气和天上的巨龙，气势特别宏大。

嵩山碑刻作品多达2000余件，颜真卿、苏东坡、黄庭坚、米芾、蔡京等历代大书法家，都在嵩山留有墨宝。

整个石碑不仅在书法方面具有极高的价值，从石碑的造型上也可以看出唐代建筑大气、雄伟、壮观的风格。下面的碑基雕刻有很多精美的造像，雄厚稳重，更衬托出碑身的挺拔流畅。上面的碑帽端庄飘逸，尤显整体的灵动和浑厚。

**阅读链接**

儒学在嵩山地区取得真正的正统地位是在宋代，宋代极力想恢复儒学的权威地位，以儒家的伦理纲常为核心内容，为封建统治服务。

宋明理学自称是孔孟后学，但在其哲学体系的建构过程中，不仅有儒学的正统思想，而且也有佛道思想的痕迹；韩愈的道统说、李翱的复性说是理学的重要思想来源。

宋代嵩山地区儒学传播最重要的形式就是书院教学，嵩阳书院是以私人创办为主，教学、研究、藏书三结合的高等教育机构，嵩阳书院是宋代四大书院之首。

# 大乘禅宗传入和嵩岳寺塔

嵩山达摩塑像

南朝梁武帝年间，达摩祖师手持禅杖，信步而行，见山朝拜，遇寺坐禅，于公元527年到达了嵩山少林寺。达摩看到这里群山环抱，森林茂密，山色秀丽，环境清幽，佛业兴旺，谈吐温洽。达摩心想，这真是一块难得的佛门净土。于是，他就把少林寺作为他落迹传教的道场，广集僧徒，首传禅宗。因而嵩山又成了佛教的繁荣圣地。

关于达摩祖师，在当地还流传着一些故事。佛教禅宗初祖菩提达摩，是天竺国佛教禅宗的嫡传弟子。

有一天，达摩问师父般若多罗大

师："我得法以后，应该到什么地方去传法？"

师父般若多罗回答他说："去震旦。"

达摩遵照师傅的嘱托，东行来到中国。首先在南朝都城金陵觐见了梁武帝萧衍。两人观点不同，话不投机。达摩不辞而别，渡江北上到魏都洛阳去。

走到长江岸边，看到江面宽阔，水深流急，没有船只，正愁着没法渡江，就见不远的地方，坐着一位老婆婆，身边放着一捆芦苇，上前施礼问道："老人家，您是准备用这捆芦苇渡江吗？"

老婆婆抬起头来看看，见来者态度十分诚恳，没有说话，只是点了点头。

达摩心想，一个年迈的老人可以踩苇过江，我为何不能呢？于是便恭恭敬敬地请求说："老人家，请赐一苇渡我过江。"

老婆婆仍然没有说话，顺手抽出一根芦苇递给达摩。达摩双手接过，告别老人，来到江边把芦苇往江面上一放，轻轻踏上芦苇，顺顺当当地过了长江。

当时北魏都城洛阳龙门香山寺，有个和尚名叫神光，听说天竺国高僧菩提达摩在南朝都城金陵弘扬大乘禅法，便前去会晤。他来到金陵一打听，达摩已经渡江北上了。和尚没有停脚，就在后边紧追。

■ 嵩山达摩石刻

**嫡传** 古人因为可以娶多房妻子，家业无法分开，就将所有家业全部留与一子经营，而这一子，须是家中第一房妻子所生的第一个儿子；另一方面嫡也指最正统的传承，嫡的意思中有正妻和正妻所生的儿子的意思，不同于偏房，嫡妻在家中有绝对的优越权。

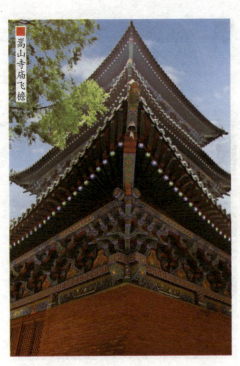
嵩山寺庙飞檐

来到江边时，看见达摩正脚踩一根芦苇过江，而且平平安安地登上对岸。再一看，见一位老婆婆坐在江边，身边放着一捆芦苇。

他心想，达摩一定是用老婆婆的芦苇渡过江去的，于是急急忙忙跑到老婆婆的身旁，不请求主人的允许，抱起芦苇，跑到江边，扔在水中，一个箭步猛地跳上苇捆。

芦苇不仅不向前进，反而连打几个波浪，把神光掀入江中。神光喝了几口水，好在江边水浅，没有生命危险。他涉水上岸后，走到老婆婆跟前问道："前边那人用一根芦苇渡过江去，而我拿你一捆芦苇，为什么险些命丧江中？"

老婆婆说："那人是以礼化取，我当然应该渡他过江。你是无礼抢要，我怎能无缘助你呢？"

神光自知失礼，赶忙向老人家道歉说："老人家，方才我是急于追赶那人，忙中失礼，冒犯施主，请老人家原谅，渡我过江。"

老婆婆看神光有了转变，遂答应施苇相助。神光一扭头，不知老人去向。就在这时江面风起，漂浮在江面上的芦苇捆，又慢慢地荡回到江边。神光望着老人原来坐的位置深施一礼说："多谢施主指点，小僧去也！"说罢，慢慢登上芦苇捆，过了长江。当他登上长江北岸时，暗暗自愧地想："我实在不如人家啊！"

神光心悦诚服，紧步赶上达摩，合十施礼，请求说："请大师到嵩山少林寺弘扬大法！"

达摩跟神光来到魏都洛阳，不久又来到嵩山少林寺，一看这里山

壮美风光的三山五岳

清水秀，就在五乳峰的山洞中落迹面壁，一坐就是10年。10年功到业成，大乘禅法也开始慢慢传开了。

北魏孝明帝正光年间，为了纪念佛祖释迦牟尼，人们集资建造了嵩岳寺塔，是嵩山地区历史上建造的第一座塔，也是中国历史上出现的第一座砖塔。

嵩岳寺塔上下用砖砌就，层叠布以密檐，外涂白灰，内为楼阁式，外为密檐式，高41米左右，周长33.7米，塔身呈平面等边十二角形，中央塔室为正八角形，塔室宽7.6米，底层砖砌塔壁厚2.45米，这种密檐形十二边形塔在中国的数百座砖塔中，在当时也属少见。

整个塔室上下贯通，呈圆筒状。塔室之内，原置佛台佛像，供和尚和香客绕塔做佛事之用。全塔刚劲雄伟，轻快秀丽，建筑工艺极为精巧。该塔虽高大挺拔，但却是用砖和黄泥砌筑而成，塔砖小而且薄，历经千年而依旧屹立，充分证明中国古代建筑工艺之高。

嵩岳寺塔无论在建筑艺术上，还是在建筑技术方面，都是中国和世界古代建筑史上的一件珍品。

嵩岳寺塔由基台、塔身、15层叠涩砖檐和宝刹组成。台高0.8米，宽1.6米。塔前砌长方形月台，塔后砌砖铺甬道，与基台同高。该塔底部在低平的基座上起两段塔身，中间砌一周腰檐作为分界。其中，下段高3.59米，为上下垂直的素壁，比较简单，仅在四正面有门道。上段高3.73米，为全塔最好装饰，东、西、南、北四面各辟一券门通向塔心室，四正面券门

嵩山建筑

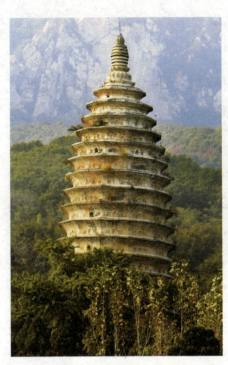

■ 嵩山嵩岳寺塔

与下段门道通，券门上有印度式火焰券门楣，其余八面各砌出一座单层方塔形壁龛，各转角处砌壁柱。

中部是15层密叠的重檐，用砖叠涩砌出，檐宽逐层收分，外轮廓呈抛物线造型，其内部则是一个砖砌大空筒，有几层木楼板。

最高处有砖砌塔刹，通高4.75米，以石构成，其形式为在简单台座上置俯莲覆钵、束腰及仰莲，再叠相轮七重与宝珠一枚。该塔塔心室作9层内叠涩砖檐，除底平面为十二边形外，余皆为八边形。塔下有地宫。

嵩岳寺塔的轮廓线各层重檐均向内按一定的曲率收缩，轮廓线非常柔和丰圆，饱满韧健，似乎塔内蕴藏着一种勃勃生气。

相传原本嵩岳寺塔既有塔棚又有木梯。在很早以前，寺中的和尚们住在一起，种菜、煮饭等事情都分工明确，那个最小的和尚专门负责清扫塔房，他每天都把那儿打扫得干干净净。

有一天，小和尚正在扫地时，突然感到自己的两只脚慢慢离开了地面升到了空中，然后又徐徐落到地上。以后，他每次去塔房清扫都要升空一次，而且一次比一次升得高。小和尚心花怒放，以为自己已修成正果，成为得道西天古佛超度的出家人。

因此，他每次腾空时都双手合十，低首敛眉，默

**塔刹** 是指佛塔顶部的装饰，塔刹位于塔的最高处，是"冠表全塔"和塔上最为显著的标记。从结构上说，塔刹本身就是一座完整的古塔。它由刹座、刹身、刹顶和刹杆组成。这种塔上塔的造型，使塔显得更加高插云天，雄伟挺拔。

默感谢佛祖的恩典。当小和尚快升到最高一层塔棚的时候，他心想：我从小进寺，师父待我最好。现在我比他先升天，应当跟他说一声。于是找到师父把情况告诉了他。

老和尚一听，觉得这事挺蹊跷，便说："你升一下给我看看。"

小和尚在师父面前又振臂又踮脚的，可是怎么也飞不起来，他只好说："这儿不行。您若不信，明天早上跟我到塔房去看看好啦！"

老和尚更觉奇怪，第二天他早早来到塔房，不一会儿，果然见小和尚两脚慢慢离地，身体越升越高。

小和尚开心得大叫："师父，快看！"

老和尚却没吭声，只是留神四处观察。当小和尚就快升到最高一层时，老和尚顺眼一瞧，不禁大吃一惊。原来塔棚口上，一条巨蟒正张开血盆大口，把小和尚往肚子里吸呢。

他大喝一声："黑蟒！"黑蟒受惊，一下子缩了头，小和尚"扑通"一声落在了地上。老和尚把吓瘫的小和尚往肩上一扛，背出塔房，回身急忙把塔门锁上。

老和尚招来众和尚，把情况说明，当下一合计，决定用火烧来除掉巨蟒以绝后患。大伙说干就干，不到半天工夫就到山里砍了许多柴来。他们打开塔门把柴火堆得老高，熊熊大火烧死了黑蟒，也烧掉了塔棚和木梯，从此嵩岳寺中便只剩下一座没有塔棚和木梯的空塔了。

> **阅读链接**
>
> 　　禅宗是汉传佛教宗派之一，始于菩提达摩在嵩山少林寺传教，盛于六祖惠能，中晚唐之后成为汉传佛教的主流，也是汉传佛教最主要的象征之一。禅宗又名佛心宗。
>
> 　　后惠能以下，其著名的弟子有南岳怀让、青原行思、菏泽神会、南阳慧忠、永嘉玄觉，形成禅宗的主流，其中以南岳、青原两家弘传最盛，分成众多的宗派，合称"五家七宗"。

# 玉帝托梦武则天封禅嵩山

相传，玉帝曾托梦给下界的女皇武则天，命她到嵩山去封岳神。武则天遵玉帝之命，于公元696年来到中岳嵩山，在峻极峰上建起"登封坛"，举行礼祭嵩山大典。

嵩山寺庙神像

第二年，武则天再登峻极峰，加封中岳嵩山为"天中皇帝"，灵妃为"天中皇后"，"天中王"又被人们称为"嵩岳大帝"，是主管嵩山一带的大神，人们都很尊敬他。

到了700年，已是73岁高龄的武则天第三次登上嵩山峻极峰，在嵩山玉女台下的平洛涧石淙河旁边大宴群臣。歌舞赏心，笙箫悦耳，即兴赋诗，兴致高涨，留下了"石淙会饮"的佳话。

当时，武则天、李显、张易之、武三思、薛曜等十七人还把当时所作的诗一一刻在石碑上以作纪念，后人称之为"摩崖碑"。不料，在这次到登封嵩山会饮之后，古稀之年的武则天忽然患了一场重病。朝中的大臣纷纷来到登封，上嵩山祭祀"神岳天中皇帝"，为她祈祷，企盼能除病消灾。

过了一个月，武则天的病竟然好了，她非常高兴，以为是登封嵩山的保佑，立即大赦天下，并派官员专程到中岳嵩山祭祀。同时，武则天派人把一枚金简投进嵩山的山沟里，向神灵申述了她一生的追求，祈求宽恕自己的过错。金简上书：

上言：大周国主武曌好乐真道，长生神仙，谨诣中岳嵩高山门，投金简一通，乞三官九府，除武曌罪名。

■ 嵩山寺庙里的香炉

笙箫　笙，又称芦笙，主要由笙簧、笙苗和笙斗三部分构成，是中国古老的民间乐器，多用于合奏以及地方戏曲伴奏。箫，又名"洞箫""竖吹"，属于木管乐器族内的吹孔气鸣乐器，音色圆润、浑厚、柔和，但音量较小。箫为中国传统的民族乐器，其音色悠远、苍凉，适于演奏较为哀婉的乐曲。

据说当时的武则天还到过登封城北积翠峰下的会善寺，并拜寺里的道安禅师为国师，赐名会善寺为安国寺，置镇国金刚佛像于寺内，还增建了殿宇、戒坛和塔，规模宏大。

"登封"这个名字也是从武则天来嵩山封禅之后才有的。因为武则天在嵩山的登封坛上，奉嵩山为天下五岳之首，并在嵩山封禅、封岳神。

随后，武则天下了一道诏书，改年号为"万岁登封"，并把当时的嵩阳县改为登封县，把阳城改为告城，以表示她"登嵩封岳大功告成"之意。后来，历史上有史可查的巡狩、祭祀、封禅嵩山的帝王就有68位之多。

后来，在中岳庙峻极殿的后边，建了座寝殿。寝殿的东西两厢，放着两张绣花雕刻顶子床，东边床上躺着个檀香木雕刻像，西边床上躺着个泥塑彩色像，两个像均为天中王像。

两个床头处的椅子上，各坐着一个彩色泥塑贵妃像，这两座像均为天灵妃像。天中王的善男信女，亲切地称他们为"睡爷爷"和"坐奶奶"。

**阅读链接**

据说天灵妃心地善良，很同情人们的疾苦，凡没有儿女的人向她求援，她都会慷慨地满足人们的要求。

求子的人在嵩岳大帝和嵩岳娘娘的塑像前燃香叩头，把红绳递给道人。想要男孩的，需事先向道人说明；想要女孩的，也要在红绳拴上之前，把自己的想法解释清楚；如果想要个双胞胎，道人会把一个男孩和一个女孩背靠背地拴在一起。

妇女们接过娃娃后，将娃娃揣在怀里，抱回家中，放在床头上或苇席下。如果如愿以偿，她们生下孩子后，还要在孩子周岁时到中岳庙里向嵩岳娘娘还愿。

# 禅宗祖庭千古名刹少林寺

相传在东汉明帝时，明帝在一个夜深人静的夜晚，梦见了金色的神人，像金色的鸟在宫里飞来飞去，这一晚明帝的梦异常清晰。

第二天上朝，明帝就把这些讲给大臣们听，大家不知道如何回

嵩山少林石牌坊

壮美风光的三山五岳

答，一个名叫傅毅的大臣站出来说，这金色的神人应该就是西方的佛。于是，皇帝决定派人前往西域寻求佛法。跟随汉朝使节来华的是印度高僧摄摩腾和竺法兰，还有一大批佛经佛像。印度僧人和佛经佛像是由白马驮来的，白马为佛教的东来做出了卓越贡献，佛教在华夏这片古老的土地上生根发芽、茁壮成长。

汉明帝下旨在洛阳西雍门外建白马寺供两人译经。白马寺是中国有史以来的第一座佛寺。后来唐朝诗僧灵澈的诗句写道：

经来白马寺，僧到赤乌年。

说的就是佛教初到白马寺和三国年间在南方发扬光大的情况。

在白马寺生活的摄摩腾、竺法兰抬起头来，悠然望见东南方有高山耸峙，烟云出于其间，于是奏请明帝，派人陪同他们去那里另寻清静之地建造僧刹。高僧一行有缘踏上了嵩岳福地。

太室山南麓有一狭长的山间谷地，林壑生凉，流泉成响。东面有两峰并立，其间空阙如门，当地人谓之嵩门。每逢中秋，山民们于暮色之中，焚香静坐，以待月出。

须臾，一轮明月从嵩门间冉冉升起，银光泻于空谷，万籁凝于石崖。此景谓"嵩门待月"，乃嵩岳第一胜境。

两位高僧佛心为之所动，决定在这里：

面南岭，建经台；倚北阜，筑讲堂；傍危峰，搭方丈；邻浚流，立僧房。

寺庙建成于公元71年，汉明帝敕名"东都大法王寺"，晚于白马寺3年，这是中国第二座佛教寺院。

汉明帝笃信佛教，大法王寺建成后，由于嵩山地处京畿，往来方便，明帝及随从官员多次亲临道场，听经拜佛。明帝还下令，新任命的官员，不论职位高低，都必须到大法王寺听经学法后方可上任。

摄摩腾、竺法兰于这座中土宝刹"对千年之乔

白马寺　中国各地有多处白马寺，最有名的当属河南洛阳白马寺。洛阳白马寺创建于公元68年，是中国第一古刹，是佛教传入中国后兴建的第一座寺院，有中国佛教的"祖庭"和"释源"之称。另外，安徽、青海、江西以及山西等地也有"白马寺"。

■ 少林寺内佛像

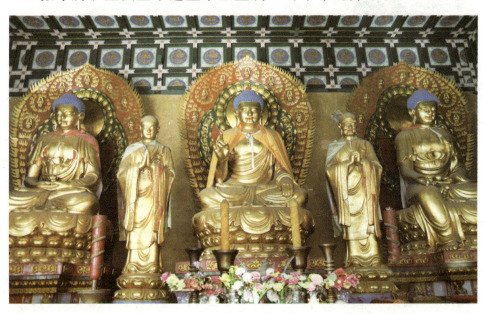

木，纳万代之芬芳"，凝思静虑，译经布道。继公元
68年他们在白马寺完成中国第一部汉译佛经《四十二
章经》后，又于嵩山大法王寺陆续译出几种小乘佛教
的早期经典。

"乘"是"乘载"的意思，小乘佛教说的是自我
解脱，大乘佛教讲的是普度众生。除了目的有差异，
在修行方式上，大乘也比较简单。

随着大乘佛经传入，佛教的影响开始波及民间。

三国时期，嵩山出了中国佛教史上第一个正式受
戒出家的汉族僧人，他就是朱士行。

朱士行出生于嵩山南麓的颍川，在嵩山出家之
后，以弘传佛教大法为己任，专心于佛教理论的研
究。当时风行的大乘经典尚极简
约，很多观点实际上没有讲清楚。
因此他"誓志捐身，远求大本"，
于公元260年从嵩山出发，开始他的
西行求法壮举。

在于阗，朱士行抄取了《般若
经》梵文本，于公元282年遣弟子弗
如檀等十人护送经卷回洛阳。10年之
后，由精通梵汉两语的天竺僧人竺叔
兰和学识渊博的西域僧人无罗叉两人
译出，称《放光般若经》，共20卷。

当《放光般若经》在汉地大为
风行之时，朱士行仍在于阗，最后
以80岁高龄为求法而客死他乡。

■ 少林寺僧人塑像

《梁高僧传》说他死时有异相，火化后，"薪尽火灭，尸犹能全"，后念诵咒语，骨架才散碎，其弟子们聚骨造塔以供养。

到了公元496年，北魏孝文帝元宏为安顿印度僧人跋陀住锡，在少室山北麓五乳峰下寂静的山林中建起一座寺院，这便是日后声名显赫的少林寺。

但少林寺名扬天下，却缘于另一位印度高僧菩提达摩。少林寺落成30多年后，即公元527年，菩提达摩不辞艰辛，从南天竺国渡海来到东土，开始了禅宗在中华大地上的传播。

少林寺武僧练功场地

达摩首先到了金陵，一月之后来到永宁寺，只见那九级浮屠"金盘炫日，光照云表；宝铎含风，响出天外；歌咏赞叹，实是神功"，自称活了150岁，周游列国，从未见过如永宁寺这般精美的寺院。于是，达摩口唱南无，合掌赞美不停，已经将心许与嵩山。

离开永宁寺，达摩来到几十千米外的嵩山少林寺，落迹于此，终日面壁。这时候嵩山有位名叫神光的僧人，听说达摩大师住在少林寺，于是前往拜谒。

达摩面壁端坐，不置可否。神光没有气馁。他暗自思忖："古人求道，无不历尽艰难险阻，忍常人所不能忍。古人尚且如此，我当自勉励！"

当时正是寒冬腊月，纷纷扬扬飘起漫天大雪。夜幕降临，神光仍在寺外站立不动，天明积雪已没过他的双膝。达摩这时才开口问道：

"你久立雪中，所求何事？"

神光泪流满面道："愿和尚慈悲，为我传道。"

达摩担心神光只是一时冲动，难以持久，略有迟疑。神光明白达摩心思，就取利刃自断左臂，置于达摩面前。于是达摩就留他在自己身边，并为他取名慧可。

少林寺内的立雪亭，便是为纪念慧可断臂求法的事迹而建。

达摩禅师以4卷《楞伽经》授予慧可，慧可就是日后禅宗在东土的第二代祖师，自此，禅宗在中国有了传法世系。

佛教的文化渊源在印度，而禅宗是独具中国特色的佛教宗派，它的文化渊源在嵩山，禅宗在其诞生地印度没有成宗，却在传入嵩山后，成为中国佛教延绵不断的主流宗派。正是因为祖师达摩在少林寺创立了禅宗一派，所以少林寺后来被誉为"禅宗祖庭"。

禅宗流传久远的重要原因之一，是其教义和修行方法的简单易行。禅宗的宗旨是：

教外别传，不立文字，直指人心，见性成佛。

到了唐代时，六祖慧能提出"顿悟"的主张，连坐禅也免了，认为顿悟并不要求离开现实生活：

举足下足，长在道场；是心是情，同归性海；提水砍柴，无非妙道。

主张在日常劳动生活中都可以顿悟成佛。

少林功夫便起源于僧人的日常生活。相传跋陀的弟子慧光12岁时，能在井栏上反踢毽子500下。在井栏上踢毽子是很危险的，功夫不到家就可能跌落井中。

公元600年，一代高僧玄奘就出生在嵩山北麓缑氏镇陈河村，后来玄奘遍学佛教传入中国的各家经论，发现了诸家之间的见解差异。这种分歧争论"凡数百年，率土怀疑，莫有匠决"，玄奘要来决断。他选择的也是朱士行西行求法的道路，想到印度求取《瑜伽师地论》来统一诸家异说。

玄奘长途跋涉历尽艰辛，终于到达印度的佛学中心摩揭

少林寺内砖雕

陀国王舍城的那烂陀寺，跟随住持戒贤学习5年，成为精通50部经论的十大德之一。

公元645年，玄奘回到长安，夹道相迎者数十万，争相目睹唐僧风采。此后，玄奘历时19年，共翻译佛经75部1331卷，并完成地理学巨著《大唐西域记》。

唐朝的建立得到少林寺僧人的帮助。唐王朝不断赐给少林寺财物，大兴土木，修筑佛塔宝殿，皇帝、皇后也常游行嵩山和少林寺，尊为佛门宝地。当时的少林寺拥有1.4万余亩寺土，寺基540亩，寺庙建筑共5418间，僧人2000多名。正如《少林寺碑》所记：

妙楼高阁，俯瞰为林，金刹宝铃，上摇清汉。

特别是公元723年，唐玄宗命天文学家僧一行到少林寺修建玉殿，

僧一行精心设计建造了一座"梵天宫殿"，雕工极其精湛：

使之悬日月光华，建佛地园林，动烟云气色 。

从此，少林寺面貌焕然一新。到了公元695年，武则天封禅嵩山，改年号为"万岁登封"元年。登封县名，由此而得。

唐代少林寺名僧辈出，有善护、志操、昙宗、明禅、同光等。

宋代理学兴起，佛、道、儒三教合流。理学家的思想深受禅宗的影响，禅宗及禅宗祖庭少林寺也得到发展。据说宋朝雍熙年间少林寺所藏佛经已有9500余卷，当时的少林寺被称为"天下第一名刹"。

元朝时少林寺也很兴盛，元世祖命福裕和尚住持少林寺，他创建了钟楼、鼓楼，当时有僧人2000多名，兴盛一时。日本僧人邵元"久居少林"，担任执事僧、"当山首座"和尚的职务。他为法照和尚撰文并书写了《显教圆通大禅师照公和尚塔铭并序》汉字铭文。邵元还为少林寺住持息庵法师写了《息庵禅师道行之碑》的塔铭。

明朝对少林寺也常加整修，使殿宇一新，金碧辉煌。由于少林寺僧人在抗倭中为明政府效力，明政府免除粮差，为少林寺新修了千佛殿。明朝的皇子先后有八人到少林寺出家。

**阅读链接**

清朝政府对少林寺进行了大规模的整修重建工作，其中1735年的工程规模最大。

雍正皇帝亲览寺图，审订方案，把1734年漕运节省米价和河南省的积存公款全部花光，寺周围成材柏树砍伐殆尽，创建了山门，重修了千佛殿、寮房等。

1750年，乾隆皇帝亲临少林寺，夜宿方丈室，并亲笔题诗立碑，即《乾隆御制诗碑》。

# 三山美名

## 三山美景与历史文化

黄山，原名黟山，因峰岩青黑，遥望苍黛而名，位于安徽南部。黄山以其奇伟俏丽、灵秀多姿著称于世，被誉为"天下第一奇山"。

黄山共有七十二峰，或崔嵬雄浑，或峻峭秀丽，布局错落有致，天然巧成，并以天都峰、莲花峰、光明顶三大主峰为中心铺展，跌落为深壑幽谷，隆起成峰峦峭壁，风光旖旎，美不胜收。

黄山集中国各大名山的美景于一身，尤以奇松、怪石、云海、温泉著称，有"五岳归来不看山，黄山归来不看岳"的美誉。

# 第一奇山
# 安徽黄山

# 黄山奇景中的古老传说

黄山，古代称为"天子都"，因为它雄伟秀丽，又神秘莫测，是天帝和神仙的居所。到秦代，人们根据它的颜色又称为"黟山"。

那么，后来黟山为什么又改叫黄山了呢？据说是因为黄帝曾在此炼丹而得名。

黄帝又称轩辕氏，是古时部落联盟首领。他带领人们养蚕、制造

黄山风光

舟车。时光飞逝，黄帝到了老年，还有许多事情没有完成，河流需要治理、土地需要开垦、禽兽需要驯化等。

黄帝为了长生不老，多为百姓办好事，便派浮丘公为他寻找可以修炼长生不老仙丹的地方。

浮丘公走了3年才回来，告诉黄帝："江南有一群高山，只因山上多是黑石，叫黟山，那里可以炼丹。"

于是，黄帝带领浮丘公、容成子和一些臣仆来到黟山，垒石造屋，又砌炼丹炉，然后去采集炼丹所需的草药。

黟山有几十座陡峭的山峰，有的地方连猴子也难上去，可轩辕黄帝却踏遍了每一寸山崖。

到后来，所备的粮食吃完了，只能靠摘野果充饥，很多人忍受不了那份苦，偷偷跑走了，最后只剩下黄帝和浮丘公、容成子三人。

他们经过9年千辛万苦的寻找，才采集齐炼丹所需的草药，又打了一眼井，掘开清冽甘甜的山泉，这才开始炼丹。

3年过去了，原来准备好的柴快要烧完了，仙丹还没炼成，炼丹台附近的树已被砍光，浮丘公和容成子只得到远处去砍柴，黄帝一人看守炉火。

黄帝把最后一根松柴填进了炉膛，浮丘公和容成

**容成子** 容成公为古代传说中的仙人，黄帝之臣子，是指导黄帝学习养生术的老师之一。曾经栖自太姥山炼药，后来隐居崆峒山。传说与黄帝一同在黄山飞升成仙了。

■ 黄山风光

子还没回来，眼看火势越来越小，一旦熄灭，将前功尽弃。黄帝便把自己的一条腿伸进炉里当柴烧，终于炼成了仙丹。

这时浮丘公和容成子也赶了回来，把黄帝的腿从火里救了出来。三人吃了仙丹，果然脱胎换骨，飘然成仙了。所以人们就称它为黄山。

还传说，在桃花溪中还有他们炼丹时用过的丹井和药臼呢！并且，在黄山的群峰中轩辕峰、浮丘峰和容成峰就是以他们3个的名字命名的。

黄山共有七十二峰，以天都峰、莲花峰、光明顶三大主峰为中心铺展开来，黄山的前海是以三大主峰中的莲花峰和天都峰为主体组成的。

在天都峰和莲花峰之间是著名的玉屏峰，这里几乎集黄山奇景之大成，故有黄山绝佳处之称。

玉屏峰前有巨石如平台，左有青狮石、迎客松，右有白象石、送客松、立雪台。登台四眺，景色奇

**仙丹** 道教为追求长生不死和成仙所炼制的丹药。比喻起死回生的灵丹妙药。仙丹是将多种化学原料，放入丹炉等容器内，再经高温处理，最后提炼成的混合物。据称，道士用此法炼制仙药，服用后可羽化成仙。故此物名为仙丹。

绝。著名的"玉屏卧佛"就在峰顶，头左脚右，栩栩如生。

玉屏卧佛是花岗岩山体经过自然风化形成的，毫无人工斧凿的痕迹。它长约数百米，鼻子高耸，眉眼清晰，甚至连头上的螺髻、颈部的喉结都清晰可辨。

送客松畔是观赏卧佛的最佳处，只见玉屏卧佛头朝莲花峰，脚朝耕云峰，左右有象、狮二石镇守，头顶有金龟侍候，卧姿安详，形态逼真。有当地群众反映，民间早有称玉屏峰为"美人靠""睡美人"和"睡观音"等讲法。

天都峰位于玉屏峰南1000米，是黄山三大主峰中最为险峻的一座，海拔1800米。有古诗赞道：

任它五岳归来客，一见天都也叫奇。

天都峰顶有"登峰造极"石刻，使人有"海到尽处天是岸，山登绝顶我为峰"之感。

黄山第一高峰莲花峰位于玉屏峰北，莲花峰海拔1800米，峻峭高

■黄山玉屏峰

耸，气势雄伟，宛如初绽的莲花，故名“莲花峰”。

从莲花岭至莲花峰顶约2000米，这段路叫“莲花梗”，沿途有飞龙松、倒挂松等黄山名松及黄山杜鹃。

莲花峰绝顶处方圆丈余，中间有香砂井，置身峰顶，遥望四方，千峰竞秀、万壑生烟。在万里晴空时，可东望天目山，西望庐山，北望九华山。雨后，纵观八面云海，更为壮观。

关于莲花峰，还有一段神奇的传说故事：相传很久以前，观音奉天帝之命，下凡巡视。当她手持净瓶、柳枝二宝，乘着象征吉祥如意的莲花宝座，驾云来到黄山时，受到山神、水神、花神及仙猿、百鸟的热烈欢迎。

观音见山奇水秀，云霞璀璨，草木生辉，又有许多好客的朋友，便久久盘桓，不愿离去，早把那森严寂寞的天宫忘得一干二净。

一日，天帝派来“乌鸦使者”催观音回宫。观音不愿遵旨，天帝即派天兵天将前来捉拿，要治她抗旨之罪。

**莲花宝座** 本是天界讲经堂外灵池中的莲花，经过天界仙水的滋润而具有了灵性。因为终日听天神讲育真经，而悟得修仙之术，最终修炼成神，化为莲花宝座。天界灵池之水是其神力的源泉，一旦离开便失去大部分力量，因此它通常不离开灵池。民间传说中莲台宝座常作为天神的座驾出现在人们面前。

黄山莲花峰

观音取出随身法宝，用柳枝蘸着净瓶里的法水，向对方挥洒。天兵天将素知法水厉害，一旦沾身，立即皮焦肉烂，因而都不敢近身。加之黄山山神、水神、花神、仙猿、百鸟等齐为观音助阵，因此，一场恶战直打得天兵天将丢盔弃甲而逃。

天帝非常生气，于是降下谕旨，将其逐出天宫，责令她永住波涛险恶的南海，所以人们便称她为"南海观世音"。但是，观音没将天帝的谕旨当回事，让她住南海，她偏要住在自己心爱的黄山。

观音怕天帝再来骚扰，就索性将乘坐的莲花宝座点化成雄奇秀丽的山峰，这便是后来的莲花峰。

鳌鱼峰在莲花峰的西南方，鳌鱼峰高约1800米，峰以形名，那巨大高昂的鳌首，大有鲸吞天地之势。

在莲花峰和鳌鱼峰中间便是百步云梯。百步云梯是在石壁上凿成的一百余级险峻陡峭的蹬道，从两石间穿过下行，十分险峻，走在上面也会让人觉得心惊，那又是谁在这前后数里杳无人烟的悬崖上开出一条通途呢？

**天兵天将** 是指天界中的将领和士兵，他们的主要作用是卫护天宫，维护佛法，下界降妖除魔。通常穿着华丽的金甲，身体周围有五彩霞光缭绕，身形也非常魁梧。道教认为北斗众星中有三十六罡，对应的是三十六位神将，他们都具有降妖除魔的法力。

■ 黄山百步云梯

铁拐李　相传姓李，名玄。曾遇太上老君得道。神游时因其自身误为徒弟火化。游魂无所依归，乃附一饿死者的尸身而起，从此蓬头垢面，袒腹跛足，胁夹铁拐，故名"铁拐李"。八仙中，铁拐李是年代最久、资历最深者，亦作"李铁拐"。

相传，在很早以前，山下住着一个黄善人，终年干着修桥补路、好善乐施的好事。

当时，前山和后山互不相通，就卡在莲花峰和鳌鱼峰之间的这块悬崖上，当地人称它为"断头崖"。

黄善人想在这里开一条路，但是即使出大价钱也雇不到一个帮手，只得自己干了起来。后来，他的善心被救苦救难的乞丐大仙铁拐李知道了，铁拐李有意点化黄善人，于是变成一个年轻美貌的游山女子，假装因迷路来到断头崖前，求黄善人送她出山。

黄善人心想：救人一命胜造七级浮屠，开凿这条路再怎么重要，也不能眼睁睁地看一个弱女子葬身在这大山之中啊！

于是他答应护送迷路女子出山，可万万想不到那女子一会儿扭伤了脚，一会儿刺破了皮，硬要黄善人背着她下山。黄善人一句怨言也没有，就将她背下了山。

下山后，铁拐李变回了原来的模样，对黄善人说："我明天要来接你上天去，与你同列仙班吧！"

可黄善人说："还不行，我要把这条路修好，才能跟你走！"

铁拐李顿时哈哈大笑，笑声未落，铁拐李就不见了踪影。

第二天，黄善人依旧来到山上开路，但奇怪的是好像没费气力似的，一连凿出好几个石级。

黄善人直起腰来，突然发现不知什么时候，一条又平又阔的石梯已经从山脚直铺到山顶了，铁拐李正笑嘻嘻地迎面走来。

黄善人忙说："仙长留步，容我刻上'百步云梯铁拐李造'的字样留个纪念，可好？"

铁拐李说："不必，不必！仙不图名，你快跟我走吧！"说着便拉住黄善人的手共同驾云而去。

后来，有个游方僧人，见百步云梯扼前后山咽喉之地，猛生恶念，谎称这是他献资营造的，要一切过往行人统统交买路钱。

**金甲神** 是指韦驮菩萨，又称"韦陀天"，为佛教的护法天神。相传释迦牟尼涅槃时，诸天和众王把佛陀火化后的舍利子分了，各自回去建塔供养。韦陀也分得一颗佛牙，正准备回天堂。一个鬼偷走了一对佛牙舍利，韦驮奋起直追，夺回了佛舍利。于是，韦驮被人们称为"护法菩萨"。

■ 黄山百步云梯

于是触犯了佛门清规，玉帝差遣金甲神，一鞭就把他打成了一块石头，人们称之为"老僧入定"。

百步云梯又称"一线天"，从这里通过的时候，仰头只能见一线青天，故称一线天。过一线天登数十级，回首再看，可见3座参差不齐的小石峰相拥而立。峰巅似剑，纯石无上，峰上奇松挺拔，形态各异。每当云雾缭绕，峰尖微露，似海中岛屿，人们又喻为神话中的蓬莱仙境，故取名"蓬莱三岛"。

下鳌鱼峰便是天海，天海位于黄山前、后、东、西海之中，为黄山之中心位置。

天海为海拔约1600米的高山盆地，从光明顶回望，有"一览众山小"之势。当周围群峰没在云海之中时，此处却是一片晴空，每当云雾出现，云天一色，蔚为壮观。这里生长160多种植物，四季都有花开，景色非常优美。

阅读链接

在百步云梯两侧还有两块奇巧的石头，人们称之为"龟蛇二石"。这两块石头一个如龟，一个似蛇，故名"龟蛇二石"。

相传，此二石乃观音菩萨点化而成，令其专门镇守云梯的，故又名"龟蛇守云梯"。

有诗道："二君到此几多年，龟自辛勤蛇未眠。坚守天梯无日夜，迎来送往态悠然。"

它们俩就在这里无惧风吹日晒地看守着百步云梯。

# 西海群峰中的动人故事

　　黄山西海为一盆地型峡谷峰林群，"海"中峰柱林立，千姿百态、林木葱郁，素有"峰海""林海"之称。

　　每逢春夏或初秋雨后初晴，西海则云如浪涛，或涌或翻，或奔或泻，铺天盖地，极为壮观，被誉为"云海山海合一"，这是西海之特色，其中通天门、天台为绝景。

　　西海峡谷因群峰兀立、谷深不可测而被称作"神秘谷"，后来人

■ 黄山西海大峡谷

们在这里建造了排云亭。站在排云亭可眺望西海群峰、晚霞落日。

飞来石矗立峰在排云亭后面，它是高约1700米的丹霞峰，站在峰上可以观赏到旭日东升云端的壮观以及飞来峰和九龙峰的雄伟。

在排云亭前右侧近处，有二石如一双鞋，整齐地放在小峰台上，似在晾晒，人们称之为"仙人晒靴"。关于这两个像鞋一样的石头，还流传着一个故事呢！

从前，黄山左数峰的仙都观里住着一个老道士名叫道玄，他还有一个徒弟名叫太清；松林峰上的紫霞宫里住着一个道姑炼玉和她的徒儿妙真。观宫中间隔着一道鸿沟，加上道规森严，他们老死不相往来。

一年冬天，山中大雪，仙都观里断了火种，道玄叫太清到紫霞宫里去借火种。当太清来到紫霞宫，就见到妙真，两人一见如故，谈起话来非常亲热。

从此，太清和妙真两人每天打柴、担水，便到一起谈心，渐渐地

黄山美景

砍的柴就少了，担的水也少了。

不久这事都被双方师父发现，他俩都受到师父的严厉斥责。还规定今后打柴、担水以两峰交界的沟涧为界，越界了，就用道鞭、神杖打杀。此后两人在一起说话就很困难了。

太清和妙真趁双方师父都下了山，便偷偷见面，并商定今后太清在山门前晒一只靴子，就表示师父下山了，妙真就会去见太清。妙真在宫前晒一只鞋，就是

■ 黄山美景

表示师父出门去了，太清就去见妙真。

有一天，两人刚见面，不料双方师父突然回来，事情败露。他俩想来想去，最后横下心，说："生不能在一起，就死在一起！"

于是，两人携手从悬岩上纵身一跃，跳进了白雾茫茫的云海。太清晒的靴子和妙真晒的鞋子都没有人收，慢慢都变成了石靴、石鞋。

在排云亭前左高峰，有巧石如人状，前面紧挨着有石如琴。石人酷似仙女，石琴宛若平放的凤凰琴，状为仙女坐在琴旁，身体微俯，正在聚精会神地抚弄琴弦，故名"仙女弹琴"，俗称"仙女打琴"。

传说在月宫中曾经住着一位美丽的仙女，弹得一手好琴。一天，玉皇大帝召她进宫弹琴，仙女的琴声深深地打动了玉皇大帝，玉皇大帝一高兴就准许仙女下凡游玩三天。

仙女来到风景优美的黄山，她被黄山的景色吸引住了，坐在山峰上弹起了一首首动听的曲子，不知不觉，三天过去了。

玉皇大帝见仙女还没回来，大发雷霆，施展法术把仙女变成了一块石头，就是现在人们见到的著名的"仙女弹琴"。

■ 黄山天海

还有天狗望月，传说，从前二郎神除了哮天犬以外，还有一只狗，有一次，二郎神带着这只狗到黄山上去旅游，他们爬到山顶，黄山上的云海好壮丽，看得都发呆了。

突然有一道佛光出现了，二郎神忽然想起来，他还要赶到月宫上去参加嫦娥的一个宴会。

于是，二郎神就急急忙忙唤来彩云，乘云飞到月亮上去了，却把跟他一起来到黄山的狗忘记了，他的狗从早上到晚上，一直看着月亮。

它很想念它的主人，就这样每天一直望着月亮，希望它的主人回来接它。但是它的主人早把它忘记了，这样狗就变成了"天狗望月"的石头！

在排云亭前，向左眺望，远处石床峰上有一巧石似少女，面前有一奇松，如绣花台绷，人们称之为

**二郎神** 中国神话传说中的一个重要人物，名杨戬。人神混血，力大无穷，法术无边，撒豆成兵，通晓八九玄功，民间传说有七十三般变化，阙庭有神眼，手持三尖两刃刀，此兵刃为女娲补天的五彩石炼成，座下有神兽哮天犬。

"仙女绣花"。这其中还有一个民间故事呢!

古时候,黄山西海居住着一个善良的刘大爷和他的孙女。刘大爷每天到深山挖草药、采香菇、摘云雾茶。孙女聪明美丽,取名"天女",天女十分乖巧,每天在家烧饭、绣花。

有一天,刘大爷外出采集药草,途中遇到一条凶恶的黑龙,几乎丧生,幸亏得到一位名叫大牛的小伙子的搭救。

大牛决心斩除那条黑龙,为民除害。刘大爷和天女都支持他,邀集全村人不分昼夜地赶制武器,最终一个大宝刀炼成了。

大牛拿着宝刀来到刘大爷采药的地方,发现旁边有一潭湖水,于是大牛搬起一块石头砸向潭中。黑龙受惊动从水中猛冲上来,尾巴一卷,大嘴一张,顿时天昏地暗。

大牛毫不示弱,抡起宝刀与黑龙斗了起来,前后斗了三天三夜,打了九十九个回合,大牛终于斩掉了黑龙,但自己也累倒在了山冈上。

不知过了多少年,大牛的身体就变成了卧牛峰,而被大牛斩断的龙头,则变成了光明顶下路边那块龙头石。

天女天天坐在高高的西峰上

嫦娥 本作姮娥,因西汉时为避汉文帝刘恒的讳而改称嫦娥,又作常娥,扬州人,是中国神话人物、后羿之妻。神话中因偷食后羿自西王母处所盗得的不死药而奔月。民间多有其传说以及诗词歌赋流传。

黄山景观

绣花，盼着大牛醒来。她手捻丝线不停地绣呀，绣呀，她要绣一条最美丽的腰带送给大牛。

可是大牛却不会回来了。天长日久，天女就变成了一块仙石。仙人踩高跷在排云亭前，远瞰正前方，可见有一石，下端极细，似一根棍子插在地上，上端若一人直立，身子向前微倾，其状酷似民间游乐节目"踩高跷"。

每当云雾缭绕时，则像仙人踩着高跷，在西海峰壑中览胜，故名"仙人踩高跷"。

在排云亭前右数峰腰，是著名的"武松打虎"。这里有一石似勇士振臂而立，威武雄壮。下边有一石如猛虎，昂首而吼，凶猛异常。远远望去，就好像一只猛虎后爪着地，两只前爪扑在勇士身上，勇士则用左手卡住猛虎下颌，右手举拳欲击，好像武松打虎一般。

除此以外，还有"夫妻对话""背面观音""天鹅孵蛋"和"文王拉车"等美景，并且此处更是观黄山云海、落日的极佳地点。

**阅读链接**

关于天狗望月还有一个传说。传说从前，在天上住的二郎神还有一只小狗，叫天狗，非常聪明，可是也很贪玩。有一天，天狗自己跑到凡间去玩，它玩了一天又一天。

这一天，天狗到黄山游玩，到了晚上，很累了，突然很想念它的好朋友玉兔，于是就趴在黄山的一座小山上，望着月亮，和它的好朋友玉兔聊天。

天狗把凡间好看的、好吃的、好玩的都告诉了玉兔，说得正起劲的时候，二郎神刚好到广寒宫探望嫦娥姑娘，看到他的小天狗在凡间，非常生气，就施法把它变成了一块石头，让它永远趴在黄山的那座小山上。

# 云雾缭绕的北海美景

　　从西海再往北去，就是北海了。北海位于黄山偏北部。在光明顶与始信峰、狮子峰、白鹅峰之间，是一片海拔1600米左右的高山开阔地带。

　　北海以峰为主体，汇集了峰、石、矼、坞、台和松、云奇景，以伟、奇、险、幻为特色，天工的奇妙布局，琉璃色彩变幻，构成一幅幅伟、奇、幻、险的天然画卷。

■ 黄山北海风光

其中有始信峰、上升峰、狮子峰和白鹅峰等奇峰，每当云雾萦绕之时，峰峦时隐时现，酷似大海中的无数岛屿，令人神往。

始信峰虽不如天都峰和莲花峰高，也不在三十六大峰之列，但雄踞险壑，竖立如削，三面临壑，悬崖千丈，峰顶拳拳之地，近览远眺，面面见奇景，有"始信黄山天下奇"之誉。

这里会聚了许多黄山名松，如接引松、黑虎松、连理松、龙爪松、卧龙松和探海松等。石笋峰、上升峰左右陪衬，成鼎足之势，峰巅有渡仙桥，桥畔石隙有状似接引仙人渡桥的接引松。

石笋峰上可观赏众多奇石。其中"石笋矼"号称"黄山第一奇观"。石笋矼北有"十八罗汉朝南海""立佛石"等美景，形态逼真，栩栩如生，引人入胜。

其"罗汉"有高有矮，腴羸不一，有的擎伞前行，有的蹲立山顶，有的携杖缓步。在"罗汉"前方，怪石峥嵘，有如野兽蹲伏，有如飞禽落脚，形态各异。

若云雾缭绕时，矼上松石又是一番神奇的景象。峰顶有一平台，古代文人雅士常登峰览景，吟诗作画，饮酒抚琴，故有"琴台"之称。

上升峰位于始信峰北方，为三十六大峰之一，海拔1500米。因峰

黄山峭壁

常为云拥，沉浮无定，势若上举，又旧传仙人阮公在此峰修炼成仙升天而去，峰上时有天乐声，故名"上升降"，又名"阮公峰"。

白鹅峰是黄山东海与北海的分界线，海拔1700米。峰壁平整如砥，山势险峻，峰上巨石累累，古松苍劲，景奇境妙，颇耐玩味。

白鹅峰上一石突出云天，状似白鹅头上的红包，故名白鹅。又因为山道绕峰而下，行人经过时需要面壁而行，故又名"面壁峰"和"板壁峰"。

从白鹅岭向右远眺，有峰如柱，峰顶有石如桌，四腿向上，似有意翻倒，故名"仙人翻桌"。关于这个仙人翻桌还有一个传说呢！

相传古时候，黄山是一片汪洋大海，有黄、黑、白、青、赤5条龙，分别住在黄山的前海、东海、后海、西海、天海，号称"五海龙王"。

一天，黄山东海龙王做寿，前海、后海、西海和天海的龙王、龙

■ 黄山冬景

妃带着龙子、龙女、龙孙一起到东海龙宫为东海龙王祝寿。一时间，东海龙宫里云腾雾涌，仙乐盈空，香烟缭绕，热闹非凡。

隆重的祝寿仪式完毕后，100多桌的御宴开始。御酒佳酿、珍肴美味，应有尽有。酒宴从午时三刻，一直延续到天黑，龙王们仍不肯散席，还在狂饮。

后海和西海的黑龙、青龙两位龙王，喝得酩酊大醉。醉后失态，青龙忽地跳到桌子上，甩起一脚，碗碟横飞，黑龙也不示弱，甩起一脚，干脆把一张八仙桌踢到了高空，比天都峰还高出160米。

八仙桌在空中翻了几个筋斗，打了几个转，仍旧落在原来的地方，只是翻了个身，四只桌脚朝天。这一来，把宾客们吓得魂不附体，纷纷走散。

**龙王**　龙是中国古代神话的四灵兽之一，龙王则是指传说中在水里统领水族的王，掌管兴云降雨。在道教中有以海洋为区分的四位龙王，即"四海龙王"。

有诗云：

四海游龙聚一堂，为王庆寿喜飞筋。
沉欢喝得酩酊醉，心血来潮闹一场。

这东海龙王做寿，龙王们酒醉闹事，不知已经过了几万载，可是当时被黑龙踢翻的桌子，却依然四脚朝天，成了黄山的一座奇峰。

黄山北海是黄山的腹地，群峰荟萃，并且怪石嶙峋，其形态可谓千奇百怪，令人叫绝。有"仙人下棋""仙人背宝"和"猴子观海"等。

"仙人下棋"在上升、始信两峰间。这里有一排怪石，酷似几位身穿道袍、头绾发髻的仙人。其中，有两人对坐，如棋手对弈。

中间有一棵古松，树冠平整如棋盘，故名"仙人

八仙桌　指桌面四边长度相等的、桌面较宽的方桌，大方桌四边，每边可坐二人，四边围坐八人，犹如八仙，故民间雅称"八仙桌"。八仙桌使用方便，形态方正，结体牢固。亲切、平和又不失大气，有极强的安定感，这也使得八仙桌成为上得大雅之堂的中堂家具。

■ 黄山北海风光

下棋"。这局棋下了千年万载，却至今不见输赢。在"仙人下棋"左边，有一巧石如人，背负一袋宝物，称为"仙人背包"，亦称"仙人背宝"。

"猴子观海"在狮子峰北一座平顶的山峰上，有一巧石，如猴蹲坐，静观云海起伏。有诗写道：

灵猴观海不知年，万顷红云镶碧天。
坐看人间兴废事，几经沧海变桑田。

当云雾消散后，石猴又如在远眺太平县境，故也称作"猴子望太平"，猴子为何要望太平县呢？这里面有个故事。

原先太平县城叫仙源村，村中有一户叫赵德隆的书香人家，女儿名叫掌珠，生得聪明美丽。离仙源村不远的黄山北海深处的一个洞里，有个灵猴，在山中修炼了3600年，会三十六变。

一天，灵猴见到掌珠生得俊俏，顿生爱慕之心。灵猴就变成一个白面书生，自称是黄山寨主的公子孙俊武，于傍晚来到赵家门前，以天色已晚为由，要求借宿一夜。

赵家老夫妇见他长得俊秀，衣着华贵，斯文有礼，便信以为真，

黄山"猴子观海"

■ 黄山风光

高兴地留他住宿，并设宴招待。酒饮三巡后，孙公子便向老夫妇陈述对掌珠的爱慕之情，央求纳为婿，发誓侍奉二老颐养天年。

老夫妇一听这甜言蜜语，心中非常喜悦。经与女儿商量，掌珠对才貌双全的孙公子也十分喜欢。次日一早，老夫妇回了孙公子的话。孙公子听了欢喜若狂，差点露了原形。

灵猴回洞后，思念掌珠心切，急忙把大小猴子都变成人，组成了一支浩浩荡荡的队伍，去仙源赵家迎亲。掌珠被抬到洞府，只见陈设富丽，宾客满座。夜深宴席散，孙公子被宾客拥入了洞房。

一觉醒来，掌珠发现孙公子长了一身绒毛。原来，孙公子酒醉，现出了猴子原形。掌珠非常恼恨，趁灵猴烂醉熟睡之际逃走，直奔家中。

灵猴酒醒后，知道自己露出了原形，惊逃了掌

**洞房** 很久以前，人们习惯地把新人完婚的新房称作"洞房"。拜堂完毕后，新郎、新娘在众人的簇拥下进入洞房。晋中、晋南等地，要在洞房门前或门槛上事先放一马鞍等，新娘前脚刚跨过去，便立即将马鞍抽去。

珠，便喝令众猴出洞寻找，追到山下芙蓉岭，也不见新娘的影子。

　　灵猴自从失去了掌珠，朝思暮想，但又没有妙法可想，只得每天攀上洞后的悬岩，坐在石上，朝着东北方向的太平县仙源村呆呆地望着，年深月久就变成了一块石头。

　　黄山天海的东边就是东海。在白鹅峰前的东海，有"七巧石""五老荡船""仙人翻床"等奇景。

　　七巧石位于白鹅岭下盘道右侧，是大小7块岩石，形状不一，天然叠在一起，协调和谐，天然成趣，故名"七巧石"。有诗记道：

壮美风光的三山五岳

　　　　白鹅峰畔奇景多，七石巧叠尤谐和。
　　　　疑是仙家天鹅蛋，送来深山是小鹅。

　　在白鹅岭俯视，贡阳山畔有5块巧石，形如5位老翁相聚一起，在

云雾弥漫时，似在摇橹操舵，荡船于海上，人称"五老荡船"。其形象逼真，若静若动。

从白鹅岭下400阶，有一怪石屹立峰巅，其状似身着道袍的仙人，他一手举起，似为人指引进入之路，故名"仙人指路石"，又名"仙人指路峰"。它之所以颇负盛名，不仅仅在于外形酷似，还因为有一段对世人颇有启发作用的故事。

相传很早以前，有一位两岁能文、4岁会武的神童，只因后来科场失意，擂台负伤，改行经商后又把老本食光，在走投无路时就奔赴黄山来寻师访仙。

他来到黄山跑遍了千峰万壑，连一个药农、樵夫的踪影也没见到。干粮吃光了就吞野果，衣服穿烂了就披树皮、树叶。渐渐地变得骨瘦如柴，一天终于昏

仙人 　即神仙，是中国本土的信仰。仙人信仰在中国早在道教产生之前就有了，后来被道教吸收，又被道教划分出了神仙、金仙、天仙、地仙、人仙等几个等级。远在佛教传入中国之前，中国本土就有了仙人的信仰。佛教传入中国之后，把古印度的外道修行人也翻译成了仙人。

■ 黄山白鹅岭

倒路旁，奄奄一息。

不知过了多久，来了一位身背篾篓，脚着山袜芒鞋的老人，把神童救醒，问明情况后，老人哈哈一笑说："你怎么聪明反被聪明误呢？哪里有什么神仙，你快回家去找个力气活干，免得把一条命丢在这荒山野岭白白喂了豺狼虎豹。"

说完还送些野果给神童路上吃。神童心想老人的话是对的，就千恩万谢地辞别了老人。没走多远，猛一下醒悟过来：我跑遍全山连个人影也没见过，那老汉分明就是仙人。

他回头就追，追上老人后就双膝跪地，苦苦哀求老人指引一条成仙得道之路。

老人说："我哪里是什么神仙。实不相瞒，我前半生被名利二字害得家破人亡，这才看破红尘，隐匿在此。"

神童半信半疑，但见老汉风度不凡，气宇若仙，决心拜老人为师，苦苦哀求。谁知等他抬头再看时，这老人却变成了一块高大魁伟的"仙人指路石"。

神童又在石头前百拜千叩，忽然石头人肚里发出声音：

踏遍黄山没见仙，只怪名利藏心间，
劝君改走勤奋路，包你余生赛神仙。

神童最终还是听信了仙人的话，后半生不但成家立业，而且日子过得很火红。后来清人曹来复以诗记之：

世事多乖错，投足皆模糊。
请君出山去，到处指迷途。

从另一个角度仰视仙人指路石，这块石头的形状又变成了喜鹊，旁有一棵青松，状若古梅，松石相配成景，人称"喜鹊登梅"。

除了这些奇峰怪石，东海还有人间瑶池仙境翡翠谷。谷中分布着大小彩池数百个，有40多个彩池的面积超过100平方米，最大的彩池面积近1000平方米。其中著名的有龙凤池、花镜池、绿珠池、玉环池、白鹿池、雷雨池、天池、天鹅池等。

**阅读链接**

狮子峰酷似一只伏卧的雄狮，故名。它头西尾东，狮头昂向丹霞峰、铁线潭的上空；清凉台处是狮子的腰部；曙光亭处是狮子的尾巴；狮子张嘴的地方是原庙宇狮林的精舍。

狮子峰附近还有宝塔、麒麟等奇松和薄团、凤凰等古柏，又有四季喷涌的天眼泉和古木参天的万松林，古木葱郁，秀色可餐，"雄狮"伏卧万松之巅，更是灵秀雄奇。今人有诗写道："曾经万亿年，常卧翠微巅。渴饮南山雨，饥吞北海烟。风雷吼四面，日月绕双肩。背负文殊座，雄威震大千。"从散花精舍和北海宾馆门前观狮子峰，最为神似。

# 名人足迹中的黄山美景

随着时间的流逝，黄山的美景渐渐被人们所熟知，到了西汉，有一位道士叫窦子明来到黄山炼丹修道。窦子明为西汉沛国人，是一个县令，他笃信道教，闲暇时常到九华山宣讲道教。

传说，有一天，他在拾宝岩下的溪水中钓到一条白鱼。他将鱼带

黄山美景

回住处，让伙房去烹饪。当伙房将鱼划开后，发现鱼腹中有一素绢，上面画满了似字又非字的符号。

伙房将素绢给了窦子明，窦子明仔细一看，欣喜若狂，连声说道："善哉！善哉！"

原来，此绢乃天书，上面记录的是如何炼丹、如何服食。于是，窦子明辞去了官职，按照天书的指点，来到了黄山采集矿石炼丹。

窦子明在黄山整整待了3年，仙丹才炼成。窦子明服食之后，顿觉腾云驾雾。他恍恍惚惚登上一座名叫仙姑尖的高山，只见山下的溪水中忽飞起一条白龙，摇首摆尾飞到窦子明面前。窦子明骑上白龙升仙而去，从此，仙姑尖由此改名为"仙人峰"。

不久之后，窦子明的两个女儿去黄山看望父亲的时候，发现了窦子明留下的书信，得知父亲是吃了仙丹飞升成仙了，于是她们两个也服食了父亲留下的丹

**绢**　绢类织物为平纹组织，质地轻薄，坚韧挺括平整，一般常见的有天香绢、筛绢等。天香绢可以做妇女服装、童装等，它的缎花容易起毛，不宜多洗。绢，穿越了数千年，从制衣到作画，再到绢艺，最终，它在艺术家的手里完成了华丽的转身。绢艺在历史上究竟始于何时，目前尚无确切史料可查。

葛洪 （284—364），东晋道教学者、著名炼丹家、医药学家。字稚川，自号抱朴子，三国方士葛玄之侄孙，世称小仙翁。他曾受封为关内侯，后隐居罗浮山炼丹。著有《神仙传》《抱朴子》《肘后备急方》《西京杂记》等。

药，在仙人峰东边的凫雁峰化凫升天了。

窦子明炼丹升天的神话，引来了许多想升天成仙的道人，其中最突出的要算是晋代著名道士葛洪了。

到了天宝六年（747），唐玄宗笃信道教，于是正式命名为"黄山"，并把6月16日钦定为黄山的生日。

唐代大诗人李白少年时受道教影响很大，常去道观与道士访仙论道，而且他自己还曾经做过一段时间的道士，因此李白早想到黄山神游一番。

公元754年初春，李白客居其叔李阳冰的寓所。一天，他收到一封书信，写道："先生好游乎？此处有十里桃花！先生好饮乎？此处有万家酒店！"书信的最后落款是他的好友泾县县令汪伦。

李白心想既然有这么好的地方，那还等什么！于是水陆兼程赶到了黄山的桃花潭。刚到村口，便看到两个

■ 黄山迎客松

人一前一后趋迎上前，为首的正是汪伦。

不待汪伦开口，李白抢先问道："汪先生，你的十里桃花呢？"

汪伦一揖到底，从容答道："此地叫桃花里，潭东十里渡口有桃树一株，春天花开，香飘十里，故称十里桃花。"

李白听完，微微一笑："那么这万家酒店呢？"

汪伦身后闪出一人，底气十足："小人姓万，名骏，世代居住桃花潭，有家传酿酒手艺，开了家酒店，起名为万家酒店。"

李白听后，哈哈大笑："好好好，十里桃花伴万家美酒！"

李白在桃花潭停留一月有余，每日与汪伦和万骏在桃花潭旁披襟当风，饮酒阔论，很是快活。时间过得很快，但再多欢情终有一别。离开桃花潭的当日，潭上无风，水清见底。

汪伦等人在岸上和着蛇皮鼓的节奏手拉着手踏步高歌，李白迎着风徐徐挥手，听着那忽缓忽急、时高时低的歌声，心中一热，脱口而出：

李白乘舟将欲行，忽闻岸上踏歌声。
桃花潭水深千尺，不及汪伦送我情！

■ 黄山景观

第一奇山

安徽黄山

汪伦 又名凤林，字文焕。唐代曾任泾县县令，著名诗人李白好友。卸任后，居泾县桃花潭畔。762年，李白曾多次来安徽当涂、宣城、泾县、秋浦、南陵等地，并游历泾县桃花潭。他以美酒待客。临别时，李白作《赠汪伦》诗，道："桃花潭水深千尺，不及汪伦送我情。"

洪亮吉（1746—1809），清代经学家、文学家。初名莲，又名礼吉，字君直，一字稚存，号北江，晚号更生居士。1790年科举榜眼，授编修。洪亮吉精于史地和声韵、训诂之学，善写诗及骈体文。

然后李白取道太平龙门岭，来到位于黄山北门的芙蓉岭。面对千峰竞列、万笏朝天的气势，看到矗立在眼前的芙蓉峰，他吟出了著名诗句：

素手把芙蓉，虚步蹑太清。
霓裳曳广带，飘拂升天行！

据后来清朝洪亮吉、凌廷堪合撰的《宁国府志》记载："芙蓉峰，太白尝游此。"黄山中的芙蓉峰就是为了纪念李白的黄山之游，而取名芙蓉峰。

这日，李白携壶策杖佩剑沿桃花溪而上，突见不远山崖处有瀑布如白练悬天拂石而过，如琴弦弹奏出天籁之音。李白游兴大增，倚在泉下一块巨石即后来的醉石下不走了，在此观景饮酒听泉。

■ 黄山冬雪

醉意恍惚中，李白想起了长安城里公孙大娘的《剑器舞》，便仗剑起身绕石3圈，长啸数声后俯于醉石旁，大呼："此地甚好，我且先睡一觉，哪怕天子呼来也不上船。"

李白游黄山的消息不胫而走，住在黄山夫子峰下碧山村有一个名叫胡晖的大唐学士，邀请李白由谭家桥碧

■ 黄山景观

山而入黄山。

　　李白听说胡晖养有一对白鹇，是家鸡所孵，从小就进行驯养，极通人性，于是就接受了胡晖的邀请，前去拜访。

　　白鹇是黄山的珍禽，嘴爪鲜红欲滴，体形优美，羽毛白质黑边，美似锦文，每一展翅，则五彩斑斓。也许白如雪的白鹇触动了诗人洒脱无羁、清高自守的心境，他把白鹇放在掌中喂食、抚玩，爱不释手。

　　胡晖见李白如此珍爱，愿意将白鹇奉送而求诗一首。李白欣然应允，急笔挥就《赠黄山胡公晖求白鹇有序》：

　　　　闻黄山胡公有双白鹇，盖是家鸡所伏，
　　自小驯狎，了无惊猜，以其呼之，皆就掌取
　　食，然此鸟耿介，尤难畜之，余生平酷好，

凌廷堪（1755—1809），字仲子，一字次仲。他擅长工诗及骈散文，兼为长短句，醉心于经史。1790年，他应江南乡试中举，次年中进士，例授知县，自请改为教职，入选宁国府学教授。凌廷堪博学多才，无所不窥，于六书、历算、古今疆域沿革、职官之异同和史传之差错，都有所涉猎，尤其精通礼学。

王仁裕 （880—956），字德辇，早年不好读书，以狗马弹射为乐，25岁后开始就学。最早为秦州判官，历官中书舍人、翰林院学士。唐亡后，历仕后唐、后晋、后汉、后周时官至户部尚书、太子少保。王仁裕通晓音律，著有《开元天宝遗事》《入洛记》和《乘辂集》等。

竟莫能致，而胡公辄赠予我，唯求一诗，闻之欣然，适会夙意，因援笔三叫，文不加点，以赠。

请以双白璧，买君双白鹇。

白鹇白如雪，白雪耻容颜。

照影玉潭里，刷毛琪树间。

夜栖寒月静，朝步落花闲。

我愿得此鸟，玩之坐碧山。

胡公能辄赠，笼寄野人还。

至今在离黄山轩辕峰与夫子峰很近的碧山，村口有李白问路处的问余亭遗址，亭柱有一联写道："绿

柳桥边山径，青莲马上诗机。"

李白从胡晖住处离开后，就前往黄山白鹅峰的温处士住处。原来，早在李白碧山赋诗求白鹇之时，温处士已经来请李白了。

李白在温处士的住处夜同榻，昼同游，尽情游览了黄山的美景，直呼黄山是集天地精华的圣地，特别是在北海见到了自己儿时梦境里的梦笔生花，更感黄山大矣、富矣、神矣、妙矣，是造物之出奇无穷，天地之秘藏无尽。

据后来五代诗人王仁裕《开元天宝遗事·梦笔生花》记载："李太白少时，梦所用之笔头上生花，后天才赡逸，名闻天下。"

**处士** 古时候称有德才而隐居不愿做官的人。男子隐居不出仕，讨厌官场的污浊，这是德行很高的人方能做得出的选择。这在唐代的习惯上，称为"高士"，再早一点，便叫"隐士"，都是同一含义的名称。

■ 黄山云海

面对大自然赋予黄山的生花妙笔，李白略略沉吟，一下笔《送温处士归黄山白鹅峰旧居》就把黄山写得非同凡响：

黄山四千仞，三十二莲峰。

丹崖夹石柱，菡萏金芙蓉。

伊昔升绝顶，下窥天目松。

仙人炼玉处，羽化留余踪。

亦闻温伯雪，独往今相逢。

采秀辞五岳，攀岩历万重。

归休白鹅岭，渴饮丹砂井。

风吹我时来，云车尔当整。

去去陵阳东，行行芳桂丛。

回溪十六度，碧嶂尽晴空。

他日还相访，乘桥蹑彩虹。

壮美风光的三山五岳

■ 黄山云海

黄山云海雪景

　　李白这次来黄山，还想解开一个多年前的情结。据《太平广记》记载，李白出长安后，一天，在洛阳旅馆的墙壁上看到一首诗：

　　　　隐居三十载，筑室南山巅。
　　　　静夜玩明月，闲朝饮碧泉。
　　　　樵人歌陇上，谷鸟戏岩前。
　　　　乐矣不知老，都忘甲子年。

　　李白读后连声赞叹："这真是仙人的诗啊！"后来他打听到这首诗是黄山歙县人许宣平所作，从此心里装下了许宣平这个人的影子，挥之不去。

　　这次来黄山自然是要拜访一下，以偿夙愿。李白来到歙县紫阳山，费尽周折没有寻访到许宣平，倒是留下一个充满玄机的故事！

　　这日，李白来到紫阳山下，见渡口有只小船，一个鹤发童颜的老

黄山景观

356

壮美风光的三山五岳

翁正站在船头，李白忙上前询问许宣平家居何处。老翁手指船篙，悠然答道："门前一竿竹，便是许公家。"

李白谢过老翁继续赶路，乍一回味两句话，老翁的船前不正是一竿竹吗？恍然大悟，折回渡口，只是老翁和渡船已经不在了。

李白有些怅然，这时他想起了东晋王徽之"雪夜访戴"的故事，于是挥毫写下了《题许宣平庵壁》：

我吟传舍诗，来访真人居。

烟岭迷高迹，云林隔太虚。

窥庭但萧索，倚柱空踟蹰。

应化辽天鹤，归当千岁余。

在李白的心中，黄山是诗山，是诗意的名山，是诗情的高山，更是充满诗境的自由神仙之山。他在黄山的游历过程中，还写下许多著名的诗，如《夜宿黄山闻殷十四吴吟》《至陵阳台山登天柱石，酬韩侍御见招隐黄山》《山中问答》《下陵阳沿高溪三门六刺滩》和《下泾县陵阳溪至涩滩》等。

在黄山北海散花坞左侧，有一孤立石峰，形同笔尖朝上的毛笔，峰顶巧生奇松如花，故名"梦笔生花"。这座奇峰，传说也跟李白有着密不可分的关系。

相传，李白来到黄山，见到北海山峰竞秀，景色奇美，禁不住诗兴大发，便昂首向天，高声吟道：

黄山四千仞，三十二莲峰；<br>丹崖夹石柱，菡萏金芙蓉。

李白吟诗声惊动了狮子林禅院的方丈。他走出山门，细细一看，只见一位白衣秀士，风度潇洒，便上前施礼，请问尊姓大名。

当得知这位不凡之客原来是"长安市上酒家眠，天子呼来不上船"的诗仙李白时，方丈急忙吩咐小和尚抬来用清泉酿制的米酒，还

黄山金秋

拿来文房四宝。方丈盛满一杯酒，双手敬给李白。李白慌忙还礼，双手接过，一饮而尽。

两人席地而坐，纵谈诗文，开怀畅饮。李白深感长老待人诚恳，意欲草书诗作相赠，以作答谢之礼。

长老大喜，小和尚们忙着研墨的研墨，铺纸的铺纸。李白趁着酒兴，奋笔疾书。长老及小和尚们分别站两旁，目睹那遒劲的大字，赞叹不已。

李白写毕，还有三分酒意，便将毛笔顺手一掷，那毛笔翻翻摇摇，从空中落下插入土中。他这才告辞长老而去。长老送走李白，回过头来，不禁大吃一惊，刚才李白掷下的毛笔已化成一座笔峰，笔尖化成了一棵松树，矗立在散花坞中。

除此之外，黄山的洗杯泉和鸣弦泉石刻，相传也是李白吟风听野泉时手书上去的。

在唐代，除了诗仙李白，还有许多诗人来到黄山，写下了诸多描写黄山美景的诗歌。芙蓉岭在芙蓉峰下，芙蓉峰海拔1365米，宛如初放芙蓉。唐代诗人程杰曾在诗中写道：

谁把芙蓉往外栽？亭亭秀妍四时开。

清宵洁月峰头挂，宛似佳人对镜台。

芙蓉岭为黄山北面入山的必经之地。岭上有芙蓉洞，在洞中举目南眺，群峰耸立，溪水如带，飞龙峰昂首舞爪，跃跃欲飞。

芙蓉峰像一枝初放的芙蓉那样艳丽，雨后满山流泉飞挂更加动人。穿过芙蓉洞而下是芙蓉居，隔溪高耸的是盘磨峰，右边入云的是芙蓉峰。下岭后为一片谷地，左侧古有芙蓉庵，后来在其旧址建有"芙蓉居"。

由芙蓉居沿小道前行百米，溪间有一名潭。后海诸溪之水均汇聚此潭，水绿如蓝，深不见底，犹如"虎穴龙潭"，故名"老龙潭"，亦名"汪波潭"。潭上漂砾巨石，留有历代题刻。

沿溪旁小径绕芙蓉峰麓前行1000米，有一溪流长期冲刷而成的水池。环池皆石，两侧为夹岸山岩，上下为两方巨石。池长15米，宽8米，深10米。

溪水直注池中，幽静的水池更有动态之美，碧波荡漾，山形树影，反射阳光，闪烁耀金，绚丽多姿，魅力迷人。这就是黄山的著名水景翡翠池。

在翡翠池侧巨岩，镌有一个字径3米的"佛"字，岩壁还刻有"寿"字。下方有"福"字和"南无阿弥陀佛"摩崖石刻。另侧岩壁，则有恰到好处的镌刻题词"绿荫深处"。

前行不远，在松谷溪中，有5块巨石形似巨龙，头伸入潭，尾展溪岸，其状如五龙吸水，故总名"五龙潭"。潭呈正方形，因潭水

黄山芙蓉谷

■黄山温泉景区

过深，水色绿中泛黑。又因潭之上下溪赤龙潭、青龙潭、白龙潭、老龙潭和乌龙潭。

后来明代大旅行家徐霞客在其游记中这样描述："青龙潭，一泓深碧，更会两溪，比白龙潭势既雄壮，而大石磊落，奔腾乱注，远近群峰环拱，亦佳境也。"

乌龙潭上方的巨石上，古建有亭，后来被山洪冲毁，存留下来的是后来重建的，名"乌龙亭"，又名"松云寺"。亭柱上有一联：

四面云山绕二水；
一潭星月照孤亭。

山岩岩壁上刻有巨大的"龙""虎"二字，苍劲有力。亭中设有石桌石凳，俯览风景尤佳。过了乌龙潭有巨石如虎，石壁上刻有"卧虎"二字。

在唐代，黄山的美景不仅被人所熟知，而且黄山的温泉，也被人们开发了出来。自唐代开发以来，享誉千年。黄山温泉的水质透明，洁净澄碧，其味甘美，可饮可浴。

黄山有泉15处，其中被称为"黄山四绝"之一的温泉，古称"汤泉"，又名"朱砂泉"，有两个出入口。温泉水质以含重碳酸为主，无硫。李白在《送温处士归黄山白鹅峰旧居》诗中写道："归休白鹅岭，渴饮丹砂井。"唐代诗人贾岛在《纪温泉》长诗中有"一濯三沐发、六凿还希夷。伐毛返骨髓，发白令人黟"的名句。

黄山温泉的源头，相传来自朱砂峰。峰下有洞，洞中产朱砂。因此，人们也就把黄山温泉称为"朱砂泉"了。又传说黄山温泉每隔300多年要流一次朱砂红水。

到了宋代，宋代诗人朱彦，在他《游黄山》诗中高度评价说：

三十六峰高插天，瑶台琼宇贮神仙。
嵩阳若与黄山并，犹欠灵砂一道泉。

另外，据宋代黄山志《黄山图经》记载，传说中华民族的始祖轩辕黄帝曾在此沐浴，皱纹消除，返老还童，温泉因此声名大振，被称为"灵泉"。

后来在清朝王洪度所著《黄山领要录》中记载："天下泉不借硫而温者有三：骊山以矾石，安宁以碧玉，黄山以朱砂。"

**阅读链接**

在1948年，黄山温泉又发过一次朱砂水。据当时的看池人员说："有一天，温泉底下忽然发出闷雷般的轰鸣声，接着泉水突然一下变红了。"

看池的人以为是这个温泉坏了，慌忙放掉红水，红水染红了逍遥溪水，山下农民一见溪水变赤，知道朱砂发了，便纷纷拿着毛巾上山来洗朱砂泉水澡。洗过之后，人们都觉得神清气爽。

这次发朱砂水，看池人员保存了一瓶红水化验，化验结果，证明确实是朱砂。

# 宋代的黄山景物和传说

在叠嶂峰下为松谷庵。松谷庵原名"松谷草堂",始建于宋代,创建人为松谷道人张尹甫。后因年久失修毁废了。存留下来的是后来明代重建的,并且改观为寺,名"松谷庵"。宁国知府罗汝芬题额"东土云山"四字。这里环境幽雅,景点甚多,石刻遍布。

过松谷庵,向北海清凉台进发,沿途要经过3个亭,称一道亭、二

黄山清凉亭云海

道亭、三道亭，海拔高度均在千米以上。

从松谷庵登山的第一亭位于轿顶峰，海拔1000米。山道逐步升高，视野随之开阔。当人攀上陡峭的悬崖，北望南天，其景又迥异于由南望北，只见那叠嶂峰峦，错落有致，相映成趣，宛如一幅幅绝妙的山水画，奇景天成。

黄山手机石

其中，有一幅像航海的观音，名为观音峰，有人又名其为美女峰。宝塔峻峭矗于云海之中，极似海域的灯塔。

再往前走便是二道亭。从二道亭向前仰视宝塔峰，可见峰下有一高耸的怪石，形状像是一个头戴古冠、身着道袍的仙人。

隔涧飞龙峰有一长方形石壁，悬挂峰头，似有字迹，人称"天榜"。仙人仰视"天榜"，若有所思，此即"仙人观榜"，其附近还有老人、八仙等。

过二道亭500米，磴道沿宝塔峰盘旋上升，陡峭险峻。传说此处原为悬崖，无法凿路，幸遇神仙降临，劈下半壁山峰。

于是宝塔峰现于云端，崩岩填于险谷。人们依势过路，才形成了今天的磴道，故名"仙人铺路"。再继续向上攀登即达书箱峰畔的三道亭。

在三道亭小憩仰望，可见一石峰状如引颈欲啼的雄鸡，名"鸡公峰"，海拔1500米。与此峰隔谷相峙的另一奇峰，峰壁呈方格形，似古人用的书箱，再细看其皱裂，犹如一册书籍，人称此峰为"书箱

■ 黄山九龙瀑

峰"，海拔约1400米。

再回首望宝塔峰，峰上有3块巨石并列，如同3尊大佛像，非常壮观。而鸡公峰畔有两石相叠，形如羊、虎，名"老虎驮羊"。还有一块怪石像鹅，其下有许多圆形卵石，人称"小天鹅孵蛋"。

南边的上升峰腰有两怪石直立如人，上下相峙。上者石顶生奇松状若盔缨，形同气宇轩昂的武将。下者俨然是神色慌张、冠服不整的文官，由此，人们联想起《三国演义》中"关羽华容道挡曹操"的情节，名之为"关公挡曹"。这两块奇石形神俱备，非常有趣。

在三道弯附近赏景后继续登山，磴道在陡峭的峰壁上盘曲而上，道路更加陡峭，"之"字形盘道螺旋上升，这就是十八道弯。走完这段险道，就到了北海的清凉台。

从芙蓉岭进山，沿北路至北海，有石阶6500多级，相对高度1100米。一路上千峰竞秀，万壑争奇，巧石名潭，尤为佳妙。特别是山高林密，空气清新，确是名副其实的"清凉世界"。

在宋代，黄山还曾是一位丞相的读书处。在罗汉峰和香炉峰之间，海拔高度仅890米的地方，是一处地势较低、略显开阔的谷地。宋代丞相程元凤曾在此

《三国演义》全名《三国志通俗演义》，元末明初小说家罗贯中所著，为中国第一部长篇章回体历史演义的小说，中国古典四大名著之一，历史演义小说的经典之作。

处读书，故名"丞相源"。

后来的明代文士傅严漫游至此，应掷钵禅僧之求，手书"云谷"二字，此后禅院改名"云谷寺"，久而久之，云谷寺就成了今天的地名了。

这里的主要景物有云谷山庄、古树、怪石、九龙瀑和百丈泉等。

云谷山庄坐落在苍松翠竹丛中，四周群山相抱，溪水同流，环境幽静。既是一座宾馆，又是一处颇具典型的徽州古民居式建筑群体，楼宇错落有致，小青瓦、马头墙。山庄上侧百米处是登山石道，上可至北海，下可至九龙瀑和苦竹溪。

九龙瀑和百丈泉，连同温泉区的人字瀑，被称为黄山的三大瀑布。九龙瀑位于云谷西路下山处，瀑水源于天都、玉屏、炼丹诸峰，汇为云谷溪，然后在香

■ 黄山峡谷

**丞相** 官名。中国古代皇帝的股肱，典领百官，辅佐皇帝治理国政，无所不统。丞相制度，起源于战国。秦朝自秦武王开始，设左、右丞相，有时也设相邦，秦统一以后只设左、右丞相。后明太祖朱元璋废除了丞相制度。

炉、罗汉两峰之间的悬崖上奔流而下，长达300米，整条瀑布共分九折，一折一瀑，一瀑一潭，故名"九龙潭"，古诗这样描写了九龙瀑："飞泉不让匡庐瀑，峭壁撑天挂九龙。"

百丈泉位于云谷西路下山处，每当雨季，巨大的悬崖上，瀑水奔流，直泻百米，犹如白绢长垂，疑是银河落地，气势不同凡响。观瀑亭是观赏此瀑布的最佳处。

■ 黄山九龙瀑

云谷的名贵古树有3棵，其中，华东黄杉有500多年树龄，南方铁杉有800多年树龄。这两棵树均为常年绿叶乔木，树形雄伟壮观，气宇轩昂。

这两棵树同有一种奇特现象，即同一棵树上长有两种枝干和两种叶子，既有针叶又有阔叶，一体两物，珠联璧合，别具雅趣。

还有一棵是高大的银杏，树龄1000多年，高大茂盛，令人注目。

云谷的怪石有"狮子抢球""琴石台"和"千古石"等，在巨大的岩石上有多处石刻，如"渐入佳境""妙从此始""醉吟通幽"等。

狮子抢球在丞相源后溪中，是一巨石如雄狮，有石级可登狮背，其西有一大圆石，仿佛一个绣球。狮子虎视着前面的石球，似欲伸爪推动石球玩耍，故

**绣球** 一般由彩绣做成，是中国民间常见的吉祥物。在中国古代，有些地方有一个风俗，当姑娘到了婚嫁年龄，就预定于某一天让求婚者集中在绣楼之下，姑娘抛出一个绣球，谁得到这个绣球，谁就可以成为这个姑娘的丈夫。在很多地方，抬新娘的花轿顶上要结一个绣球，意为吉庆瑞祥。

名。有诗道：

雄狮睡醒豁双眸，势欲登天志未酬。

昂首常观峰上月，抢来一石恰如球。

石狮上面刻有"已移我情"，下面刻有"玉松入韵"。

在宋代，黄山还流传着很多传说。在黄山天海的平天矼，有一块大石头，名为飞来石，为什么叫"飞来石"呢？传说这块石头是宋代的时候，从天外飞来的呢！

相传，宋代有个叫单福的石匠，一生给人家造成了不少桥，心想也在自己家乡门口的江上建造一座，但叹息没有帮手。他膝下只有一女叫小姣，长得聪明美丽。

小姣知道父亲的心思，便要求参加帮助干。但那深山采石，百里运石的苦和累，小女子怎么受得了，所以单福就是不答应。小姣跪在地上苦苦哀求，单福没奈何，才含泪点头。

单福还把3个徒弟找来帮忙，不久就干起来了。由于开山运石的苦和累实在难受，大徒弟和二徒弟先后悄悄地溜了。

单福和女儿、三徒弟为修桥铁了心，继续风里雨里苦干着。但好几年过去了，运到江边的石头只有一小堆，这样累死苦死，桥也建不起来。小姣一咬牙，请

黄山云谷深松

人写了"捐身修桥"4个大字，插了个草标，坐到江边石堆旁。

一连三天，来看的人无数，但望望滔滔江水，就都走了。这天，忽然来了个瘸子，身背一把扇子，摘了草标，问小姣愿不愿意跟他走，小姣回答说："什么时候把大山里开采的石头全运到江边，就什么时候跟你走。"

这瘸子原来是八仙中的铁拐李。他挤出人群，腾云驾雾，很快来到百里外的大山，从背上拿下扇子，对着单福和三徒弟开出的石头就扇。石头竟都飞了起来，又纷纷都落在江边。

单福和三徒弟也被从山上扇到造桥工地。铁拐李还怕不够，又对身下立着的一块巨石扇了三下，他就站在那巨石上飞到江边。只见底下人多，未敢让巨石落下。又听单福大声说："石头够了！"

铁拐李便驾起云头，飘游起来，游到黄山，见黄山风景秀丽，便将石头落下。从此，这飞来石就给黄山增添了绝妙的一景。

壮美风光的三山五岳

阅读链接

苦竹溪在罗汉峰西侧。溪水出自洗药源。洗药源位于钵盂峰下，又名"掷钵源"，源深30余里，传说有丞相隐居于此，俗名"丞相源"。丞相源水经九龙瀑注入苦竹溪

相传，苦竹溪原名"古迹溪"，溪边住着一位姑娘，爱上了一位小伙子。后来当地一财主看中了这姑娘，便设下毒计将小伙子杀死，霸占姑娘为妾。

姑娘悲痛欲绝，逃进竹林，在小伙子坟上哭得死去活来，心酸的泪水浸透坟土，滋润竹林，流进溪中。从此，这里的竹子、溪水都含有苦味，于是，古迹溪就被改名为"苦竹溪"。

# 明清时期名声日益隆盛

到了明代，黄山的名声逐渐扩大，吸引了很多游者，除了众多诗人、文学家外，黄山还吸引明末著名地理学家、旅行家、探险家和散文家徐霞客先后游览过两次，相传"五岳归来不看山，黄山归来不看岳"就是徐霞客游黄山后写下的妙语。

徐霞客，名宏祖，字振之，别号霞客。他以毕生的精力，考察祖国山川，历五岳，涉云贵，出入边疆，只身历险，长途跋涉，周详观察，写成篇幅宏大、体裁新颖的《徐霞客游记》，影响巨大。

徐霞客第一次游黄山时为公元1616年，徐霞客直上前山，游

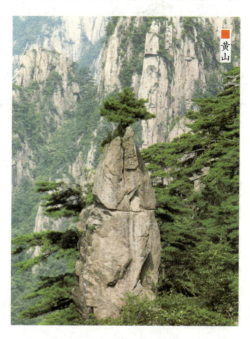

黄山

壮美风光的三山五岳

■黄山梦笔生花

慈光寺。慈光寺，旧时是茅庵，位于朱砂峰下，名为朱砂庵，明神宗赐额慈光寺。途中观望莲花，云门诸峰。

徐霞客当晚至北海，宿狮子庵。逗留三日，游石笋矼、仙人榜、狮子峰等地，数次入松谷庵。然后原路下前山，乃至汤泉。徐霞客把游览过的山、寺、庵，均写下翔实的日记，但由于天下雨雪，未能尽兴，也未观赏文殊院等名胜。

公元1618年，时年32岁的徐霞客再次来到黄山。已历游名山大川10年有余，虽然见多识广，仍然眷念黄山诸胜。故地重游，直至文殊院。昔年欲登未登，此次以偿夙愿。

在文殊院瞭望，"左天都，右莲花，背倚玉屏峰，两峰秀色，俱乎可揽，四顾奇峰错列，众壑纵横"，徐霞客不禁赞叹："真黄山绝胜处！非再至，焉知其奇若此！"

在天都峰顶，徐霞客见唐代岛云和尚在绝壁上镌诗一首，喜出望外，用日记本抄下《登天都峰》诗，诗道：

盘空千万仞，险若上丹梯。

迥入天都里，回头鸟道低。

他山青点点，远水白凄凄。

欲下前峰暝，若闻宿锦鸡。

徐霞客一路攀草牵棘至天都峰顶，见巨

■ 黄山山峰

石突起数十丈，登其上，感叹道："万峰无不下伏，独莲花与之抗耳。"欣逢云雾铺海，感叹道："下盼诸峰，时出为碧峤，时没为银角。眺再山下，则日光晶晶，别一区宇也。"

直至日暮，方下天都，宿于文殊院。文殊院早已荒废了，不过这里胜景之多，为黄山之冠。据相关记载："光明顶之旷，桃花源之幽，石笋矼之奇，各擅其异，唯文殊院兼收之。"

徐霞客采集到谚语："不到文殊院，不见黄山面"，等等。

次日清晨，徐霞客再登莲花峰。莲花峰高约1900米，乃黄山最高峰，列华东三峰之一。徐霞客日记中写道：

**谚语** 流传于民间的比较简练而且又言简意赅的话语。大多数反映了劳动人民的生活实践经验，而且一般都是经过口头传下来的。它多是口语形式通俗易懂的短句或韵语。和谚语相似但又不同的有成语、歇后语、俗语、警语等。

峰顶皆巨石鼎峙，中空如室。从其迭级

■ 黄山岩石

壮美风光的三山五岳

闵麟嗣（1628—1704），字宾连，号橄庵。明末清初著名学者、旅行家。闵麟嗣喜游历吟咏，行迹中夏。每至一地，均记游诗。编撰《黄山志定本》8卷，集历代黄山志书之大成，以体例精当，搜罗宏富完备著称于世。另著有《庐山集》《古国都今郡县合考》《黄山松石谱》《周末列国省会郡县考》和《闵宾连悟雪诗草》。

直上，级穷洞转，屈曲奇诡，如上楼阁中。

其巅廓然，四望空碧，即天都亦俯首称臣矣！在峰顶瞭望，朝阳霁色，鲜映层发，令人狂叫欲舞。

徐霞客第二次游黄山，逗留5日，得以补偿夙愿，但所见依然很有限，许多名胜尚未游赏。叹黄山为生平奇览。

据明代大书法家闵麟嗣编《黄山志》记载，当时有人问徐霞客："你游历了四海，何处最奇呢？"

徐回答道："薄海内外无如徽之黄山，登黄山天下无山，观止矣！"

黄山的美丽景色吸引了非常多的文人墨客，黄山中所产的茶叶甚至得到了皇帝的赞赏。黄山所产名茶"黄山毛峰"品质优异。讲起这种珍贵的茶叶，还有一段有趣的传说呢！

一天，明朝江南黟县新任知县熊开元带书童来黄山春游，迷了路，遇到一位腰挎竹篓的老和尚，便借宿于寺院中。

长老泡茶敬客时，知县细看这茶叶色微黄，形似雀舌，身披白毫，开水冲泡下去，只见热气绕碗边转了一圈，转到碗中心就直线升腾，约有一尺高，然后在空中转一圆圈，化成一朵白莲花。那白莲花又慢慢上升化成一团云雾，最后散成一缕缕热气飘荡开来，清香满室。

知县问后方知此茶名叫黄山毛峰，临别时长老赠送此茶一包和黄山泉水一葫芦，并叮嘱一定要用此泉水冲泡才能出现白莲奇景。

熊知县回县衙后正遇同窗旧友太平知县来访，便将冲泡黄山毛峰表演了一番。太平知县甚是惊喜，后

知县　官名。秦汉以来县令为一县的主官。唐称佐官代理县令为知县事。宋常派遣朝官为县的长官，管理一县行政，称"知县事"，简称"知县"，如当地驻有戍兵，并兼兵马都监或监押，兼管军事。元代县的主官改称县尹，明清以知县为一县的正式长官，正七品。

■ 黄山脊梁

壮美风光的三山五岳

来到京城禀奏皇上，想献仙茶邀功请赏。

　　皇帝传令让他进宫表演，然而不见白莲奇景出现，皇上大怒，太平知县只得据实说茶乃黟县知县熊开元所献。

　　皇帝立即传令熊开元进宫受审，熊开元进宫后方知未用黄山泉水冲泡之故，讲明缘由后请求回黄山取水。熊知县来到黄山拜见长老，长老将山泉交给他。熊知县在皇帝面前再次冲泡玉杯中的黄山毛峰，果然出现了白莲奇观。

　　皇帝看得眉开眼笑，便对熊知县说道："朕念你献茶有功，升你为江南巡抚，三日后就上任去吧！"

　　熊知县心中感慨万千，暗忖道："黄山名茶尚且

■ 黄山峡谷

■ 黄山山脉

品质清高，何况为人呢？"于是脱下官服玉带，来到黄山云谷寺出家做了和尚，法名正志。如今在苍松入云、修竹夹道的云谷寺下的路旁，有一蘖庵大师墓塔遗址，相传就是正志和尚的坟墓。

在明末清初时期，黄山的名气更是日益隆盛，这也归功于黄山的绘画艺术。

黄山在中国的山水文化中占有重要的地位，特别是对中国传统山水画的发展产生过很大的影响。每当人们提起中国山水画，就会油然想起黄山，称它是中国山水画的摇篮。黄山享有如此盛誉，功在明末清初创建黄山画派的艺术大师们。

黄山画派是指明末清初所扎根黄山的画师群。当时的绘画大师们潜心体味黄山真景，描绘黄山神妙绝伦的仙境名胜，在山水画史上独辟蹊径，组成了一个不同籍贯的山水画家群。

**山水画** 简称"山水"，是以山川自然景观为主要描写对象的中国画。山水画形成于魏晋南北朝时期，但尚未从人物画中完全分离。隋唐时开始独立，五代、北宋时趋于成熟，成为中国画的重要画科。传统上按画法风格分为青绿山水、金碧山水、水墨山水、浅绛山水、小青绿山水和没骨山水等。

黄山画派的绘画大师们在当时舟车闭塞的原始山林中，把天造的仙境绘成纸上丹青，传播民间，对当时的画坛和后来的山水画都产生了积极而深刻的影响。

　　在这个明代和清代交接的时期，绘画艺术讲究抒写性灵，提倡气韵超逸，具有鲜明的时代特征。黄山画派的诞生，也得力于一批明末遗民的大力开拓，他们不求闻达，淡泊功名，隐于书画。

　　明末清初形成的黄山画派以黄山为背景作画，驻足于黄山，潜心体味黄山真景，描绘黄山神妙绝伦的风景名胜。其中，代表人物梅清、石涛、渐江更被称为"黄山画派三巨子"。

　　在清代，黄山的茶也更加出名了。关于黄山的茶，还流传着一个有趣的故事呢！

　　相传，一个风和日丽、春意盎然的日子，乾隆微服私访来到了黄山，到山脚下时已到了中午。忽然狂风骤起、云涛滚滚，大雨来临，乾隆急忙避到附近一座农舍旁的毛栅内。

正巧老妇开门出来，见一位神姿飘洒、容态超逸的客官在毛栅内避雨，便客气地把客官让进屋里，乾隆忙问："青天白日，怎么下起大雨来，这雨何时能停？"

老妇答道："黄山的天气就是这样，云散雨停，用不了半个时辰，说不定太阳又要出来，看来客官有急事，我去为客官弄点吃的好赶路。"

乾隆帝见村妇举止有礼，连连拱手，说有劳大娘辛劳了。老妇转身进了厨房，忙到竹篓里寻找鸡蛋，一个也没有。忽然想起，前几天把10个鸡蛋给家养母鸡孵雏了。急忙从鸡窝中取出6个，想了一会儿，还不如一齐取出煮熟给客官充饥。

不一会儿，老妇笑容满面地端来鸡蛋边说："山里人没啥好招待，只有这些鸡蛋，还请客官包涵。"

聪明的乾隆帝明白这位贤惠大娘的好意。大娘又去开汤冲泡一杯香茶，乾隆帝品茗着连声称赞："好茶，好茶！大娘，是何名茶，如此香甜爽口？"

■ 黄山冬雪

黄山怪峰

　　大娘说："云雾茶！我家有片茶园在高山顶上，茶树终年在云飞雾裹中生长，黄芽鲜嫩，用屋后长年不断的泉水开汤冲泡，分外香甜，它能提神、明目。"

　　乾隆帝随口而出："御苑芬芳千万种，不及山中一缕清。"便挥手告别大娘的盛情厚意走出屋外，果真云散雨停，太阳又露脸了。

　　乾隆帝带着极好的心情畅游黄山。回到京城，常跟大臣们谈起黄山贤惠大娘与云雾茶，从此以后在京城传为佳话。

378
壮美风光的三山五岳

**阅读链接**

　　石涛、梅清、渐江被称为"黄山画派三巨子"。他们不受古法束缚，虽同属一流派，却都有鲜明的个性和艺术风格。

　　梅清与石涛本是画友，他们经常活动在黄山和敬亭山一带。石涛和梅清的绘画都受到黄山奇景的启发和感染，于是石涛和梅清后来又多次登临黄山。梅清笔下的黄山，以黄山的真景作依据，更将自然的黄山升华为艺术的黄山。

　　梅清自认"余游黄山之后，凡有笔墨，大半皆黄山矣"。

　　可见黄山在画家艺术创作中的重要位置。由于梅清和石涛的介入，新安画派突破了地域的局限，从而形成了人们所说的"黄山画派"。

# 江西庐山

庐山又称"匡山""匡庐",位于江西北部,为三山五岳中三山之一。

庐山多峭壁悬崖,瀑布飞泻,云雾缭绕。险峻与柔丽相济,以雄、奇、险、秀闻名于世,自古享有"匡庐奇秀甲天下"之盛誉,与鸡公山、北戴河、莫干山并称"四大避暑胜地"。

庐山山体呈椭圆形,绵延的90余座山峰,犹如九叠屏风,屏蔽着江西的北大门。巍峨挺拔的青峰秀峦、喷雪鸣雷的银泉飞瀑、瞬息万变的云海奇观、俊奇巧秀的园林建筑,一展庐山的无穷魅力。

# 奇巧灵秀的庐山美景

传说，早在周初时，有一位名叫匡俗的人，在一座大山中寻道求仙。他寻道求仙的事迹为朝廷所获悉，于是，周天子屡次请他出山相助，但匡俗却屡次回避。后来，他为了不被打扰，潜入山林深处修炼仙道，人们就再也找不到他了。

庐山锦绣谷

庐山锦绣谷

后来有人说看到他飞升成仙了，于是人们就把匡俗求仙的地方称为"神仙之庐"，而这座山就称为"庐山"了。因为"成仙"的人姓匡，所以又称庐山为"匡山"或"匡庐"。

庐山的山峰以雄、奇、险、秀闻名于世，素有"匡庐奇秀甲天下"之美誉，大江、大湖、大山浑然一体，雄奇险秀，刚柔并济，主峰大汉阳峰海拔约1700米，雄伟高大，气概非凡。其北还有一座小峰，故人们称它为"大汉阳峰"，小峰为"小汉阳峰"。

大汉阳峰顶上有一石砌平台，名"汉阳台"，相传在盘古时候，汉王曾在这里躲避洪祸。据说在此可夜观汉阳灯火，即或在白天，远望近览也颇令人心旷神怡。

庐山的奇山美景非常多，比较有名的有锦绣谷、大天池、龙首涯、石门涧、五老峰、黄龙潭和乌龙潭等。

锦绣谷是由大林峰与天池山交汇而成，为一段长约两公里的秀丽山谷。曲径盘空，云雾迷漫，峰回路转，步移景换。峰壑组合奇特，盘崖峭峙，典雅深幽，两边如斧劈刀削一般。谷内长满奇花异草，神采非同一般，这里四季花开，犹如锦绣，故有"锦绣谷"之名。

■ 庐山锦绣谷云雾

登上庐山西部海拔900米的天池山顶，即可来到大天池。这里南望九奇峰，下俯石门涧，东瞻佛手岩，西眺白云峰。两水萦回，四山豁朗。

相传，释迦牟尼侍徒文殊曾经骑着青狮从五台山来此，见此峰峦叠翠，云雾重袅，幽雅翠滴，认为是座人间仙山。

但是文殊在山上转了一圈以后，觉得缺一分秀水，于是文殊施展法力，双手插石，顿时土开石裂成两个旱坑，又施法力引来灵水，所以人们称它为天池，而这个泉眼被称为神泉。山泽通气之时，池水常冒出如珍珠般的气泡。

从大天池西南侧，循石阶下行数百米，便可见一崖拔地千尺，下临绝壑，孤悬空中，宛如苍龙昂首，飞舞天外，这就是龙首崖。

人们若从悬崖左边一石亭观看，龙首崖悬壁峭立，一石横亘其上，恰似苍龙昂首。崖下扎根石隙的

**释迦牟尼** 原名乔达摩·悉达多，古印度迦毗罗卫国释迦族人，佛教的创始者。"释迦牟尼佛"是后人对他的尊称。"释迦"是他所属的部族释迦族的名称，有"能""勇"的意思。"牟尼"意为"寂静""寂默"，汉文翻译又作"能仁寂默""释迦文佛"等。

几棵劲松，宛如龙须，微风吹拂，恰似龙须飘飞。

在龙首崖上凭栏俯瞰石涧峡谷，可见悬索桥似的彩虹横卧，狮子岩、方印岩、文殊岩、清凉岩、万丈梯等，奇石累累，姿态万千。

从龙首崖下去不远处，就可以到达石门涧。庐山石门涧位于庐山的西麓，素称"庐山西大门"。因天池山、铁船峰对峙如门，内有瀑布而得名。石门涧面对峰崖，隔涧箕立，结成危楼险阙。最窄处的"小石门"，两崖之间仅存一缝，人们入"门"必须侧身才能通过。

峡谷间，高崖悬流成瀑，深谷积水成湖。潜隐湖底的杂乱怪石与兀立溪涧的巨岩，沿涧巧布，成为"石台"，最大的一块光滑的磐石上可坐数十人，石上镌有"石门涧"3个大字。

过了大磐石，峡谷更加险峻，如剑插天尺，争雄竞秀。在这大断层中，桅杆峰与童子崖从涧底矗箕直上，漓立咫尺，奇峰簇拥，迭峰屏立。削壁千仞的峰峦，上接霄汉，下临绝涧。真是奇峰奇石奇境界，惊耳惊目惊心魄，纵有鬼斧神工，也难劈此胜景。

由石门涧上来，便可到黄龙潭和乌龙潭。黄龙潭幽深、静谧，古木掩映的峡谷间，一道溪涧穿绕石垒而下，银色瀑布冲击成暗绿色的深潭。静坐潭边，听古道落叶、宿鸟鸣涧，自然升起远离尘世、超凡脱俗之感。大雨初过，隆隆不尽的闷雷回荡在密林之中。

乌龙潭原来并不是一个，而是由3个大小不一的潭渊组成，据

庐山瀑布三叠泉

壮美风光的三山五岳

**禅师** 和尚之尊称。出自佛教经典《善住意天子所问经》，南朝陈宣帝称南岳慧思和尚为"大禅师"，唐中宗赐神秀和尚以"大通禅师"之号。因此后来禅师皆寓非常尊崇之意。

古书中记载：

乌龙潭凡三潭，中、上两潭皆高数十百丈，下潭稍平夷。

潭水分五股从巨石隙缝中飞流而下，短而有力，像一把镀银的竖琴，日夜在拨动着琴弦。相传在很久很久以前，黄龙山谷中有两条桀骜不驯的黄龙、乌龙时常争斗，引动山洪暴发，周围百姓无法安居乐业。

后来，彻空禅师云游至此，运用法力将二龙分别镇在黄龙潭、乌龙潭中。后来，乌龙潭上方的巨石上还镌刻着"降龙"两字。

五老峰地处庐山东南，因山的绝顶被垭口所断，分成并列的5个山峰，仰望俨若席地而坐的五位老

■ 庐山乌龙潭

庐山五老峰

翁，故人们便把这原出一山的5个山峰统称为"五老峰"。

五老峰海拔1300米，陡峭挺拔，根连鄱湖，峰接霄汉，奇峦秀色。登上五老峰，只见危岩削立，层崖断壁，天高地回，万仞无倚。站立山顶俯视山下峰峦，有的挺立如竿，有的壁立如屏，有的蹲踞如兽，有的飞舞如鸟，山势此起彼伏，犹如大海汹涌波涛。极目眺望，远处的城郭川原宛如盘中玉雕，鄱阳湖中来往的船帆尽收眼底。

倘若朝夕登峰极顶，则可见朝霞喷彩，落日熔金，色彩缤纷。有时山上天风作起，白云四合，身埋雾中，霎时那蓝天、澄湖、远树、遥山统统迷藏在云雾里。

片刻云消雾散，头顶露出蓝天，云海逐渐消失，蓝天下鄱阳湖好像一面巨大明镜，把扬帆的船影映照得特别清晰。阳光里，几朵白云把五老峰衬托得更加雄奇，渲染得格外富有诗意。

有云雾时，它好像腾云驾雾的五仙翁，高高腾起于半空的云雾中。月光下，它衬托蓝天白云，俨如一朵仰天盛开的芙蓉花，格外鲜艳夺目。历代许多诗人名士来到五老峰，无不为这里的瑰丽景色所迷恋，留下了不少赞美的诗篇。

庐山不仅景色宜人，还盛产名茶，云雾茶就是其中的一种。关于云雾茶的由来，还有一段有趣的传说呢！

传说孙悟空在花果山当猴王时，常吃仙桃、瓜果、美酒。有一天，他忽然想起要尝尝玉皇大帝和王母娘娘喝过的仙茶，于是一个跟头上了天。孙悟空驾着祥云向下一望，见九州南国一片碧绿，仔细看时，竟是一片茶树。

此时正值金秋，茶树已结籽，可是孙悟空却不知如何采种。这时，天边飞来一群多情鸟，见到猴王后，问他要干什么。

孙悟空说："我那花果山虽好但没茶树，想采一些茶籽，但不知如何采得？"

众鸟听后说："我们来帮你采种吧！"于是展开双翅，来到南国茶园里，一个个衔了茶籽，往花果山飞去。多情鸟嘴里衔着茶籽，穿云层，越高山，过大河，一直往前飞。

不料在飞过庐山上空时，巍巍庐山胜景把众鸟深深吸引住了，领头鸟竟情不自禁地唱起歌来。领头鸟一唱，其他鸟跟着唱和。鸟一张嘴，那些茶籽便从它们嘴里掉了下来，直掉进庐山群峰的岩隙之中。从此云雾缭绕的庐山便长出一棵棵茶树，出产清香袭人的云雾茶。

**阅读链接**

关于庐山名字的由来，还有一个传说，也是关于匡俗的。这个传说认为，匡俗的父亲为东野玉，曾经同都阳令吴芮一道，辅佐刘邦平定天下，东野玉不幸中途牺牲。为了表彰东野玉的功勋，朝廷封东野玉的儿子匡俗于鄡阳，号越庐君。

越庐君匡俗，一共有兄弟七人，他们都爱好道术，所以相约到鄱阳湖边大山里寻道求仙。后来，人们把越庐君兄弟们寻道求仙的山称为庐山。

# 神话传说中的庐山奇峰

庐山的山水名扬天下，但传说庐山原来没有那么多山峰，那这些山峰又是怎么来的呢？关于这些山峰的由来，还有一个传说呢！

据说当年秦始皇统一六国之后，在全国征集了大批民工修筑万里长城。这些民工整日挑砖运土，面朝黄土背朝天，一个个叫苦不迭，怨声连天。

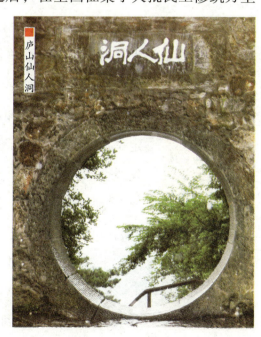

庐山仙人洞

一日，黎山老母打坐在天宫，忽见一股怨气冲上云天，拨开云雾一看，见那些修筑长城的人全被扁担压弯了腰，步履踉跄，苦不堪言。

黎山老母见他们委实可怜，不觉动了恻隐之心。她拿出一把红丝线，作起法术，喝一声：

壮美风光的三山五岳

庐山含鄱口美景

**秦始皇**（前259—前210），名嬴政，嬴姓赵氏，又称赵政，生于赵国首都邯郸。中国历史上著名的政治家、战略家、改革家，首位完成中国统一的皇帝。秦始皇将中国推向了大一统时代，对中国历史产生了深远影响，奠定中国两千余年政治制度基本格局。他被明代思想家李贽誉为"千古一帝"。

"去"，往下一抛，只见满天的红丝线，飘飘忽忽，随风降落，一根根系在民工挑土的扁担上。

说来也怪，这些红丝线一系在扁担上，百斤重担顿觉轻了很多。民工们挑得也轻了，跑得也快了，人人喜形于色，个个笑容满面。

这件事很快被秦始皇知道了。秦始皇想：是什么红丝线，竟有这般神通？看来一定不是凡间之物，肯定是仙家之宝了。于是下了一道圣旨，立即把这些红丝线全部收集起来，另派用场。

圣旨一下，官员们不敢怠慢。当民工们晚上熟睡的时候，他们派人把扁担一根根收拢，把红丝线一条条解下，第二天送进了皇宫。

秦始皇看看这些红丝线，跟一般丝线同样粗细，并无两样。可是仔细一看，却见这些红丝线熠熠发光，用剑砍，砍不断；拿火烧，烧不烂，真是奇珍异宝啊！

秦始皇想：一根红丝线系在扁担上，都有如此威力，如果把红丝线全都拧在一起，岂不威力无比吗？于是，他选派几名能工巧匠，编啊，绞啊，一直编绞了三天三夜，编成了一根又长又粗的鞭子。秦始皇非常高兴，他要亲自试试这根神鞭的威力。

秦始皇摆驾出了京城，前呼后拥地来到庐山前，只见他手握神鞭，扬手一挥，"呼"带起一阵狂风，紧接着山崩地裂一声响，顷刻间走石飞沙，那神鞭抽到的地方，就像斧劈刀砍一样，把骊山劈去了一半。

秦始皇又惊又喜，这真是一条赶山鞭啊！我何不赶着山去填东海呢？也好让普天下的人都知道我的威风！秦始皇这么一想，就一连摔了九十九鞭，把庐山劈成了九十九个包、九十九个洼，变成了九十九座奇峰、九十九个险谷，想要赶着庐山往东海方向去。

这一来，东海龙王可慌了手脚啦！他急匆匆地出了龙宫，登上天庭，奏知玉皇大帝，说秦始皇要赶山填海，毁他的老巢，请旨定夺。玉皇一听，啊！有这等事？当即传旨，命龙王的女儿三公主去阻止秦始

庐山云烟

**天庭** 指玉帝的宫廷或三界的中央权力的中心，三界都归其所管辖。在道教文化中，是富丽堂皇，而且庄严肃穆的地方，有诸多的规条，称之为"天条"。在这里，有玉皇大帝审问和管理三界的各种事物。

皇赶山填海。

三公主聪明能干，法力无穷。她领了法旨，知道不能力敌，只能智取，当即摇身一变，变成了一位村姑，在山边摆起了一个茶摊。

秦始皇忽见山边高高地悬挂着一个斗大的"茶"字，飘出一阵阵清香，原来是一个茶摊。秦始皇握着赶山神鞭来到了茶摊，一看，只见那卖茶的村姑，一头乌黑油亮的披肩长发，一双黑宝石似的大眼，再配上一张樱桃小嘴，一笑一对酒窝，真是如花似玉，赛过天仙。

秦始皇看得发呆了，心想：我这三宫六院、七十二妃，与她相比，全都逊色了呀！

秦始皇真是一见倾心啊！在这时，三公主又对着他回眸一笑，招呼道："客官，想必是要喝茶吧，请坐，请坐！"

■ 庐山山顶

庐山庐林湖

　　三公主这一笑一招呼，更使秦始皇神魂飘荡，他喜滋滋地坐了下来，两只眼睛盯着三公主，舍不得移开。三公主却满脸含笑，殷勤相待，给他沏了一杯香茶，说："村野山茶，客官请勿见忌！"

　　秦始皇慌忙品尝了一口，连声说："好茶，好茶！请问姑娘姓甚名谁，为何独自一人在此卖茶？"

　　三公主见问，脸上顿生愁云，答道："奴家名叫海姑，家住在南山之下，只因家境贫寒，为生活所迫，不得已才在此抛头露面，卖茶糊口。"

　　秦始皇一听，心里更加高兴，便说："我是当今皇上，你只要随我进宫，保管你穿的是绫罗绸缎，吃的是山珍海味！"

　　三公主一听，故作惊讶之色，继而又摇了摇头。秦始皇一看，急了，忙说："朕还可以给你造一座最美丽的宫殿，任你游玩消遣！"

　　三公主还是摇了摇头。秦始皇更加着急，又说："我的美人儿，你究竟要什么呢？只要你抹掉脸上的愁云，露出笑容，要什么我都给你，你快开口吧，不要急煞朕了。"

庐山云烟

　　三公主见秦始皇总是握着那根赶山神鞭，一刻也不松手，便心生一计，说："万岁所说是真？"

　　秦始皇说："有道是君无虚言。"

　　三公主急忙跪倒在地说："谢主隆恩！"

　　秦始皇喜不自胜，慌忙丢下赶山神鞭，双手把三公主搀扶起来，说："美人儿，你需要什么，快说吧，朕全都给你。"

　　三公主见秦始皇丢下了赶山神鞭，心里暗自高兴，她趁秦始皇不备，瞅个空儿，"唰"的一把就夺过了赶山神鞭，说："我要的就是它！"

　　三公主说完，"呼"的一声化作一阵清风，回东海龙宫向父王复命去了。秦始皇丢了赶山神鞭，再也不能赶山了。被秦始皇九十九鞭抽打出来的九十九个坡、九十九个洼，也就成了后来庐山的九十九座奇峰、九十九条险谷，显得分外巍峨壮丽。

　　秦始皇不见了三公主，心里还是十分想念。他登上庐山去寻找，踏遍了山山岭岭，跨过了险谷深沟，也没见到三公主的身影，就坐在马耳峰下的巨石上休息。

秦始皇的心里思念三公主，又站起来开始爬山，他攀上九奇峰，一直登上了高山绝顶大汉阳峰，找啊，找啊，还是找不到他思念的三公主。

秦始皇站在汉阳峰顶，极目遥望，但见云天相隔，白雾茫茫，不觉满腹相思，万分悲切，禁不住流下了眼泪。无奈，只好失望地回京城去。

后来，秦始皇在马耳峰下坐过的那块巨石，被人们称为"秦皇石"。秦始皇在攀山时洒下的汗水，化成了九奇峰下的喷泉。他在汉阳峰顶淌下的眼泪，流向西南的，变成了有名的庐山瀑布，向东流去的，则汇成了有名的"三叠泉"。

三叠泉位于五老峰下，飞瀑流经的峭壁有三级，

**九天** 指传说中玉皇大帝居住的地方，后来形容极高极高的天空。中国古代传说中天有九重，九天是天的最高层。一为中天，二为羡天，三为从天，四为更天，五为睟天，六为廓天，七为咸天，八为沈天，九为成天。

■庐山瀑布

庐山三叠泉瀑布

溪水分三叠泉飞泻而下，落差155米，极为壮观，撼人心魄，故名"三叠泉"。

三叠泉的每一叠都各具特色。一叠直垂，水从20多米的山脊背上一倾而下。二叠弯曲，直入潭中。

站在第三叠抬头仰望，三叠泉抛珠溅玉，宛如白鹭千羽上下争飞，又如百幅冰绡抖腾长空，万斛明珠九天飞洒。

如果是暮春初夏多雨季节，飞瀑如发怒的玉龙，冲破青天，凌空飞下，雷声轰鸣，令人叹为观止，故有"不到三叠泉，不算庐山客"之说。

壮美风光的三山五岳

## 阅读链接

关于庐山和秦始皇，还有这样一个传说呢。相传秦始皇得到的神鞭是南海观音遗失的，秦始皇用神鞭将山赶到了鄱阳湖畔的时候，天已经黑了，秦始皇决定第二天再赶山下海。哪知当夜失去神鞭的南海观音闻讯赶到，趁秦始皇酣睡之时换走了神鞭。

第二天，秦始皇举鞭赶山下海，可山岿然不动，他一连抽九十九鞭，直打得那山满身鞭痕，可仍纹丝不动地屹立在原地。秦始皇无可奈何，只得将鞭子扔下，回京都去了。从此，那山便在鄱阳湖畔扎下了根，成了庐山。

秦始皇抽的九十九条鞭痕，变成九十九道锦乡深谷；他扔下的赶山鞭，变成了龙首崖外高耸入云的桅杆峰；他那满身流淌的汗水，化作银泉飞瀑了。

# 宗教文化和诗词古韵

　　在与龙首崖隔涧相望的地方，有一个高峰矗立，似巨舰昂首，人们称它为"铁船峰"，俗称"桅杆石"。

　　相传，东晋大将军王敦，军事大权在握，欲篡夺帝位。一天，王敦在建康邀请道教祖师许逊和他的随从等人共同饮酒作乐。席间，王敦让人给他释梦。

　　王敦说他昨晚梦见一木破天，问是否吉祥。

　　许逊等人知其用心，便释说："木上破天，乃未字，公欲用刀兵，不可轻举妄动。"

■ 东林寺全貌

王敦听后不悦，暗起杀心。许逊等人也已料到，遂乘船逃走。船行至江中，王敦果然派兵追来，幸好许逊学有法术，呼来二龙挟船并飞，并告诫众人紧闭双目，不得窥视。

当船飞临庐山紫霄峰上空时，云雾迷漫，船底擦着树梢沙沙作响。此时，船上的人感到奇怪，就偷偷看个究竟。看到有人偷窥，二龙突然离去，船随即坠于紫霄峰下的石门洞旁，而化为铁船峰。

虽然这个传说带有明显的神话色彩，但它却给铁船峰这一景观增加了传奇色彩，使铁船峰更加扬名天下。

在东晋，佛教的净土宗也在庐山诞生了。慧远于公元381年奉东晋名僧道安之命，沿襄阳、荆州东下，来到庐山宣扬佛法，时年47岁。后来，于公元384年在庐山创建东林寺，自此一住30余年，直到离开人世。

东林寺坐落于庐山西麓，椽摩栋接，丹辉碧映，规模宏远，足称万僧之居，是中国佛教八大道场之一。再加上庐山沟壑纵横，云雾缭绕，绿树掩映，曲

■ 东林寺大门

径通幽。

　　这山水和建筑相呼应的场景，在慧远心中形成了一个奇幻的境界。慧远善诗会文，在庐山的漫长岁月中，他留下了许多作品，后来仅存《庐山东林杂诗》《庐山记》等。

　　慧远题咏庐山的诗，是后来保存下来有关庐山的诗篇中最早的作品。其中，有一首五言诗《游庐山》为历代文人所推崇。全诗道：

　　　　　崇岩吐清气，幽岫栖神迹。

　　　　　希声奏群籁，响出山溜滴。

　　　　　有客独冥游，径然忘所适。

　　　　　挥手抚云门，灵关安足辟。

　　　　　流心叩玄扃，感至理弗隔。

　　　　　熟是腾飞霄，不奋冲天翮。

　　　　　妙同趣自均，一悟超三益。

　　东林寺不仅历史悠久，而且景物优美。群山环

　　**陆修静**　（406—477），字元德。三国吴丞相陆凯的后代。笃好文籍，穷究象纬。早年弃家修道，好方外游，遍历云梦山、衡山、罗浮山、峨眉山等地。461年来到庐山，构筑精庐居处修道，是为太虚观。自此，以在太虚观中研经传道授徒长达七年之久，为庐山道教势力的发展和影响的扩大做出了极大贡献。

东林寺古樟树

壮美风光的三山五岳

抱，溪水回流的东林寺，寺南翠屏千仞，寺前一泓清流虎溪迂回向西而去，溪上跨着一座石砌拱桥，这就是中国文化史上传为佳话的"虎溪三笑"故事发生的地方虎溪桥。

据传，慧远和尚来东林寺后，"影不出山，迹不出俗"，一心修行，连送客也未曾过虎溪桥，若是过了桥，山上的神虎就要吼叫。

一天，慧远送陶渊明与陆修静，三人携手边走边谈，越谈越开心，不觉过了石桥，谁知没走几步，山上的神虎便吼叫不止。他们这才恍然大悟，三人相视仰天大笑，惜别分手。这就是广为流传的文苑佳话"虎溪三笑"。

过了虎溪桥，北行约百余米为第一道山门，门墙书有"秀辑庐峰"4个篆体大字，山门上竖挂着"晋建东林寺"石刻。

跨进第一道山门有一条南北伸展的石砌甬道，甬道东侧屹立着一棵苍劲挺拔、形如圆盖的罗汉松，其旁立着刻有"护法殿"、正中盘坐的大肚弥勒佛。

由此再往里走，可见一排正殿。其中究其精巧壮观者首推"神运宝殿"，它殿堂高大，精雕细镂，廊腰缦回，檐牙高啄。殿内有一口神话传说中出木建寺的"出木池"。据传，神运宝殿就是用出木池中涌出的良木建造而成的。

神运殿西侧是接待室，东面是三知堂。与三笑堂毗连的为"十八高贤"影堂，是慧远与共修净土的18位佛教徒结白莲社诵经的地方，故亦称"念佛堂"。

堂内西壁嵌有刘程之、雷次示、高僧慧远、梵僧佛陀跋陀罗等"十八高贤"石刻像。雕塑精细，形象逼真，个性鲜明，神态各异，栩栩如生。

在十八高贤影堂和神运殿后有两口水泉。一口叫聪明泉，是慧远与其好友殷仲堪经常一起研究《易经》，盘教谈天的地方。

另一口是在文殊阁下墙根处的古龙泉，相传为慧远和尚举杖扣地而成的水泉，后因其弟子慧安为计时立芙蓉十二叶于泉水中，据波转定12个时辰，故亦称"莲花漏"。

东林寺西的山丘上，还有东方佛教净土宗的始祖慧远墓塔荔枝塔。

庐山文殊台也是始建于东晋。文殊台下有石突出，象角如虚凌霄，叫"凌霄石"。上面建有一亭，号"老母亭"，因为庐山民间又叫黎山，说是黎山老母修行的地方。此亭也称"聚仙亭"。

文殊台倚于天池山的西边，临壑而建，顶端平面

**殷仲堪** 陈郡人，殷融之孙。他卒于399年。能清言，与韩康伯齐名。调补佐著作郎，谢玄请为参军。又为长史，领晋陵太守。他与从兄颖均以擅文学著名，各有著述。《隋书志》纂有杂论九十五卷，并行于世。撰有《殷荆州要方》。

■ 东林寺院子

呈半月形，左旁垒有上台石阶，沿台石叠护栏，下有石室五楹。据说文殊台是后人为了纪念文殊以其双手插石成天池，而专门立台供"文殊菩萨"像。

又传文殊骑着青狮空临俯见此山秀丽，惊喜之余不慎跌下，臀部落地印一半月痕迹，文殊随即就地朝天拜日，后人按照印痕围砌了一石台，故也称"拜日台"。

文殊台的周围环境雅致，树木茂盛，令人产生"不登此台，不穷此胜"之慨。若是登临顶端，眼前峰峦耸立，田畴锦绣，远处青山在望，平地渺渺，仰观白云蓝天，泛媚雅然。俯视翠谷清涧，深深幽幽，富有野趣。

随着时间的流逝，庐山美景渐渐被人们所熟悉，在东晋，庐山美景开始出现在文人墨客的诗词创作中。

东晋时期，文学界一改过去为宣扬儒学政教而强寓训勉的面貌，开始追求美的载体、美的源泉、美的情怀。由于这神演变，"峻伟诡特"的庐山，便成为山水诗的讴歌对象，受到文人骚客的青睐。

东林寺大雄宝殿

首先关注庐山的是山水诗的先驱人物谢灵运。他出身于东晋最显赫的士族家庭。当时，诗坛还处在"庄老击退，而山水方滋"的阶段。

寻觅山魂水魄及其雄浑深厚的底蕴，以抒发崇尚自然的文化情感，是当时文人极为困惑和迫切追求与探索的难题。谢灵运正于此时来到了庐山。

好山泽之游的谢灵运，来到庐山，登上绝顶，放眼四顾，灵感飞来，题脉了《登庐山绝顶望诸峤》一诗：

■ 东林寺千手观音

奇秀天下

江西庐山

山行非有期，弥远不能辍。

但欲掩昏旦，遂复经圆缺。

扪壁窥龙池，攀枝瞰乳穴。

积峡忽复启，平途俄已绝。

峦垅有合沓，往来无踪辙。

昼夜蔽日月，冬夏共霜雪。

在诗中，谢灵运对庐山自然山水的高度敏感和刻画再造，使之成为精美的诗歌意象，自然与时节的变幻，同时也展现了他外在的平静和内在的不平静融合一体的绝盼。

谢灵运（385—433），东晋名将谢玄之孙，小名"客"，人称谢客。又以袭封康乐公，称谢康公、谢康乐。著名山水诗人，主要创作活动在刘宋时代，是中国文学史上山水诗派的开创者，主要成就在于山水诗。由谢灵运始，山水诗成为中国文学史上的一大流派。

陶渊明 （约365—427），字元亮，号五柳先生，东晋末期南朝宋初期诗人、文学家、辞赋家、散文家。曾做过几年小官，后辞官回家，从此隐居。田园生活是陶渊明诗的主要题材，相关作品有《饮酒》《归园田居》《桃花源记》《五柳先生传》和《归去来兮辞》等。

正是这种既富于对自然山水的兴趣，又强烈地显露人生精神的融合，使山水诗有了灵魂，有了生命，有了活力，有了高品位的蕴含，才使其成为中国古典诗歌中最重要的流派之一。也因此，庐山成为这个诗歌流派的重要载体之一。

在东晋，著名诗人陶渊明也选择庐山作为自己的归隐之地。

公元365年，陶渊明诞生于庐山脚下，他少年丧父，家境贫寒。陶渊明后虽五进仕门，却都因"有志不获聘"，官场与自己纯真的禀性不相融，自己又难以曲意逢迎。

从他的"云无心而出岫，鸟倦飞而知还"的诗句中就可以看出，陶渊明一直眷恋着庐山的奇峰异水，最终他还是离开了仕门，择庐山而隐。

陶渊明归隐处，即后来星子县白鹿乡的玉京山麓磨盘岭附近。这里背依庐山，面向鄱阳湖。既可赏群峰嵯峨，又能观平湖浩渺，有良田可劳作，通舟楫之便利。

陶渊明在此得到身心的放松。从他的诗作《归园田居五首》和《归去来兮辞》中反映出他的心情是那样潇洒，那样豪放不羁，令人尊崇！他所开创的田园诗风，影响了以后的整个中国诗坛，庐山由此为田园诗的诞生地。

然而，陶渊明虽然写过许多关于庐山的诗，却没有一回写下"庐山"两字。他对庐山似乎十分苛刻，只是用"南山""南岳""南阜"和"西山"等代称庐山。这大概和当时人们对庐山的称呼有关。

公元410年，晋安郡长史殷景仁来浔阳，与陶渊明为邻。陶渊明当时居于浔阳城内，正因为他居于浔阳城内，才容易按照此城里人的习惯，称庐山为"南山"，也才会信口吟出"采菊东篱下，悠然见南山"之句。

陶渊明诗中的庐山其他"南岳""南阜"和"西山"称呼大概也和南山相仿。但不管如何，在陶渊明的诗中只字未提庐山，这令后来生活在庐山的人们感到一些遗憾。

**阅读链接**

关于庐山的文殊台，还有一个传说。传说当时天尊、地藏王和文殊都想在庐山建寺，可是天尊和地藏来到庐山却发现文殊抢了先，已经在这里占山建寺。天尊和地藏不愿意了，吵着也要在玉屏峰建庙。

文殊说："我坐在这玉屏峰前的悬崖上，你们若能把我拉起来，我情愿把这座仙山让与二位。"

只见天尊和地藏各挽着文殊的一只手臂往上拉，这时一位香客看见了，高声笑道："想不到，你们菩萨也这样你争我抢呀！"

3个菩萨听了，不禁脸红逃走了，当文殊还在拼命把身子往下坠时，他俩突然松手，文殊便跌坐在了悬崖上，连岩石也陷下去一块，就像座椅一样。

玉屏峰前的这块悬崖，就是如今的文殊台，那文殊跌坐下去的岩石，就是文殊座。

# 爱情故事和书院建筑

　　庐山不仅山水景色优美，还有很多奇花异草，其中瑞香花就是庐山特有的一种花。传说，瑞香花是唐朝一个名叫瑞香的姑娘化成的。

　　相传，在唐朝的时候，庐山锦绣谷的香谷寺旁有一片茅舍。虽说全是竹篱茅舍，可那里藤蔓缠绕，长着各种奇花异草，万紫千红，香

■ 莲池观音

气扑鼻，人们都称它为"百花村"。

百花村里有一位姑娘，名叫王瑞香，长得特别好看，千朵花，万朵花，哪一朵花也比不上王瑞香。王瑞香家隔壁，住着一位小伙子，名叫樵哥。

瑞香和樵哥从小就在一块儿玩耍，长大了又一块儿上山砍柴，一块儿干活，一块儿下河捉鱼，形影相随。于是，双方父母便准备给他们二人完婚。谁知就在这时候祸事来了。

那一年，唐明皇来庐山游览，他来到了太平殿，题了"九天使者之殿"的匾额，又乘兴登上了庐山顶上的锦绣谷。

他见这儿不仅百花盛开、异草放香，连这里的女子也长得格外的美，不禁在心里惊叹：真是山清水秀育美人啊！

于是下了一道圣旨，要在锦绣谷一带挑选山村绝色女子进宫为妃。挑选的结果自然是王瑞香被钦差首先选中。

那一夜，王瑞香一家人面对孤灯，哭得死去活来，她娘眼泪不断，连声音都哭哑了，说："孩子，你怎么这么命苦呀！你是娘身上掉下的肉，娘舍不得你离开呀！"

　　王瑞香山里生，山里长，风风雨雨磨炼出了倔强的性格。她擦干了眼泪，斩钉截铁地说："爹，娘，我死也不进宫去！"

　　王瑞香的爹叹了口气说："唉，孩子呀！话是这么说，可这是皇上的圣旨呀！咱一个平民百姓，能拗过去吗？"

　　王瑞香说："拗不过，咱就逃！走他个无影无踪，叫这皇帝老儿寻不见，找不着，看他怎么办！"

　　一家人商量来商量去，事到如今，也只有这个办法了。于是，王瑞香独自趁着皎洁的月色，循着嶙峋深邃的锦绣峡谷，沿着潺潺的溪流，穿林过涧，攀过了曲折回旋的九十九盘，来到了大林沟的香泉村，在她舅舅的家里躲藏起来。

　　第二天，钦差发现王瑞香不见了，就派人四处寻找。再说樵哥听说皇上要选瑞香进宫，心里已急得火烧火燎，如今瑞香又不见了，生怕她有个三长两短，就去问她的父母，但是瑞香的父母见耳目众多，怕走漏风声，也不敢如实告诉他。

　　樵哥着急了，就装作打柴从这个岭翻过那个岭，从这条涧越过那条涧，满山满岭地去寻找瑞香。樵哥过了一岭又一岭，累酸了双腿，

壮美风光的三山五岳

庐山泉水

庐山锦绣谷风光

却没看见瑞香妹妹。樵哥找了一天又一天，喊哑了嗓子，也没有听到妹妹的回声。樵哥还不死心，忍饥挨饿地走遍了山山岭岭。

有一天，瑞香提着篮子，到茶活石下的仙人盆里洗衣服。衣服在泉水里轻轻地荡着，她心里默默地想着：皇帝老儿的钦差是否下山去了呢？樵哥现在又在哪里呢？樵哥啊樵哥，要是你在我的身边那该多好啊！

瑞香正想得入神，突然，岭上飘来了一阵山歌声：

> 樵哥打柴在山冈，不惧虎豹不怕狼；
> 有心寻妹妹不见，不知妹妹在何方？

瑞香一听，知道是樵哥在找她，心里真高兴啊！连忙立起身来，放开喉咙，回了一首山歌：

> 一道清泉飞出崖，妹妹抛下银丝带；
> 身在泉头将哥等，盼望哥哥快快来！

**绸缎** 泛指丝织物。古时多是有钱人家作为衣物，其颜色光滑亮丽，五彩缤纷。在距今五六千年前的新石器时期中期，中国便开始了养蚕、取丝、织绸了。到了商代，丝绸生产已经初具规模，具有较高的工艺水平，有了复杂的织机和织造手艺。

樵哥听到了瑞香在呼唤，飞似的从岭上奔了下来。二人见面，抱头痛哭。二人正在诉说思念之情，突然树林里传来"嘿嘿嘿"一阵奸笑声。樵哥和瑞香回头一看，不好！钦差带着人围上来了。

原来钦差派人四处寻找瑞香，不见人影，怕回朝不好交旨，就暗中跟踪樵哥，一直来到了这里。忠厚老实的樵哥哪里知道上了钦差的当了。

钦差一步步走过去，花言巧语地对瑞香说："姑娘，只要你答应做皇上的妃子，三宫六院，任你游玩，穿不完的绫罗绸缎，吃不完的山珍海味，一人之下，万人之上，多么好的福气啊！"

瑞香生气地说："你三宫六院怎比得上庐山强，绫罗绸缎我不穿，山珍海味我不尝，我心里只有樵哥，宁死也不进宫为妃。"

钦差冷笑着说："这可就由不得你喽！来呀！请娘娘起程！"

钦差使了个眼色，打手们就一拥而上，樵哥挺

■庐山五老峰风光

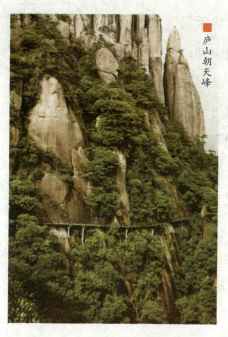
庐山朝天峰

身上前护住瑞香，被他们一棍打晕过去。可怜一对好鸳鸯，竟被活活拆散。

"樵哥！樵哥！"王瑞香心碎欲裂，号啕大哭，一步一回头，一步一滴泪，点点滴滴，洒在弯弯曲曲的山径畔上、溪畔上、岩缝间。当王瑞香被他们强行拖过一条溪涧时，她猛力一挣，一头撞在巨石上，热血四溅，飞落在山岭上。

这时西王母正好路过庐山，看到这一幕，不禁同情这个瑞香，将她的魂魄带走了。瑞香的尸身则化成了一簇簇小花，散落在满山满谷中。

樵哥在昏迷中闻到了一阵阵馨香，迷蒙中好像看见瑞香妹妹飘飘而来，比原先更加妩媚多姿，樵哥高兴地喊道："瑞香妹妹！瑞香妹妹！"等樵哥苏醒过来，慢慢睁开双眼时，哪里还有瑞香妹妹的身影啊！只见山径、溪涧、岩缝间绽放出一朵朵小花，有的金黄，有的紫色，一枝上长着上百朵，聚结成球状的花簇，散发出浓郁的芳香，樵哥知道这是瑞香妹妹的化身，就将花取名为瑞香。

庐山美景

樵哥思念着瑞香妹妹，他日日夜夜站在瑞香花遍开的锦绣谷上，天长日久，便化成了"人头石"，永远跟瑞香花为伴。

仙人洞位于庐山天池山西麓，因

**吕洞宾** 原名吕岩，字洞宾，道号纯阳子。著名的道教仙人，八仙之一，道教全真派北五祖之一，全真道祖师，三教合流思想代表人物。

**镌刻** 把铭文刻或画在某种坚硬物质上或石头上。"镌"是雕的意思，两个字连在一起便是雕刻的意思。镌指一般文章或诗词郑重地刻在木头或石头上。

其形似佛手，故名"佛手岩"。这里的飞岩可栖身，清泉可以洗心，俯视山外，白云茫茫，江流苍苍，颇有远离尘世的感觉，是道教的福地洞天。

相传，唐代名道吕洞宾曾在此洞中修炼，直至成仙。后人为奉祠吕洞宾，将佛手岩更名为仙人洞。在仙人洞进口处，为一圆形石门。门上方正中镌刻"仙人洞"三字。左右刻有对联道：

仙踪渺黄鹤；
人事忆白莲。

入圆门便见一大巨石横卧山中，宛若一只大蟾蜍伸腿欲跃，人称"蟾蜍石"。

石上有一株苍松，名石松。石松凌空展开两条绿臂，作拥抱态。其枝枝叶叶，密密层层，翁翁郁郁，生机盎然，其根须裸露，却能迎风挺立，千百年不

■ 庐山仙人洞道院

倒，充分显示了庐山松特有的坚强不屈的性格，堪称庐山匡山一奇景。松下石面镌刻有"纵览云飞"4个大字，传为诗人陈三立所书。

顺石径小道迤逦而下，苍翠崖壁间一岩洞豁然中开，洞高约7米，深约14米。洞壁冰岩麻皱，横斜错落，清晰地记载着它那漫长的岁月，这就是仙人洞。洞内有一石制殿阁纯阳殿。殿内立吕洞宾身背宝剑的雕像。两旁有两副对联。一联道：

■ 庐山仙人洞香炉

称师亦称祖；
是道仍是儒。

另一联道：

古洞千年灵异；
岳阳三醉神仙。

洞穴最深处，有两道泉水沿石而降，滴入天然石窨中，叮咚有声，悦耳动听。这便是《后汉书》上记载的千年不竭的"一滴泉"。

石窨外用石板、石柱构成护栏。石柱上镌刻"山高水滴千秋不断，石上清泉万古长流"的对联。泉水清澈晶莹，其味甘美。

剑　古代兵器之一，属于短兵器。素有"百兵之君"的美称。古代的剑由金属制成，长条形，前端尖，后端安有短柄，两边有刃的一种兵器。剑为具有锋刃之尖长兵器，而其大小长短，端视人体为标准，所以须量人而定。中国在商代开始有制剑的史料记载，一般呈柳叶或锐三角形，初为铜制。

庐山仙人洞尊仙

此处青峰与奇岩竞秀，碧泉与幽洞争妍。绕洞的云雾，时而浓如泼墨，时而淡似青烟，变幻多姿。洞旁苍色的山岩下，依山临壑建有一栋斗拱彩绘、飞檐凌空的殿阁，名"老君殿"。殿为歇山式单层建筑，整个建筑显得庄重而又轻巧。

关于这个仙人洞还有一个传说呢！

传说，在庐山南麓的赛阳村里，曾有一个放牛的小石哥。他自幼失去爹妈，跟着打长工的伯伯相依为命地过日子。只有邻居刘寡妇的小女儿河妹常给他爷儿俩缝缝补补、洗洗浆浆，为爷儿俩的穷苦生活增添一点欢乐。

小石哥跟村里别的孩子不同，放牛回来总爱挤到大爷和大叔中间看下棋。看了一盘又一盘，常常忘了吃饭。时间久了，小石哥不仅学会了下象棋，还悟出了一些奥妙。

一天，小石哥进山打柴，不知不觉走到一座云遮雾锁的险峰前面。再往前走，突然云开雾散，险峰露出一道石砌圆门，门内古木参天，奇花异草，曲径通幽。

小石哥大胆探身入洞，拾级而上，来到一处状如佛手的巨大悬崖前。崖下洞里摆着石凳石桌，桌前坐着两个道长，正在下象棋。年长的那个道长，童颜鹤发，身背葫芦，手握酒壶，像一位云游道士。壮年的那位，眉清目秀，身背宝剑，手持云帚，像一位饱学秀才。

小石哥把挑柴的丛篙朝门外一插，悄悄地静立一旁，兴致勃勃地观看两位道长对弈。年壮的那位攻势凌厉，落棋敏捷，但不够沉着。他只顾争关夺隘，杀兵斩将，没有提防那位老谋深算的道长已伏炮要道，兵临城下了。

小石哥看到这里，失声说了声："当心重炮将军！"

壮年道长并未意识到局势严重，他斜睨了小石哥一眼，意思是说："乳臭未干的小子，你多嘴做什么？"

小石哥急得搓手顿脚。果然，年老道长架炮一将，就把壮年道长的元帅给将死了。

壮年道长输了一盘，心里老大不快，想拿小石哥出气，冷冷地说："既然这位小哥精于此道，贫道倒要请教。"说着，他又重新摆好了棋子。

小石哥拱手道："我入山砍柴，误入洞府，方才失言，还请道长

庐山景色

庐山美景

多多包涵，不敢在道长面前班门弄斧！"

年老道长也起身相让，拍拍小石哥的肩膀说："小哥棋艺不凡，请勿谦让，不妨下一盘试试。"

小石哥推托不了，只好入座。壮年道长根本不把小石哥放在眼里，一落子就猛攻猛打、大砍大杀。小石哥沉着应战，步伐不乱，暗设陷阱，诱敌深入。年老的道长在一旁观看，点头微笑。

正当壮年道长孤军深入、登高履险时，小石哥突然来一个"香风穿柳"，马锁连环，把对方的将团团围住。这时，壮年道长看到自己败象大露，无法挽回，就把棋子一推说："这局棋贫道失于大意，输与你了。请再下一盘，以决胜负。"

小石哥看到天色已晚，宿鸟投林，就起身拜谢说："刚刚取胜，实是道长相让，天色不早了，就此告辞。"

壮年道长起身阻拦，说："小哥请慢走一步。太阳落山，贫道自有办法。"

说着，他从怀里摸出一张白纸，用剪刀飞快地剪成一个圆饼，吹了口气，向外一抛，顿时一轮红日冉冉从西山升起，照耀着洞中如同白昼。老年道长一旁笑道："你能使红日不落，但小哥的肚子还是饿的。"

壮年道长"哦"了一声，忙唤童子从洞里端出一盘蟠桃，放在石桌上，对小石哥说："深山苦寒，请小哥吃几个桃子消暑解渴。"

小石哥早就感到肚子饿了，也就不客气地吃了两个桃子，顿觉神清气爽，精神百倍。吃完桃子，宾主双方重新入座，摆好棋子，又杀了一盘。小石哥心想，不如杀个平局，彼此无碍，自然让我回家。于是他改变战术，双方扳成了和局。

这时，小石哥再次拜辞。可是年老的道长又拖住下棋，小石哥盛情难却，只好又与老年道长对弈起来。在此盘对弈中，小石哥以其精湛的棋艺，表演了一系列激动人心的连珠妙杀，直杀得老年道长损兵折将，狼狈不堪。最后只得含笑而起，向小石哥认输。

此时，老年道长见小石哥实为棋中圣手，有意挽留他在洞中学道，小石哥执意不肯。老年道长见小石哥执意不肯，只好实言相告。

原来他俩是八仙中的汉钟离和吕洞宾。只因明年端阳王母娘娘要举行蟠桃会，儒、释、道三家照例要举行棋赛。鉴于上届棋赛道家败给佛家，太上老君感到脸上无光，要在十二洞天中物色高手，在明年三教棋赛中一显身手。故此汉钟离看中了小石哥，想度他成仙，收为道家门徒。

庐山美景

礼圣殿

**汉钟离** 姓钟离，名权，字云房，一字寂道，号正阳子，又号和谷子，汉咸阳人。因为原型为东汉大将，故又被称作汉钟离。全真教尊他为正阳祖师，后列为北宗第二祖，亦为道教传说中的八仙之一。他的神仙传说起于五代、北宋。

听了汉钟离的一番话，小石哥思忖半晌，诚恳地说："弟子承仙翁厚爱，本应相从，只因家中还有河妹相守，恕难从命。"

汉钟离点了点头，应允小石哥回家。为感谢小石哥指教棋艺，临别时，命童子取出仙桃两个，此桃乃王母园中蟠桃，吃了可返老还童。并进而告之："洞中方一日，世上几十年。如今小河妹已变成盼郎归而哭瞎双眼的老太婆了，此蟠桃给小河妹吃后，可重返青春。"

果然不出汉钟离所料，年迈的小河妹吃了蟠桃，一夜之间白发变黑，相貌一如50年前俊秀动人，村中人无不惊异这蟠桃的仙力。

庐山不仅山水名扬天下，人文建筑也为历代文人墨客所称道，庐山上的东林寺就是其中之一。唐代诗人杜牧曾经游览过庐山，并在其作品中提到了东林

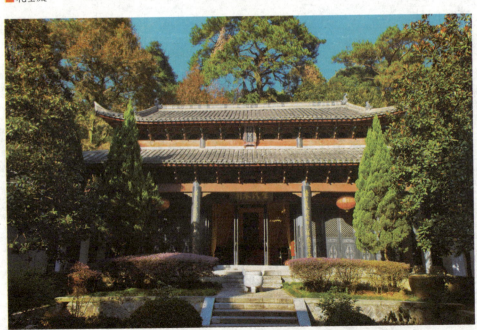

寺。他在《行经庐山东林寺》中这样写道：

庐山登高处

> 离魂断续楚江壖，叶坠初红十月天。
> 紫陌事多难暂息，青山常在好闲眼。
> 方趋上国期干禄，未得空堂学坐禅。
> 他岁若教如范蠡，也应须入五湖烟。

到了817年初夏的一天，白居易来到庐山，写下了《大林寺桃花》这首诗，诗中写道：

> 人间四月芳菲尽，山寺桃花始盛开。
> 长恨春归无觅处，不知转入此中来。

这首七绝是一首纪游诗，诗意是说初夏时节诗人来到大林寺，山下四月已是大地春回，芳菲已尽的时候了，但不期在高山古寺之中，又遇上了意想不到的春景，一片盛开的桃花。

这首诗短短四句，从内容到语言都似乎没有什么

**白居易** （772—846），字乐天，晚年又号香山居士，唐代伟大的现实主义诗人，中国文学史上负有盛名且影响深远的诗人和文学家。他的诗歌题材广泛，形式多样，语言平易通俗，有"诗魔"和"诗王"之称。有《白氏长庆集》传世，代表诗作有《长恨歌》《卖炭翁》和《琵琶行》等。

壮美风光的三山五岳

■ 白鹿洞书院

深奥、奇警的地方，只不过是把"山高地深，时节绝晚"和"与平地聚落不同"的景物节候，做了一番记述和描写。但细读之，就会发现这首平淡自然的小诗，写得意境深邃、富于情趣。

山上的人文建筑除了东林寺和大林寺还有白鹿洞书院。白鹿洞书院位于庐山五老峰东南，建筑面积为3800平方米。山环水合，幽静清邃。书院始于唐代。据说南唐时期，唐代诗人李渤隐居这里读书，养一白鹿自娱，人称"白鹿先生"。后来，李渤任江州刺史时，便在这里筑台榭、植花木。

到了940年，南唐政权在李渤隐居的地方建立学馆，称"庐山国学"，又称"白鹿国学"。这是一所与金陵国子监类似的高等学府。

到了宋代，江州的乡贤明起等人，在白鹿洞办起了书院，"白鹿洞书院"之名从此开始，但不久即废。直到宋代著名理学家朱熹重修书院之后，朱熹不仅重修了白鹿洞书院，而且还建立了严格的书院规章制度。从此，白鹿洞书院开始扬名国内。

自朱熹之后，白鹿洞书院"一时文风士习之盛济济焉，彬彬焉"，成为宋代传习理学的重要场所。

存留下来的白鹿书院建筑群，建筑体均坐北朝南，石木或砖木结构，屋顶均为人字形硬山顶，颇具清雅淡泊之气。白鹿洞书院坐落在贯道溪旁，有棂星门、泮池、礼圣门、礼圣殿、朱子祠、白鹿洞、御书阁等主要建筑。

其中，礼圣殿是书院中等级最高的建筑物，歇山重檐、翼角高翘，回廊环绕，但与一般文庙大成殿有所不同，而是青瓦粉墙，使这座恢宏、庄严的殿堂，又显出几分清幽和肃穆，与四周坡屋面、硬山造带有民间风格的建筑和谐、协调。在礼圣殿的石墙上，嵌有石碑和孔子画像石刻。

礼圣殿东侧的朱子祠是为纪念朱熹而建。朱子祠后有一石洞，内有一头石雕的白鹿。据《白鹿洞志》记载：

初，鹿洞有名无洞。嘉靖甲午，知府王溱乃辟讲修堂后山，为之筑台于上。知府何岩凿石鹿于洞中。

■ 庐山自然风光

■ 白鹿洞书院朱熹
塑像

白鹿洞原是以山峰环合似洞而得名，存留下来的石洞和石鹿，是后来明代修凿的。

在朱子祠之东厢，设有碑廊，内嵌宋至明清古碑120余通，这是后来为保存文物古迹而新建的。在这些古代碑刻中，有朱熹的手书真迹，也有署为紫霞真人的明代状元罗洪先的《游白鹿洞歌》。

这些名迹，笔锋庄重遒劲，运笔如若游龙。它们既是弥足珍贵的书法艺术品，又是具有研究价值的重要历史资料。

在朱子祠前，与礼圣殿并列的是一座两层楼阁，即"御书阁"。阁前有桂树两棵，相传是朱熹手植。这里古树浓荫，阳光穿过树隙在地面上洒下斑驳的小光圈，风吹树动，光影摇晃，犹如微波荡漾的湖水，显得环境清幽，风景宜人。

在棂星门西北隅，不仅有曲径通幽、山石林泉之美，而且还有"钓矶石""漱石""鹿眠场"和"流杯池"诸胜迹。在漱石和流杯池上，均因有朱熹手书"漱石""流杯池"石刻而得名。

"鹿眠场"相传唐代诗人李渤饲养的白鹿就睡在这里。而钓矶石上，也刻有朱熹的手书"钓台"两字。据说当年朱熹常在此垂钓，实际上这里水浅泉碧流急，很少有鱼，故后来明代刘世扬又在石上加刻"意不在鱼"四字，可谓中的之妙语。

白鹿洞书院拥有的山林保存了庐山的原始森林和原生植被，有千年古松18棵，有柳杉、水杉、紫荆、红枫、银杏、广玉兰、珍珠黄杨、红叶继木等珍稀植物。山上林木葱茏，山下流水潺潺，这是白鹿洞书院拥有的一份自然遗产。白鹿洞书院融于大自然之中，占尽了自然风光之美。

白鹿洞书院环境优美，风光如画，门前贯道溪上的拱桥和桥头矶上的小亭与碧水青山相映生辉，成为古道来书院的前奏，成为书院的标志和景观。

**阅读链接**

庐山白鹿洞书院碑刻数量之多、内容之广、书法之精，在全国除收藏碑刻为主的文保单位外是罕见的。这些碑刻是白鹿洞书院的史书，真实地记录了书院的兴衰和活动，从史料上充实和丰富了白鹿洞书院的文化内涵，体现了书院文化的特色，具有重大的研究价值。

白鹿洞山水间的摩崖题刻，是历代文人寄情题咏留下的墨宝，为自然景色带来了人文的、书院的气息。

这些摩崖题刻集文学、书法于一体，具有吟咏和观赏价值，引人入胜、耐人寻味。一块碑刻，一方摩崖，都与白鹿洞书院的历史和文化分不开，是白鹿洞书院文化遗产重要的组成部分。

# 遍布名人足迹的庐山

　　宋代大文学家苏轼曾经由黄州贬赴汝州任团练副使，在赴任途中经过九江，曾游览庐山。他饱览了南山的秀丽景色，又转到北麓来游西林寺。

　　西林寺位于庐山香谷之南、东林寺以西，是一座早在晋朝所建的著名古刹。西林寺的住持僧常总老和尚听说苏学士来访，慌忙出来相迎，并亲自引导苏轼参观寺庙，逐殿逐阁做详细介绍。

■ 庐山山峰

常总老和尚陪伴着苏轼穿过钟鼓楼，到了藏经阁，又来到正殿。这里有重阁七间，层层叠叠，殿宇庑廊，金光灿灿，所有梁柱全用楠木制成，笔直苍劲，高大雄伟。

常总老和尚指着正殿的一角，饶有兴趣地对客人说："据说当年建寺的时候，正殿的这个角忽然向南倾斜了1米，当时众僧都急得手足无措。不料，此时从石门涧猛然刮来一阵狂风，吹得飞沙走石，双眼难睁。待到狂风过后，众僧睁眼一看，怪了，歪斜的一角居然给吹正了。人们说这是神仙相助，便把这个正殿取名为神运殿。"

苏轼听罢哈哈大笑，他也听人说常总和尚打坐的地方，金光满座，奇香四溢，便问："听说你是剑州尤氏之子，是真的吗？"

常总老和尚点点头说："是的。"

苏轼又打趣地说："据外人所传，你母亲生你的时候，曾梦见金人授予一朵白莲花，才生下了你，也是真的吗？"

常总老和尚也笑笑说："苏轼居士，这我可说不

**苏轼**（1037—1101），字子瞻，号东坡居士，北宋文学家、书画家，学识渊博。他词开豪放一派，对后世有巨大影响，与辛弃疾并称"苏辛"。著有《苏东坡全集》和《东坡乐府》等，为"唐宋八大家"之一。

**团练副使**　唐代官制，团练使的副职。团练使全名团练守捉使，负责一方团练，即自卫队的军事官职。唐初团练使有都团练使、州团练使两种，皆负责统领地方自卫队，地位低于节度使。一般都团练使多由观察使兼任，州团练使常由刺史兼任。

西林寺塔

清，得问我的母亲才知道啊！"

二人谈笑间出了寺庙，来到长舌溪边，在凉亭内站定，苏轼对这个奇怪的溪名很有兴趣，问："为什么叫长舌溪呢？"

常总老和尚说："因为溪水声声不断，不绝于耳，所以便叫长舌溪。"

苏轼会意地微微点头，忽然想起一件事又问："西林为慧远所居，听说他的墓就在这里？"

"不错，我带你去看看吧！"

常总老和尚说完就领着苏东坡，沿着西林塔往南行，在桥下村之西、筷下村以东，两村间有一石砌的圆形墓，常总老和尚说："这就是慧远之墓。"

"啊！"苏东坡默默无语，在墓前站立良久。

常总老和尚怕他累了，说："苏学士，回禅堂稍息片刻吧！"

苏轼随常总老和尚返回西林寺，快到寺前，他抬头往前一看，只见横在眼前的庐山，巍峨峥嵘，逶迤不断。

苏轼顿时感到游兴倍增，又快步绕到侧面看时，果然又是一番奇景，但见那一座座刀削似的山峰平地拔起，直插云天，壮丽无比，真不愧是千古名山啊！

苏轼抑制不住地对常总老和尚赞叹说："西林寺建在此处，确是一块宝地呀！"

二人又进了寺门，准备到禅堂品茶休息。在路过一堵墙壁时，见壁上写着许许多多的诗句，苏轼不禁放慢了脚步，徘徊在题诗壁下，逐一欣赏起诗中的佳句来。

常总老和尚早知这位苏学士学识才高，如今见他诗情奔放，心想：不如请苏学士题诗一首，岂非一大快事！便说："恕我冒昧，敢请苏学士也题诗一首，以助雅兴！"

苏轼寺里寺外，一路行来，不无感受，听长老一说，欣然命笔。只见他卷起袖子，提起羊毫，饱蘸浓墨，在西林壁上题了一首诗：

横看成岭侧成峰，远近高低各不同。
不识庐山真面目，只缘身在此山中。

开头两句"横看成岭侧成峰，远近高低各不同"，实写游山所见。后两句"不识庐山真面目，只缘身在此山中"，是借景说理，谈游山的体会。

为什么不能辨认庐山的真实面目呢？因为身在庐山之中，视野为庐山的峰峦所局限，看到的只是庐山的一峰一岭一丘一壑的局部而已，这必然带有片面性。游山所见如此，观察世上事物也常如此。

据说当时，常总老和尚正给他托着砚台，屏住呼吸，看着他一字一句地写下来，直到苏轼写完最后一个字时，常总老和尚惊得险些失

庐山石刻

手丢掉砚台呢！真是字字珠玑，千古绝句啊！不禁脱口称赞道："妙哉！妙哉！"

就这样，这首脍炙人口的好诗诞生了。后来一直为人们所推崇，成了传世佳作。

在宋代，著名哲学家周敦颐非常喜欢庐山的美景，所以在庐山建造了书院，辞官在此讲学。他讲学之所名为濂溪书院。周敦颐撰写的《濂溪书堂》一诗，表达了他对庐山的真挚感情和他对隐居讲学生活的感受：

壮美风光的三山五岳

> 田间有流水，清沁出山心。
>
> 山心无尘土，白石磷磷沉。
>
> 潺潺来数里，到此始沉深。
>
> 有龙不可测，岸木寒森森。
>
> 芋蔬可卒岁，绢布足衣衾。
>
> 饱暖大富贵，康宁无价金。
>
> 吾乐盖易足，名濂朝暮箴。

**阅读链接**

1989年，来自中国台湾的觉海法师回大陆探亲。她不顾年逾古稀，亲赴东林寺谒见果一法师，言其不忍看到西林寺荒圮冷落，发愿要重建西林寺。觉海法师的想法立即得到九江市各级政府部门及佛教界人士的一致赞同。

觉海法师于台湾临济寺出家。在立志重建西林道场后，变卖在台产业及积蓄，历经7年独资新建西林寺，并立下规矩：不化缘，不攀缘，不求援，不赶经忏。

在重建期间，觉海法师不辞千辛万苦，夜以继日，精心筹划，自行设计，自行施工，日夜在工地督检质量，采购运输材料。如今西林寺巍然屹立于庐山上，重放异彩，觉海法师终于了却了自己的心愿。

# 富含传奇色彩的庐山

元朝末年，朱元璋与陈友谅在鄱阳湖一带大战，开初各有胜败。

有一次，朱元璋被陈友谅打得大败，一直逃到了庐山，眼看追兵就要赶上，忽然，在竹林深处出现了一座古庙。

朱元璋近前一看，只见山门上有破旧不堪的"竹隐寺"3个字，便赶紧藏进庙里。等陈友谅的兵马赶到，只见山谷中烟雾弥漫，根本不知朱元璋的去向。陈友谅搜索了半天也不见踪影，只好悻悻地走了。

■ 庐山落日风光

■庐山瀑布

朱元璋在庙里只听得外面人喊马嘶，却不见有人进庙里来，觉得非常奇怪。过了好一会儿，看见追兵往山下赶去，他才放心了，打算休息一下再走。

这时，从庙里走出一位老和尚，手里捧着一本化缘簿向朱元璋化缘。朱元璋接过那本化缘簿一看，只见上面写着历代帝王的姓名，自汉朝开始，有刘彻捐银1万两、孙权捐银2万两、李世民捐银3万两等。

朱元璋看着，心道：真是个贪僧，我登帝位后，一定要把他杀了。但一想，这老和尚以此簿向自己化缘，分明是暗示自己也有帝王之相，心中又有几分高兴。当即向和尚要了笔，在此化缘簿上写下：朱元璋捐银4万两。随后还在墙上题了一首诗：

手握乾坤杀代权，威名远震楚江西。
清风起处妖氛净，铁马鸣时夜月移。
有志驱胡安乱世，无心参司学禅机。
荫荫古木空留意，三笑长歌过虎溪。

老和尚看着壁上的诗，不悦地说："出家之人以慈悲为本，佛寺非杀伐之地，岂可题这等诗。"当下命小和尚提一桶水来冲掉墙上的诗。

**太医** 指古代社会专门为帝王和宫廷官员等服务的医生。"太医"一职最早诞生于秦朝，据秦有太医令一职而推断，既有太医令一种管理职务的设置，就应该有被太医令管理的太医存在，但因缺乏可靠的资料证实，尚难确认秦时就有太医一职的设置。

朱元璋笑着说道："那就待我另题一首吧！"于是，他挥笔又写了一首，诗道：

> 庐山竹影几千秋，云锁高峰水自流。
> 万里长江飘玉带，一轮明月滚金球。
> 路遥西北三千界，势压东南百万州。
> 美景一时观不尽，天缘有分再来游。

和尚看了高兴地点头说："这首诗倒使得。"

朱元璋在庙里歇了半日，料知陈友谅的兵马早已下山去了，就绕道回了军营。

后来，朱元璋便建立大明政权。相传朱元璋称帝后，突患热病濒于死亡，宫内太医束手无策。忽报庐山仙人洞的赤脚僧持天眼尊者和周颠仙人赠送温良药至，朱元璋服后立即病愈，朱元璋龙心大悦，让使者到庐山寻找仙人。

当使者来到仙人洞小道上寻找时，不见寺庙，只见苍岩巨石上刻的"竹隐寺"三个字。使者称奇，回京城复命。朱元璋便下旨在刻字处旁建"访仙亭"。

亭侧小道也因此称为"仙路"。过"访仙亭"沿"仙路"前行，便到"新访仙亭"。

据说明代药物学家李时珍，为完成药典巨著《本草纲目》，也曾来到

李时珍（1518—1593），字东璧，时人谓之李东璧。号濒湖，晚年自号濒湖山人。中国古代伟大的医学家、药物学家，李时珍曾参考历代有关医药及其学术书籍800余种，结合自身经验和调查研究，历时27年编成《本草纲目》一书，已有几种文字的译本或节译本，另著有《濒湖脉学》。

奇秀天下

江西庐山

■ 庐山溪涧瀑布

庐山采药，住在庐山的东林寺。

　　一天，一个右腮红肿的小和尚，忍着剧烈的牙痛喃喃念经。此时，只见老和尚取过一枝干枯的草药，让小和尚含在嘴里，顿时肿消痛止。李时珍惊诧不已，连忙向老和尚请教。原来这种神奇的药草，是生长在锦绣谷的睡香花。为了寻找睡香花，李时珍在锦绣谷中跋涉了三天三夜，还是没有找到。

　　在第三天晚上，疲惫至极的李时珍倚着山崖，不知不觉间进入了梦乡。蒙眬中，李时珍感到一股浓烈的香味扑鼻而来，只见两只缤纷飞舞的彩蝶绕着他轻声呼唤："李太医，我家大姐有请。"

　　李时珍昂首望去，彩蝶顿时化作两个穿着蝶裙的小女孩，将他托起，腾空飞去。只见云头危崖上，有一位绰约多姿的仙姑频频向他招手。李时珍大为惊奇，正欲向仙姑打听睡香花的下落。仙姑回眸一笑，轻摇翠袖，化作一朵光艳夺目的睡香花。李时珍欣喜若狂，急步上前取花，不料脚下一滑，一头栽落在万丈深涧。

　　冷汗淋漓的李时珍，大喊一声从梦中惊醒，但见所依山崖岩隙

壮美风光的三山五岳

■庐山黄龙寺

庐山访仙亭

间，有一丛盛开的睡香花，在月色之中，流光溢彩，楚楚动人。就这样，李时珍终于找到了睡香花，并把它载入药典，造福了很多人。

在明代，黄龙寺也在庐山一步步建成了。黄龙寺是明代彻空和尚所建，最初寺庙叫"鹿野禅林"。据《庐山志》记载："寺因黄龙潭而得名，潭之为龙居也。"另据考证，其实黄龙寺系佛教临济宗分支黄龙派，寺因所奉佛教派系得名。

黄龙寺还有一个有趣的传说。据说八仙中的吕洞宾在仙人洞修炼时，以为师拜汉钟离所学的剑术高超，便蔑视佛教。

一日，吕洞宾来到鹿野禅林，气势昂然，欲试黄龙禅师法力，趁其不备，飞剑斩之。结果刀不见血，对方安然无恙。吕洞宾大惊失色，面拜请罪。这就是庐山流传的"吕洞宾飞剑斩黄龙"的故事。这个故事教育人不可狂妄自大、目中无人。

随着庐山的名气越来越大，引来了明代著名才子唐寅。唐寅中年脱离官场，获得自由后，乘船经鄱阳湖返回故里，在途中登上了庐山。逃脱出"鸟笼"的唐寅，放情于庐山山水中，有感有悟，不免作诗作画，写了一首七律《登庐山》，并画了一幅《庐山图》。

《庐山图》为全景山水画，表现的是庐山三峡桥一带的景观，画面峰岩嵯峨、古木惨淡、瀑泉湍泻，画风清刚俊逸，而意境却萧索苍冷。诗言志，画寓怀，画中的题诗令人品味：

匡庐山前三峡桥，悬流溅扑鱼龙跳。

赢骖强策不肯度，古木惨淡风萧萧。

在明代，山水画产生了一个突出特征，即画派林立。明代中期，以苏州为中心，崛起了一个野文人画派吴门派，并成为明代中后期画坛主流。

吴门画以沈周、文徵明、唐寅、仇英为代表，合称"明四家"。

沈周是一位优秀的文人画家，而唐寅却是一位落魄的士人画家，虽然都是以庐山作为审美载体，却表现出不同的意味。

沈周的《庐山高图》是沈周为老师祝寿而作。此图为浅绛山水，图中峰峦叠嶂，气势雄伟，飞瀑之下有一老叟伫立静观。画面布局疏朗，厚重凝练，宾主和谐团聚，浑然一体。在画中，人们可以看到，庐山在沈周的心目中是那样的奇崛、那样的巍峨，那样的高洁！

**阅读链接**

关于朱元璋避难在庐山竹隐寺还有一个故事。传说，朱元璋打败陈友谅建立了明朝，当上了皇帝。一日，他想到那次在竹影寺避难的事，便亲自书写了"竹影寺"3个大字，做成一块金匾派人送往庐山。

送匾的官员来到庐山，找遍了全山的竹林也没找到竹影寺，他怕回去不好复命，便将匾额丢在一片竹林边的荆棘丛中。

待他走下山回头一看，那竹林中却出现了一座金碧辉煌的庙宇，那块御赐的金匾已端端正正地挂在庙门上了。

# 浙江雁荡山

雁荡山位于浙江温州东北部海滨,是中国十大名山之一。雁荡山是由火山喷发造就的雄奇壮丽的景观,使之成为世界上独一无二的集山水美学和历史文化于一体的华夏名山。

雁荡山因"山顶有湖,芦苇丛生,秋雁宿之"而得名。山水奇秀,天开图画,以峰、瀑、洞、嶂见长。

雁荡山始开发于南北朝,兴于唐,盛于宋,素有"寰中绝胜""海上名山"之誉,史称"东南第一山"。

# 纪念芙蓉姑娘的雁荡山

雁荡山又名"雁岩""雁山"，以山水奇秀闻名，位于浙江温州乐清东北部，背依莽莽的括苍山，面对浩瀚的乐清湾，在雁荡山下有村庄名叫芙蓉村。

传说，很久以前芙蓉村和雁荡山都没有名字，大家只晓得东海边有座高出白云的大山，山顶上有个蓝色的平湖，大风一吹，湖水就悠

雁荡山山峦奇峰

悠地拍打着天空。日子长了，天空也被湖水染得蓝汪汪的。

平湖边有间小屋，屋里住着一个漂亮的芙蓉姑娘。姑娘待人好，哪个人有困难，她总是帮忙解决，远近的人都称赞她是一个热心善良的好姑娘。

芙蓉姑娘很勤快，空闲时在平湖里种上一片芙蓉花，有红的、紫的、白的，还喂着一大群嘎嘎叫的雁鹅。

这一年夏天，芙蓉姑娘坐在平湖边的太湖石上，正对着蓝汪汪的湖水梳头，突然一条癞头蛟大摇大摆地游过来，摇着脑袋说："好标致的姑娘啊，我叫东海蛟，家住在东海，东海属我管，金子银子用不完，你嫁给我，会永远快乐的。"

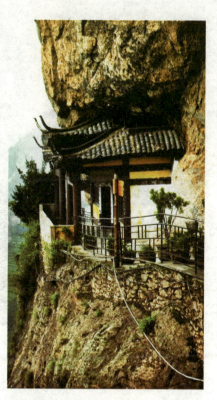

■ 雁荡山山峰

芙蓉姑娘没理他，转身就进了小屋，癞头蛟没趣地走了。有一日，芙蓉姑娘盘坐在木桶里，手划湖水，在荷花丛中穿来穿去，忙着摘莲子。

突然来了个油头粉面的花花公子，站在平湖岸边，操着破锣似的喉咙，"姑娘，姑娘"叫个不停。芙蓉姑娘讨厌死了，顺手抓起一个大莲蓬砸过去，砸到那个花花公子的头顶上，他摸摸鼻子，灰着脸走了。

又有一日，芙蓉姑娘坐在湖边洗衣裳，有人在她背后一推，她被推进平湖里，立刻昏天黑地就什么也不知道了。

蛟　神话传说中的一种灵兽，属于龙的一种变异，比龙残暴和凶狠。龙一般为善，能降雨。蛟一般为恶，能发洪水。在道教传说中，蛟一般作为恶兽出现。

雁荡山众峰竞秀

　　等到她醒过来睁眼一看，有个戴凉帽的人，嬉皮笑脸地对她讲："好标致的姑娘啊，我正在山上砍柴，见你跌落湖里，连忙跑来把你救起来。"

　　芙蓉姑娘相信了，赶紧说："谢谢你，请你到我的小屋里来坐坐吧！"

　　话还未讲停当，平湖里的雁鹅嘎嘎叫了，飞过来啄落那人头上的小凉帽。一看，原来是癞头蛟。芙蓉姑娘吃了一惊，骑上一只雁鹅飞进了平湖。

　　癞头蛟又急又恼，张牙舞爪地冲进平湖，紧紧追赶芙蓉姑娘。平湖里波浪滚滚，雾气腾腾，芙蓉花和叶子"呼哩哗啦"拢作一团，缠住癞头蛟不放。

　　癞头蛟受不住，拼命挣扎，没想到撞在一座山峰上。山岩"轰隆"一声塌下来，压住它，它只露出一张嘴巴，直至今日还"哇哇哇"吐着瀑布水。

　　那些芙蓉花和叶子也落下来，都化作又香又软的泥，遮住了平湖水，平湖水没有了，上面长着一丛丛芦苇叶。

那位芙蓉姑娘，趁着癞头蛟挣扎的时节，用力一甩，骑着雁鹅向北飞了，只是每年夏天才回来一次。

第二年夏天，花叶泥中抽出了一朵鲜艳的大芙蓉花，立在山顶上，人们老远就能看见它，有人说这就是芙蓉姑娘，所以大家就叫它"芙蓉峰"。

住在峰下的人家把自己的村叫芙蓉村，那平湖地方，改名为雁湖，这座山就叫雁山。村取花的名，山取鸟的名，并在一起就叫"花村鸟山"。

雁荡山自古以来就以奇峰、怪石、飞瀑、幽洞、深谷闻名于世，历史上不少名人曾到此游览。北宋著名科学家沈括称这里为"天下奇秀"，近代康有为称"雁荡山水雄伟奇特，甲于全球"。

雁荡山绵延数百公里，按地理位置不同可分为北雁荡山、南雁荡山、中雁荡山、西雁荡山、东雁荡山，每一处都是景色宜人，风光独特。

阅读链接

关于雁荡山名字的由来，还有一个传说。以前在山下住着一位很穷很穷的少年，名叫阿嘎。阿嘎虽然很穷，但勤劳朴实，有一副好心肠。

有一天，阿嘎看见每天去寻找水源的大雁飞得很辛苦，觉得很难过，下决心要在山顶上挖个湖让大雁们喝水、洗澡。阿嘎挖呀挖，终于挖出来了一处泉水，汇成了一片大湖，大雁们开心极了。

后来有一条恶龙要霸占这片湖水，阿嘎为了保护湖水和大雁与恶龙同归于尽了。后来人们为了纪念阿嘎，就把这个山取名为雁荡山了。

# 神仙留恋的北部美景

北雁荡山不仅自然景色奇秀，而且有着丰富浓厚的历史文化内涵。北雁荡山不仅有著名的佛寺，也有著名的道观，关于佛、仙的传说甚多。

千百年来，许多文士名流，都在北雁荡山游览和考察，并留下了许多不朽的名篇佳作，山中的摩崖碑刻多达300余处，大为名山生色。

雁荡山景色

灵峰是北雁荡山的东大门。从东而来一抬头就能看到蒲溪西边那叫作"接客僧"的巨岩，接客僧是雁荡山中形象最为逼真生动，同时也最具象征意味的肖像拟人景点，它又名石佛岩、老僧岩。

只见老僧秃顶披袈，朝东南方，拱手做迎客状。人世沧桑，岁月更

■ 雁荡山灵峰

迭，唯有入山口上的接客僧，千万年来始终以永恒的宽容挥动着宽阔的袍袖，日夜在迎接着四方宾客。

灵峰四周诸多青峰苍崖迂回盘旋，绕出一方如梦如幻的胜景。灵峰的峰崖又最会作态，移步换景，尤其在月夜，真真幻幻的山景令人生出许多遐思。

灵岩被视为雁荡山的"明庭"。后来的元代文学家李孝光赞道：

　　　　峭刻瑰丽，莫若灵峰；
　　　　雄壮浑庞，莫若灵岩。

以灵岩为中心，后有灿若云锦的屏霞嶂，左右天柱、展旗二崖对峙，壁立千仞。因"浑庞"而生肃穆，人处其中，顿觉万虑俱息。灵岩使人心境沉静，"灵岩飞渡"的杂技表演又令人惊心动魄。

在灵峰还可以看到一个奇特景观，就是"犀牛望

李孝光（1285—1350），元代词作家。字季和，少年时博学，以文章负名当世。他作文取法古人，不趋时尚。与杨维桢并称"杨李"，早年隐居在雁荡五峰山下，四方之士远来受学，名誉日广。1344年应召为秘书监著作郎，1347年擢升秘书监丞。

壮美风光的三山五岳

月"。犀牛望月位于凌霞峰旁的高岗上，昂首东向。当皓月东升时，那犀牛伸着脖子，遥望月亮，故称"犀牛望月"。

关于这头犀牛，还有一个感人的传说呢！

相传很早以前，雁荡山下有个姑娘叫玉贞，她父母早亡，6岁时就给花老财当牧童。每日天刚亮，玉贞牵牛上山。夜里月亮升得老高时她才牵牛回来。

花老财待她刻薄，在牛棚角落搁块木板，让她跟牛一起睡觉。她有话对牛讲，有苦对牛诉，有泪对牛流。牛呢，伸伸舌头，舔舔她的手，好像在安慰她说："别难过！"

六月天，牛棚里蚊虫嗡嗡叫，牛甩甩尾巴为她赶蚊虫。十二月，北风呼呼雪花飘进屋，牛用身体为她挡风寒。

一日日，一年年，玉贞与牛互相依靠着生活。玉贞出落得像朵芙蓉花，眉毛又细又长，脸色白里透红。方圆几十里的山民都讲她是仙姑下凡。花老财是个贪色鬼，他见玉贞长得这么漂亮，起了邪心。奸刁的管家向花老财献计，花老财连讲："妙！妙！"

夜里，管家扶着花老财到了破牛棚，见玉贞躺在木板上睡觉，牛在一边为她赶蚊虫。两人齐动手，避开牛尾巴，捆了玉贞的手脚。管家在门外望风。花老财色眼血红，正要朝姑娘扑去，料不到铁鞭样的牛尾巴朝花老财脸上打来了。

花老财忍住痛，还想去摸姑娘的胸，牛耸起两只锋利的角，戳着了他的眼睛，鲜血直流。玉贞在木板上挣扎，花老财"哇哇"喊叫。

打手们跑到破牛房，见牛发了疯似的护着玉贞姑娘，他们都不敢进去。等了半个多时辰，有两个打手壮了壮胆，迈进了一只脚，牛"唰唰唰"冲上去，用角把他们戳出老远。管家气得叫人点火烧牛棚。花老财才逃出牛棚，被人扶到堂屋。

老牛乘机咬断了玉贞姑娘身上的绳索，跪下讲："快，快骑到我背上去！"

玉贞姑娘上了牛背。老牛撒开四蹄，耸起双角，睁大眼跑了出去。老牛朝凌霞山顶跑去，打手们叫喊着围了上来。跑呀跑，跑到山上，没地方好跑了，老

441

海上名山

浙江雁荡山

■ 雁荡山奇峰秀色

牛跪了下来，叫玉贞姑娘站在一只牛角上。

等姑娘站好，老牛把角朝空一转，对着她猛吹一口气，玉贞姑娘就乘着牛角飞上天去了。

打手们冲上来时，老牛变成了独角的石犀牛。玉贞姑娘呢，飞呀飞，一直飞到了月宫里。月光夜，玉贞姑娘走出云层，洒下银光，望向心爱的老犀牛。犀牛呢，也仰着头，在想念女主人玉贞姑娘哩！

大龙湫位于雁荡山中部偏西，以奇峰、巨嶂、飞瀑取胜。高耸天际的芙蓉峰，变幻无穷的剪刀峰，雄伟如屏的连云峰，云雨漠漠的经行峡，谷幽潭深的筋竹涧，皆为胜境。秀丽多姿的硼头溪和松坡溪两相映衬，形成无限风光。

著名的天下第一门显圣门，也在北雁荡山。显胜门是由两面崖壁对峙而形成的"石门"，又称"仙胜门"。此门高达200米左右，两门相隔仅10余米，素有"天下第一门"之称，为雁荡山门之冠。

显圣门两壁陡立，直上云霄，气势雄伟磅礴。门内绝壁四合，森然环侍。脚下涧水淙淙，境极幽邃。抬头仰望，顶壁复合，仅留一线，非中午夜分，不见日月。关于这个显圣门，还有一个传说呢！

雁荡山民居

据说每年桃梅杏李成熟时节，玉皇大帝总要派仙人下凡，采集百果，在瑶台举行一次盛会。这一年，铁拐李奉旨采了一担果品，正准备返回天宫时，被眼前一瓣瓣奇特的莲花瓣迷住了。

这哪里是什么莲花瓣？是一座座奇形的山峰！"哗哗"响的瀑布，比仙宫的音乐还好听得多哩！铁拐李放下果担，用手指往前面一戳，只见擎天的岩壁"轰"的一声往两边移动，裂出一扇石门来。门里周围都是峻壁，弯弯曲曲向里伸，一条白练从山顶挂了下来。

石平台上，山乐官鸟正在演奏，雉鸡、丹顶鹤在一边跳舞。铁拐李双脚一蹬，腾空进了石门，去游览胜境了。韩湘子是天宫乐师，他的玉箫一吹，各路神仙就会围拢来听。哪晓得他一连几天奔走，吹箫把嘴唇都吹破了，还是不见铁拐李的影子。眼看瑶台盛会就要开始了，玉皇大帝见铁拐李还没回来，只好派韩湘子去找。

**韩湘子** 字清夫，是民间故事的"八仙"之一，拜吕洞宾为师学道。道教音乐"天花引"，相传为韩湘子所作。传说，韩湘子原为唐朝韩愈的侄孙，生性放荡不羁，不好读书，只好饮酒，世传其学道成仙。

雁荡山崖壁

韩湘子从西到东，从南到北，东探西找。有一日，他找到东海边上，也被眼前的一瓣瓣莲花迷住了！这是一座人间少有的仙山哪！仔细一看，那山顶上还放着一担果品，旁边插着一条仙杖，山腰间有一只很大的仙人脚印。不用说，铁拐李一定在这里了。韩湘子自言自语："好个铁拐李，在这里留恋风光，误了瑶台盛会，看你怎样向玉皇大帝交代？"

韩湘子顺着铁拐李的脚印，也遁入石门去。谁晓得他这一去也没了踪迹。天亮时，人们看见那一担果品早已化作了岩石，那仙杖也变成了仙杖峰，那裂开的石门，大家就叫它"显胜门"。听说，在月光夜，显胜门里就会传出阵阵仙乐！

## 阅读链接

灵岩飞渡是雁荡山的灵岩所流传下来的一种杂技，据了解，最早起源于农民上山采草药，后来演化成现在的高空飞渡表演。

在天柱峰和展旗峰之间悬挂着一根钢索，高达200米，宽亦200多米，可谓世界罕见。表演人员除了横空表演外，还在270多米高的天柱峰顶用缆绳悬空而下表演。人在绳子上表演翻跟斗、飞翔等动作，堪称一绝。

看着高空舞台上，表演人员突然来个猴子捞月，又来个悬空跟斗，底下的观众也会跟着揪心。另外，飞渡人员与游客之间增加了一个互动项目，飞渡人员在270米的高空抛下绣球，如果哪位游客接到绣球，就可以亲身体验飞渡的感觉。

# 宗教和山水交融的南雁

南雁荡山境内峰峦盘曲，溪壑交错，岩洞密布，怒瀑飞奔。自然景观以山得势，因水成景，山因水活，水随山转，山光水色，相映成趣。

南雁荡山的山岳由浙闽边界的洞宫山山脉延伸而来，多在海拔500米以上，迂折盘曲。北部以明王峰为主峰。明王峰俗称大尖，海拔1000米。

雁荡山依天峰

在山中，九溪汇流，中贯溪滩，山水相映。分东西洞、顺溪、东屿、畴溪和石城几部分。其中东西洞是整个南雁荡山的核心。

通往东西洞首先要经过碧溪潭，潭深莫测，碧波粼粼。

渡过碧溪潭，行数十步就到四角的爱山亭，亭子纯系石柱石梁石屋顶构成，风格古朴。亭前有对联：

开天窗说凉话；
有大石当中流。

对联中指的是此处的两个奇景。一是石天窗。石天窗隔溪与石亭对望，它原是块峙立溪边山上的大悬岩，中间有一方洞通透，仿佛是架在半天的窗口。

另一处是以往溪流中有块巨石，像跃起的癞蛤蟆，如北雁显圣门的"中流砥柱"。

后来宋人项桂发诗道：

深游南雁见名山；
石洞天窗夜不关。

从爱山亭南行，举首可看到一处孤峰矗立，全峰由3块巨石构成，呈"品"字形。走上几十级石阶，大有泰山压顶之势，这就是南雁众

壮美风光的三山五岳

雁荡山众峰竞秀

多奇峰怪石中出类拔萃的锦屏峰，又名"石屏风"，人们称它为"石门楼"。

此峰高33米，宽50米，厚约4米。主峰下一洞门，高4米，宽6米，门楣上有"东南屏障"四字的摩崖石刻。穿过洞门往南看，有两岩相连，一如蛇头，一如龟，称为"龟蛇会"。

又有两巨石，一似狮，一如虎，为"狮虎斗"。从山岭上看此峰，宛如头戴方帽的"知客僧"，正向人们垂袖恭迎，与北雁的"接客僧"竞献殷勤。

从东南屏障往南行，山下有个小洲呈卧鱼形，这就是跃鲤滩，又名石鲤，再往前则是云关。

云关是由两座悬岩夹峙而成，顶端有大石梁覆盖，形成天门，洞门高30多米、宽4米，其下形成比东南屏障更为高深的拱门。

石壁上两行题句最为贴切："云锁天窗隐，关开月瞩明。"如遇山雨欲来，狂风满谷，云雾穿过关口，如海涛汹涌，更是奇观。云关前左右两边，天将峰与蟾蜍峰对峙，顶上又有望海狮、仰天狮、玉仙峰和纯阳峰。

项桂发（1202—1272），字岩叟，幼名灯，号若光。1241年南宋文取科第，1244年甲辰科武举第一名。任知雷州，循州。1261年任御营统兵护驾防御使，带御器械节制、皇城司兼管辖，内侍省提督，亲卫军务事，晋升中亮大夫。

■ 雁荡山美景

在西洞前殿凭栏遥望，观音洞顶偏左处，有一岩形似笔架，就是笔架峰。向右，两侧小山头间有块巨石，连起来看，恰似一只俯卧的大蝙蝠，称为"蝙蝠峰"。峰下有栖息过蝙蝠的蝙蝠洞。

蝙蝠峰正下方，有少女殉情化身的玉女峰。往下看，还有美人岩，又称"美女梳妆峰"。但又像老公公背着老婆婆，叫作"公负婆"。"公负婆"右边，有瞪眼蹲着的蟾蜍岩。

在碧溪畔，有"五色杜鹃"和"四季杜鹃"。盛开时，绚丽烂漫，很有特色。后来南宋著名文学家洪迈在《夷坚志》中记载：

洪迈（1123—1202），字景卢，号容斋，洪皓第三子。南宋著名文学家。洪迈出生于一个士大夫家庭。洪迈学识渊博，著书极多，文集《野处类稿》、志怪笔记小说《夷坚志》、编纂的《万首唐人绝句》、笔记《容斋随笔》等，都是流传至今的名作。

王伯顺为温州平阳尉，尝以九月诣树视旱田，道间，见有杜鹃花一本，甚高，开花……色如渥丹。讶其非时，以询土氓，皆云："此种只出山谷，一年四季开花，春秋为盛。"池圣夫诗云："花笑群峰景、鸟啼千壑春，满林声色好，何时亦愁人。"

出东洞沿溪南行，沿蜿蜒的山径，进入峡谷，这便是晴虹洞。据地方志《南雁荡山志》记载：

> 晴日初过，洞水映射，彩色炫目，望之如长虹。

朱元升 字日华，号水詹。登右科，官至建宁松溪政和县巡检。《宋元学案·张祝诸学案》中列"邵学之余"，有其学案，并视为邵氏之学传人。其著作有《三易备遗》，1272年由两浙提刑家铉翁表进之于朝。另有《邵易略例》。

晴虹洞为"南雁八景"之一，洞边有路叫采药径。传说曾有仙姑在此采觅草药，尝过百草，为穷人治病。后来南宋建宁松溪政和县巡检朱元升诗道：

> 黄芝与钩吻，貌同性相反。
> 寄语径中人，采时高着眼。

■ 雁荡山悬崖栈道

黄芝就是道家用来求长生的名药；而钩吻却是有毒的野生植物，俗名断肠草，根、茎、叶皆有剧毒，与黄芝貌同而质异，因而告诫世人不要因假象而上当受骗。

出西洞，经幽深之九曲岭，下来便是鸣玉亭。亭前碛步边溪岩上，镌有"锦水流丹"四字隶书。一侧有一块10多平方米的大磐石，高出水面5米，近水处刻有"钓矶"二字。

钓矶下有照胆潭，潭水深碧，宛如传说中的古镜。右侧临流有石洞，溪水回旋，深不可测。南行数十步，可看到隔溪有10米高的孤峰，似跌坐的观世音菩萨，下看如一朵盛开的千叶莲花。

再前行片刻，回头一看，观世音竟变成老态龙钟的老道士，头梳圆髻，正笼着双袖默坐，面对八卦炉在炼丹。其西南面10来米的半山腰，有岩长3米许，像只缓慢爬行的大海龟，即所谓"上山龟"。山背是块像猴子的怪石，前面那块比猴头大数倍像桃子的圆石，酷似一幅"猴献果"的画面。

有人道："北雁好峰，南雁好洞。"所谓好洞，仅以东西洞而

雁荡山山峰

言。雁荡山儒释道三教荟萃，文物胜迹众多，民俗风情独特。

据史料记载，人文景观仅就古建筑而言，就有十三古刹、十八庵、十二院、三亭、八堂等。儒释道三教遗址四布，历代摩崖石刻碑记林立。

就自然景观而言，溪滩、幽洞、奇峰、石堑、银瀑和景岩，可称为"南雁六胜"。

就人文景观而言，这里的儒教、佛教、道教汇集，可称为"三教荟萃"。因此，"三教九溪"是南雁荡山特色的主要概括。

**阅读链接**

蝙蝠峰右下方，有一峰如美髯公凝神展卷默读，俗名"关公看兵书"。

左边有三台峰。三台原是大熊星座的星名。故后来的宋代朱耀诗道："即此是台星，三峰入眼明。若非天上贵，宁显世间名。万国皆瞻仰，千岩自送迎。泰阶何日正？草木亦光荣。"

这三台，是指三台峰的上台、中台、下台。在关公看兵书的不远处，还有一石猴神情专注地望着山下那座古老的水碓，人们称它为"猴子看水碓"。

# 东南第一山的优美景色

　　中雁荡山史称"东南第一山"，走进即见峰峦陡峭、洞谷深邃、峰奇石怪、溪碧泉清。白石湖、龙山湖、钟前湖合称"三湖"，高峡平湖，峰峦倒影，为中雁荡特殊景观。

　　漫步中雁荡山，但见龙街郁郁葱葱，碧泉汩汩淙淙，青松翠竹间

雁荡山山峰

充满鸟语花香。数不清的峡谷悬崖瀑布，虽无"飞流直下三千尺"之壮观，但也九曲八折，细细飘散。

　　玉甑峰是中雁荡山的图腾，峰上截有一个美轮美奂、畅旷无伦、洞中套洞的玉虹洞，而峰的极顶更有一个岗峦起伏的山水小世界，如此鬼斧神工，真是深不可测，又称道士岩，状如倒扣的铜钟，拔地而起，声势逼人。

玉甑峰东西二祭为玉甑峰的两翼。西祭以峰岩取胜，东祭则以瀑潭见长。东祭有溪名东龙街，迂回潆洄七里，串联了一系列各擅胜场的碧潭，有钟潭、连珠潭、小龙潭、梅雨潭、莲花潭，穿插于这些碧潭之间的是浣纱瀑、马尾瀑、梅雨瀑等。其中梅雨瀑和梅雨潭乃东祭的点睛之笔。

梅雨瀑又称"雾瀑云潭"，在杜鹃林西边。此瀑集施岭之水，瀑高30米，宽2—3米。瀑底有梅雨潭。瀑潭三面环山。每当清晨，朝阳透进山谷，潭角便出现五彩虹霓。梅雨潭右边陡坡上有"倒插花岩"。

雁荡山梅雨瀑

从梅雨瀑下山，到南端桥边转折处，可见金鸡回头峰。但只能在傍晚夜色苍茫时才能窥见她的倩影。中雁有此动静皆美的水态，与其山容相映衬相扶持，自然格外光彩照人。

西祭是一座峡谷，其谷底之石，平坦无沙砾，赭色，溪水流淌，犹如长龙游动，故称"龙街"。龙街透迤数里，两旁峰岩相叠，步移景换，令人左顾右盼，目不暇接。其上游之石门瀑、水帘洞，下游之八折瀑、龙山湖，最有声色。

西祭是中雁荡山的一个华彩乐章。以奇峰怪石为主的众多景点沿涧对列，东西绵亘达五里之长，令人目不暇接，堪称天然画屏。

西祭的峰岩姿态万千，肖物拟人，栩栩如生，可媲美北雁荡山，而水木清华气韵静穆亦为他处所少见，因而在审美上具有很强的包容性，可谓雅俗共赏。

杨八洞又称"盖竹洞"，是中雁荡山的一段"引文"，它本身也是一个独立的作品。作为道教圣地，杨八洞有一种浓厚的神话仙语氛围，有宝光、观音、透天、透海、龙滚、八仙、混元、玉蟾彼此套连的8个洞府。刘公谷和杨八洞分处于一山的两面，景色同样非常优美。

凤凰山在白石镇西南2千米，属中雁荡山的外围。此处两山夹峙，势若凤凰展翅，境内岩峦重叠，林壑秀美，以峰岩为主的各种景点多达数十处。

其中鹰嘴、板障、穿鼻三岩横空出世，气势磅礴，而尤以穿鼻岩为最。此岩凌空拔起500余米，与道士岩即玉甑峰遥相呼应，俗称"道士岩影"。

山麓绿水绕村，平畴远铺。山上曲径通幽，花香鸟语。林间古寺隐约，云烟飘忽，兼得田园和山林趣味。

东雁荡山又称"半屏山"。民谣唱道："半屏山，半屏山，一半在大陆，一半在台湾。"

东雁荡山东部沿岸断崖峭壁，犹如刀削斧劈，山成半片，直立千仞。连绵数千米的绝壁依次展开形态逼真，栩栩如生的迎风屏、赤象

壮美风光的三山五岳

雁荡山荡山

雁荡山断崖

屏、孔雀屏、鼓浪屏等巨幅岩雕画屏，是全国最长最大的海上天然岩雕，被誉为"神州海上第一屏"和"海上天然岩雕长廊"。

半屏山犹如屏障横断大海，威镇巨澜，怒截狂涛，气势雄伟，险峻壮观。半屏山的主要风景也在东南面的断崖峭壁上。

"黑龙腾海"便是其奇观之一，一条长约百米的黑玄岩地质带夹在大片黄石崖中，其势左高右低，黑岩一端长出双角，形似龙头，远远望去犹如一条黑龙将要扑向大海。

盼归亭是一座建立在半屏山上的石亭，因渔人皆在此等待归航的亲人而得名。海拔5750米，坐西朝东，是个六边形的亭子。由6根长3米、直径0.05米的石柱构成，亭内可以观赏海岛景色。

西雁荡山以群瀑、碧潭、幽峡、奇岩为特色，融原野的山村风情为一体。有金坑峡、七瀑涧、高山角、珠岩、西山、龙溪、崎云、五凤八部分组成，此地原名"寨下"，泽雅是"寨下"温州话的译音，西雁附近还有一个泽雅水库。

一到西雁荡山，就会被迎宾瀑的美景所折服。这里一派峡谷飞瀑风光，九龙瀑、三折瀑布连成一幅百余米高的水幕，势如九龙喷水，十分罕见。鳄鱼潭嵌在石壁之中，水清见底。珠岩直径为23米，人称"天下第一珠"。摇摆岩一推则动，雷响岩一动则响，漆树、桂花、

雁荡山碧潭

枫树等七种古树七形七色同寄一树。

泽雅的水碓也很有名，共有270多座。它借助地势，利用水源，有二连碓、三连碓，最典型的是石桥村的南斗四连碓。"老大"排水给"老二"用，"老三"排水给"老四"用，是一水多用的典范。排水时皆成小瀑布，是人与自然完美结合的体现。

泽雅中的金坑峡也非常有名。金坑峡境内山清水秀，林郁竹翠，峰险洞幽，岩怪石奇，瀑美潭碧，素有"浙南大峡谷""温州第一峡"的美誉。

金坑峡内一溪九瀑，形态各异，有半岭飞瀑、金坑银瀑、珠绫瀑、龙须瀑等，一瀑胜过一瀑，瀑瀑引人入胜。峡内奇峰怪石，移步换形。有老鹰岩、金鸡石、天柱峰、五指峰、蜡烛门、金蟾望月、狮子饮水、悟空脸谱、老翁听瀑和大小天门等，鬼斧神工，令人叹为观止。

此外，还有通天洞、穿山洞、盘丝洞、峡谷天池、雄狮舞球和千年红豆杉群落等美景和仙女浴池、七姐妹树、仙女更衣洞、岩太师洞等优美的传说。

阅读链接

西雁荡山的仙女浴池和七姐妹树还有相关故事呢！

传说很久以前，天上的七仙女偷偷下凡，看到了这个天然浴池，就将衣服脱在旁边的更衣洞里，下去洗澡，碰巧孙悟空这时来了，它看到这一幕十分尴尬赶紧转头，七仙女见有人过来，马上从浴池里飘出变成七棵树。

于是，仙女洗澡的地方叫作"仙女浴池"，仙女更衣的地方叫作"仙女更衣洞"，仙女变成的树叫作"七姐妹树"。

# 佛教传说和寺庙建筑

　　南北朝时期，佛教传入了雁荡山。不过，佛教的真正兴起是在唐朝，传说是唐代高僧如来佛的弟子、十六罗汉中排位第五的诺诅那来到雁荡山建造了第一座佛教寺庙。

　　相传，如来佛曾告诉诺诅那："你将在一个山水绝妙的地方建寺，那个地方用花名做村名，用鸟名做山名。"

　　后来，诺诅那带着300个弟子云游天下，找了好多地方都没有找到这个去处。一日，他来到雁荡山下，但见此处凭海临风，姹紫嫣红，

■ 雁荡山群山

**鞭炮** 起源至今有2000多年的历史。最早称为"爆竹"，是指燃竹而爆，因竹子焚烧发出"噼噼啪啪"的响声，故称爆竹。鞭炮最开始主要用于驱魔避邪，而在现代，在传统节日、婚礼喜庆、各类庆典、庙会活动等场合几乎都会燃放鞭炮，特别是在春节期间，鞭炮的使用量超过全年用量的一半。

■ 雁荡山悬崖

花香鸟语，心中暗暗高兴，便询问当地的一位老者该地和该山的名字。

老者回答说，这个地方叫芙蓉村，山叫作雁荡山。诺讵那一听高兴极了，知道自己终于找到了如来佛预言之地，于是他领着弟子们进山开始兴建寺院，佛教自此兴盛，诺讵那后来在大龙湫观瀑坐化了。人们因此尊奉他为雁荡的开山祖师。诺讵那之后，雁荡山就开始有许多僧人在此修行。

在雁荡山的合掌峰巨壁左侧缝间有一个手指大的活像观音菩萨的石像，人们称它为"一指观音"。根据民间传说，一天，观音菩萨坐在莲台飘过雁荡山上空时，看到山中烟火冲天，鞭炮震天响，就化作一个老婆婆下去查看发生了什么事。

原来人们正在观音洞里用檀香木浮雕刻菩萨的像。而要完成这个佛像，需要990斤银子。于是，化作老婆婆的菩萨找到方丈劝他不要这样做，因为这样劳民伤财。

方丈不听，还说："修行人只求超脱凡尘，为什么还要计较钱财呢？"并责备老婆婆"烧香拜佛空念一世经"。

谁知方丈话没说完，合掌峰间刮起了一阵狂风，把未雕好的檀香木观音像刮得无影无踪，观音洞内则落下来一串串珍珠。

在人们去捡时，珍珠又变作水珠流走了。此时空中传来声音："诚不诚，看真心，塑巨像，害死人！"

■ 雁荡山合掌峰

　　而那未雕成的檀香塑像，则越变越小，最后只有九寸九分九长了，贴在了缝隙间。而方丈也趴在地上，一动不动了。

　　雁荡山以其灵秀的风光被誉为"东南第一山"。唐朝诗人顾况在《仙游记》中称雁荡山为桃花源式的人间仙境。

　　后殿中立大石柱一对，刻有乡邑名儒赵舜耕撰书的楹联：

儒释道三教异流同宗旨；<br>东西祭二纵分派共渊源。

　　雁荡山的集云道院也是在唐代建成的。集云道院始建于889年，后来的1013年赐"静慧院"匾额，后又改名"集云观"，在明代又并入白鹤寺。据清代邑

顾况（约727—815），字逋翁，号华阳真逸，晚年自号悲翁，唐代诗人、画家、鉴赏家。他一生官位不高，曾任著作郎，因作诗嘲讽得罪权贵，贬饶州司户参军，晚年隐居茅山。

■ 雁荡山美景

庠生施元孚编写的《白石山志》中记载：

当其盛时，高甍巨槛、金碧辉煌，住僧
数十人，钟韵梵音、早夜不辍，号为丛林。

后来，集云道院因飓风倒塌了，存留下来的是以
后重建的。道院坐落在横山南麓，占地2064平方米，
分前后两进。后殿中立大石柱一对，刻一楹联，道：

儒释道三教异流同宗旨；
东西祭二纵分派共渊源。

雁荡山合掌峰中的观音洞，最早也是唐代高僧善
牧的居所。

观音洞似一大型石室，天然生成，洞内有一石柱
悬垂至地，洞上及洞周石壁雕有观音像。观音洞高
100米、宽深各40米，洞内佛楼倚岩而建，高达9层。
入洞口处为天王殿，内塑四大金刚，殿后有377级石
磴，直达顶屋。顶屋为观音殿，其余为僧舍。

庠生　古代学
校称庠，故学生
称庠生，为明清
科举制度中府、
州、县学生员的
别称。庠生也就
是秀才之意。庠
序即学校，明清
时期叫州县学为
"邑庠"，所以
秀才也叫"邑庠
生"，或叫"茂
才"。秀才向官
署呈文时自称庠
生、生员等。

从第八层楼左壁往洞口看，可见一尊一丁点大的观音佛像端坐在莲台上，此谓"一指观音"。从洞顶往外望，天空仅留一线，人称"一线天"，洞内尚有洗心、漱玉诸泉，在最顶层的大殿旁还有一处洗心池，水质清澈甘洌。

观音洞旁建有一庵，为后来明代所建。观音洞后古树成荫，巨石层叠，上书"大士重现"4个大字。雁荡山的观音洞还有一个传奇的故事！

相传在1000年前，观音洞里有很多岩石，还长着刺藤，住着狐狸、蜈蚣精和狼，它们都很凶暴。

一日，一个老和尚来到观音洞，那时，他已经筋疲力尽了。他看到观音洞，想去那里念《法华经》，当时他忘记了口渴，忘记了饥饿，加快步伐赶去念经。一条条刺藤划破了老和尚的脸，但他毫不觉得痛，还是不断疾步前进。

老和尚终于到了，他在观音洞里念经，岩石上的水滴一点一点地滴下来，老和尚称为"清泉"。老和尚念了一天一夜，住在这观音洞里的狐狸、蜈蚣精和狼都戏弄老和尚，可是老和尚只管念自己的经，不去理它们。

■ 雁荡山风光

老和尚旁边喷着的水被他称为"洗心"，狐狸它们又想让老和尚死，便让蜈蚣精在"清泉"中滴上毒液来给老和尚喝，可是，老和尚喝了"洗心"喷泉的水后安然无恙。

狐狸它们捉弄了老和尚好几天，也都累了，于是坐在老和尚旁边日日夜夜听老和尚念经，最后也都受到了感化。

狐狸一心想要改过，就让野狐狸们把山洞里的岩石给搬走。蜈蚣精也想要改过，就让毒蜈蚣们把山洞里的刺藤咬断。老狼也让狼群把山洞里石头推下山。老和尚最后化成了石像，至今还待在山洞里面。

到了宋代，雁荡山进入了全盛时期，特别是南宋小朝廷迁都临安，温州的经济进入了大发展时期，驿道也改从雁荡山的西内谷中经过，所以此时的雁荡山中新建了诸多寺庙和古刹，盛极一时。

在雁荡山灵岩之阳有一古刹，它背依灵岩，以岩名称为"灵岩寺"，该寺始建于公元979年，因寺境山水灵秀，名闻京师，宋太宗特赐御书经书52卷，公元999年敕额"灵岩禅寺"。

灵岩寺四周奇峰嶙峋，古木参天，是雁荡十八古刹之一。寺有殿宇、禅房百余间，号称"东南首刹"，四周群峰环列，雄壮浑庞，古木参天，环境幽绝。后来的清人喻长霖以一副楹联的下联，生动地写出了它周围的景色：

雁荡山美景

左展旗，右天柱，后屏霞，数千仞，神工鬼斧，灵岩胜景叹无双。

■ 雁荡山风光

灵岩寺建成后不久，雁荡山十八古刹中规模最大的一座寺庙能仁寺也建成了。能仁寺初建于999年，位于雁荡山大龙湫锦溪岩畔，东南对火焰山和戴辰峰，燕尾瀑位居其北，可远望观音峰。

南宋以后，能仁寺的影响越来越大，鼎盛时期，有僧人三百，香客每日千人，成为全国著名寺院之一。寺中有一大铁镬，高1米多，直径约2.5米，镬重1.85万千克，为1092年所铸，因此能仁寺又称大镬寺。在灵岩寺后有一片方竹，这方竹还是早先从能仁寺移栽过来的。

古时，能仁这一带是一片深山密林，常有猛兽出没，伤害百姓。所以，那时一户两户人家就不敢在这里定居下来。后来，大家结伙一起，在能仁一带聚居成村了。但村里盖起来的房屋常被火烧掉，老百姓猜疑是能仁寺对面的火焰峰在作怪。

1092年，人们就在火焰峰下铸造了一口重3.7万斤的大铁镬，盛水用来制胜火焰峰。从此以后，这里的风水好了，年年风调雨顺，百姓安居乐业，寺院香火很盛。

一日，有兄妹二人从括苍山来到了能仁寺，哥哥

喻长霖（1857—1940），字志韶，少时师从母舅王菜执教的九峰书院学习，夜读经史，日习小楷。为1895年清代榜眼，授翰林院编修、国史馆协修、武英殿和功臣馆纂修。

是个识风水的人，他见这里风水好，便在能仁寺附近埋了个铜钱做纪念，说是这样做下半世可荣华富贵。

随后，妹妹也从头上拿下一枚头钗插在这里做纪念。说也凑巧，这枚头钗不偏不倚，正好插在哥哥埋的铜钱眼里。后来这头钗日长夜大，成了一棵四四方方的竹子。几年以后，四方竹长成了一大片。

有一天，天遇大旱，一连几个月不下雨，能仁寺的方竹大都枯死了。好心的灵岩寺成圆法师把活着的几棵方竹统统移栽到了灵岩寺，天天浇水，救活了方竹。

这方竹一代传一代，到如今，灵岩寺后还长着一片茂盛的方竹。

**阅读链接**

雁荡山山顶有湖，芦苇丛生，如同水荡，春雁归时，常宿于此。在这美妙的环境中产有一种茶，名为龙湫茶。关于这个龙湫茶还有一个传说呢！

相传阿罗汉诺讵那率弟子三百居于雁荡后，一天晚上，诺讵那梦见一位老翁对他说："感谢大师的恩德，使我在此山得以安居。"

诺讵那问道："我与您素不相识，何言感恩？"

老翁回答："大师居龙湫，日常用水都倾于山地，从不泼在溪涧里，保全了山泉洁净。为报答大师的恩德，我特地赠给您茶树一棵，让您终身受用。"

诺讵那又问道："老丈尊姓大名？家居何方？愿日后有相见之时。"

那老翁微微一笑："远在天边，近在眼前。若愿相见，就在明晨。"

第二天清晨，诺讵那步出庙门，只见龙湫上端龙头哗哗地吐水，远处山边又有龙尾若隐若现地摆动。诺讵那恍然大悟，昨日托梦者，必是老龙化身。当他回到寺庙时，只见庭院中新长出一棵绿荫如盖的大茶树，枝叶繁茂。品饮此茶，浓香扑鼻。

# 关于皇帝的传奇故事

　　在北宋时，宋仁宗在雁荡山建造了一个塔，名为"妙通塔"。那么，宋仁宗皇帝为什么要在这里建塔呢？说起来还有一段故事呢！

　　传说，宋真宗赵恒年过四十膝下无子，眼看皇位无人继承，心中非常着急。他到处求神拜佛，祈求上天赐子。玉皇大帝被其虔诚感

雁荡山悬崖索道

动，派赤脚大仙下凡，赤脚大仙就转生成为宋真宗的儿子，宋真宗大喜，立他为太子。

可是太子降生后日夜啼哭不止。皇室御医束手无策，宋真宗便命人在全国贴出榜文，以求名医为太子看病。当时，雁荡山承天寺有个道行很高的和尚叫卧佛，他揭下榜文，以青石为舟，逆流而上，赶往京城为太子看病。

卧佛一到皇宫，便抱过太子，举起巴掌就朝太子屁股上"叭叭叭"地打了起来，而且口中念念有词。卧佛越说越快，越打越凶。皇后看了心疼，上前夺过太子，卧佛见状，用手按摩太子头顶说"止"。说也奇怪，太子真的不哭了。

皇帝皇后皆感惊讶。卧佛说："我打他41下，他将来做41年皇帝。"

皇后听他说得神乎其神，又忙将太子送过去请他再打，卧佛说：

■ 雁荡山风光

■ 雁荡山奇峰

"天机已泄，再打不灵了。"真宗皇帝心里十分高兴，赐号卧佛为"证因大师"。

宋仁宗接位后，卧佛已乘鹤归天，他听母后讲述上面的故事，便命令在卧佛的寺庙前建一座宝塔，赐名"妙通塔"，对卧佛加赠谥号，叫"蹈宝华如来"。宋仁宗在位41年，宝塔41年方建成，老百姓称它为"神塔"。

传说虽已无从查考，但妙通塔确实是建于公元1023年，并确为宋仁宗御旨敕建，这已被后来发现的妙通塔地宫内《敕赐承天院造塔记》碑刻所证实。

到了南宋，雁荡山的仙姑洞也建成了。相传南宋时，闹村朱氏，名婵媛，16岁时出家为道姑，遁居此石洞20年，常采药为人治病，下药立愈，后不知去向，人们在洞口建道院以纪念她。

仙姑洞洞高18米、宽44米、深29米，建有七间三层楼阁，屋宇大部与洞连接。洞内有十八进士洞、连环洞等。洞外有珍珠泉、石斧岩、玉液池、怡心院、三台道院和朝天鲤等奇景。

**赤脚大仙** 道教传说中的仙人，是仙界的散仙，一般情况下他总赤脚在四处云游，以其赤脚装束最为独特，民间传说中他常常下凡来到人间，帮助人类铲除妖魔。

**谥号** 为中国古代君主、诸侯、大臣、后妃等具有一定地位的人死去之后，根据他们的生平事迹与品德修养，评定褒贬，而给予一个寓含善意评价、带有评判性质的称号。

　　到了元代，雁荡山中宗教文化进一步发展起来。雁荡山的云祥寺就是在此时建立起来的。云祥寺旧寺有七间平房，寺内保存摹像题记碑刻多通。整个寺院可以说是依山取势，因地制宜，布局合理，独具匠心。寺周还有二宜亭、冰廊等，都是小憩避暑佳地。

　　二宜亭取冷暖咸宜之意，方形，亭内有建亭碑记和首事陈少文图像碑各一通。碑下有一小洞，一米见方，洞口气温很低，如北雁荡的"冰洞"一般。冰廊洞高两米余，宽3米，深20余米，仿佛是地下室之长廊，盛暑之时，廊内气温也很低，故命名为"冰廊"。

　　在雁荡山东麓有一座山峰叫洪武尖，相传这个名字是后来明太祖朱元璋赐封的。

　　相传元朝末年，朱元璋大军浩浩荡荡南下，一路上打了好多胜仗。到浙江没多久，就攻下了宁波、台州。但攻打温州时，那白鹿城有神鹿守卫，牢固得不得了，几次交锋，朱元璋都损兵折将，连他本人也受了伤，差一点被捉住。还好，他那匹枣红马突然长叫一声，四蹄腾空，带他冲出敌阵，救了他的性命。

　　朱元璋昏头昏脑，任凭枣红马驮着他落荒奔逃。他本想避入雁荡深山歇息一下，哪晓得在三岔口走错了路，倒转走台州去了。忽见三面尘土飞扬，马蹄嘚嘚，一片喊杀声，无数元兵蜂拥上来。

朱元璋大喝一声，勒马回头，想冲进敌阵，决一死战，哪晓得枣红马却一步一步向后退。他越用鞭打，马越往后退。

奇怪的是，马倒退时踏过的地方，一群又一群大大小小的蜘蛛不晓得是从哪里爬拢来，忙忙碌碌给它织了一层层白白厚厚的蜘蛛网，好像这蹄印不是新踏出来的。

当元军追到这里时，看看蹄印，只当朱元璋已过去很久，也就不再追了。朱元璋跑了一段路，远远望去，只见云雾当中，有一山尖隐隐现现，闪着霞光。

"好地方呀！"朱元璋赞叹一声，就扬鞭向那霞光冲去。朱元璋跑上了峰尖，渴得要命，偏偏这山尖没水，朱元璋就大叫："苍天在上，快赐予我甘露吧！"

说罢，他随手把剑插在草地上，一下子，一股清泉喷出来了。朱元璋用泉水洗浴，刀伤不痛了，力气也大了。后来，朱元璋当了明朝的开国皇帝，想起了当年从温州逃到雁荡山这段经过，就把那座高山尖叫作"洪武尖"，上面的泉水称为"一剑泉"。

雁荡山奇峰

在明代，雁荡山的人文景观也逐渐丰富起来，在雁荡山显胜门的入口处，一条卵石铺成图案路面的直街上，矗立着5座牌楼，被称为"南阁牌楼群"。

南阁牌楼群规模宏大，形制完整，是明代牌楼少见实例。既保持了一些官式做法，又有浓厚的地方风格。牌楼群原有7座，存留下来的有5座，皆坐南朝北。5座牌楼沿南阁村主街道一字排列，全长150米。保留较多早期手法，具有明显的浙南地方建筑风格。

牌楼群在清初做过重修，但主体部分仍保留着明代的建筑风格。两根主柱是圆角方形的石柱，四根边柱是圆形木柱。柱子的基座用条石叠成，柱梁上的斗拱结构，颇具时代和地方特色。

**阅读链接**

传说曾经炼五色石补天的女娲氏，一天巡视四方，来到西北高原上的大泽旁边，只见周围芦苇丛生，泽内荷花盛开，美丽极了。女娲氏绕过沙滩，伸手采摘了两朵金色莲花和一朵五色荷花，插在鬓旁。她正要走时，忽然一阵大风吹来，把她鬓上的3朵花一齐吹向天空，直向东南海边飘去。花飘呀，飘呀，飘到了大海边上的两越上空才落下来。两朵金色莲花就变为金华山和天台山，那朵五色荷花则变为一座"芙蓉山"。因为"芙蓉"也就是荷花，所以才有了这个雅称。这朵五色荷花有108瓣，"芙蓉山"也刚好有一百零八峰。但其中有几个是双峰并立的，只取了一个名，因此人们只说是"百二奇峰"。